社区矫正对象回归社会状况实证分析与对策

SHEQU JIAOZHENG DUIXIANG HUIGUI SHEHUI ZHUANGKUANG

SHIZHENG FENXI YU DUICE

李光勇◎著

中国政法大学出版社

2024·北京

图书在版编目（ＣＩＰ）数据

社区矫正对象回归社会状况实证分析与对策 / 李光勇著. -- 北京 ：中国政法大学出版社，2024. 7. -- ISBN 978-7-5764-1692-3

Ⅰ. D926.7

中国国家版本馆 CIP 数据核字第 2024RS3331 号

出 版 者　　中国政法大学出版社

地　　址　　北京市海淀区西土城路 25 号

邮寄地址　　北京 100088 信箱 8034 分箱　邮编 100088

网　　址　　http://www.cuplpress.com (网络实名：中国政法大学出版社)

电　　话　　010-58908285(总编室) 58908433 （编辑部）58908334(邮购部)

承　　印　　保定市中画美凯印刷有限公司

开　　本　　720mm×960mm　1/16

印　　张　　14.75

字　　数　　240 千字

版　　次　　2024 年 7 月第 1 版

印　　次　　2024 年 7 月第 1 次印刷

定　　价　　68.00 元

上海政法学院学术著作编审委员会

四秩芳华，似锦繁花。幸蒙改革开放的春风，上海政法学院与时代同进步，与法治同发展。如今，这所佘山北麓的高等政法学府正以稳健铿锵的步伐在新时代新征程上砥砺奋进。建校40年来，学校始终坚持"立足政法、服务上海、面向全国、放眼世界"的办学理念，秉承"刻苦求实、开拓创新"的校训精神，走"以需育特、以特促强"的创新发展之路，努力培养德法兼修、全面发展，具有宽厚基础、实践能力、创新思维和全球视野的高素质复合型应用型人才。四十载初心如磐，奋楫笃行，上海政法学院在中国特色社会主义法治建设的征程中书写了浓墨重彩的一笔。

上政之四十载，是蓬勃发展之四十载。全体上政人同心同德，上下协力，实现了办学规模、办学层次和办学水平的飞跃。步入新时代，实现新突破，上政始终以敢于争先的勇气奋力向前，学校不仅是全国为数不多获批教育部、司法部法律硕士（涉外律师）培养项目和法律硕士（国际仲裁）培养项目的高校之一；法学学科亦在"2022软科中国最好学科排名"中跻身全国前列（前9%）；监狱学、社区矫正专业更是在"2023软科中国大学专业排名"中获评A+，位居全国第一。

上政之四十载，是立德树人之四十载。四十年春风化雨、桃李芬芳。莘莘学子在上政校园勤学苦读，修身博识，尽显青春风采。走出上政校门，他们用出色的表现展示上政形象，和千千万万普通劳动者一起，绘就了社会主义现代化国家建设新征程上的绚丽风景。须臾之间，日积月累，学校的办学成效赢得了上政学子的认同。根据2023软科中国大学生满意度调查结果，在本科生关注前20的项目上，上政9次上榜，位居全国同类高校首位。

上政之四十载，是胸怀家国之四十载。学校始终坚持以服务国家和社会需要为己任，锐意进取，勇担使命。我们不会忘记，2013 年 9 月 13 日，习近平主席在上海合作组织比什凯克峰会上宣布，"中方将在上海政法学院设立中国-上海合作组织国际司法交流合作培训基地，愿意利用这一平台为其他成员国培训司法人才。"十余年间，学校依托中国-上合基地，推动上合组织国家司法、执法和人文交流，为服务国家安全和外交战略、维护地区和平稳定作出上政贡献，为推进国家治理体系和治理能力现代化提供上政智慧。

历经四十载开拓奋进，学校学科门类从单一性向多元化发展，形成了以法学为主干，多学科协调发展之学科体系，学科布局日益完善，学科交叉日趋合理。历史坚定信仰，岁月见证初心。建校四十周年系列丛书的出版，不仅是上政教师展现其学术风采、阐述其学术思想的集体亮相，更是彰显上政四十年发展历程的学术标识。

著名教育家梅贻琦先生曾言，"所谓大学者，有大师之谓也，非谓有大楼之谓也。"在过去的四十年里，一代代上政人勤学不辍、笃行不息，传递教书育人、著书立说的接力棒。讲台上，他们是传道授业解惑的师者；书桌前，他们是理论研究创新的学者。《礼记·大学》曰："古之欲明明德于天下者，先治其国"。本系列丛书充分体现了上政学人想国家之所想的高度责任心与使命感，体现了上政学人把自己植根于国家、把事业做到人民心中、把论文写在祖国大地上的学术品格。激扬文字间，不同的观点和理论如繁星、似皓月，各自独立，又相互辉映，形成了一幅波澜壮阔的学术画卷。

吾辈之源，无悠长之水；校园之草，亦仅绿数十载。然四十载青葱岁月光阴荏苒。其间，上政人品尝过成功的甘甜，也品味过挫折的苦涩。展望未来，如何把握历史机遇，实现新的跨越，将上海政法学院建成具有鲜明政法特色的一流应用型大学，为国家的法治建设和繁荣富强作出新的贡献，是所有上政人努力的目标和方向。

四十年，上政人竖起了一方里程碑。未来的事业，依然任重道远。今天，借建校四十周年之际，将著书立说作为上政一个阶段之学术结晶，是为了激励上政学人在学术追求上续写新的篇章，亦是为了激励全体上政人为学校的发展事业共创新的辉煌。

党委书记葛卫华教授

校长刘晓红教授

2024 年 1 月 16 日

目 录 CONTENTS

绪　论

　　党中央高度重视社区矫正工作，习近平总书记对社区矫正工作作出了重要指示："要持续跟踪完善社区矫正制度，加快推进相关立法，理顺工作体制机制，加强矫正机构和队伍建设，切实提高社区矫正工作水平"。[1]习近平总书记的指示为颁布实施和贯彻落实《中华人民共和国社区矫正法》（以下简称《社区矫正法》）指明了方向、提供了根本遵循。社区矫正在我国历经了试点、扩大试点、全面试行、全面推进与实现立法的发展过程。2003年7月，最高人民法院、最高人民检察院、公安部、司法部（以下简称"两高两部"）联合印发了《关于开展社区矫正试点工作的通知》，确定在北京、上海、天津、江苏、浙江和山东6个省（市）开展社区矫正试点工作。2005年1月，将试点范围扩大到涵盖东、中、西部18个省（区、市）。2009年9月，"两高两部"联合下发了《关于在全国试行社区矫正工作的意见》，在全国范围内试行社区矫正。2009年12月，国家司法行政系统大规模接手社区矫正，表明其体制转型明朗化。2011年5月1日起施行的《中华人民共和国刑法修正案（八）》中，明确规定对判处管制、宣告缓刑、决定假释犯罪分子施行社区矫正。这表明社区矫正作为一种处罚罪犯的新兴方式，已被我国法律所确定。这对于社区矫正制度在我国的发展具有里程碑意义。2014年8月，"两高两部"联合出台了《关于全面推进社区矫正工作的意见》，这意味着社区矫正工作在我国全面开展、依法规范运行，标志着社区矫正工作进入了一个新的发展阶段。2019年12月28日第十三届全国人民代表大会常务委员会第十

---

　　[1]　参见中华人民共和国中央人民政府：《高法院 高检院 公安部 司法部 关于全面推进社区矫正工作的意见》（司发〔2014〕13号），https://www.gov.cn/gongbao/content/2015/content_2809142.htm.

五次会议通过的《社区矫正法》，总结了我国社区矫正的经验，规范了我国的社区矫正制度，对于我国以及国际社会的社区矫正工作都有重要的历史地位。[1]《社区矫正法》自2020年7月1日正式施行以来，在中央政法委的指导下，全国司法行政机关认真贯彻落实党中央重大决策部署，积极履行职责使命，采取有力措施，全力推动《社区矫正法》贯彻实施。在此背景下，法学界、犯罪学界、社会学界、社会工作学界以及心理学界的学者们也越来越关注社区矫正研究领域，社区矫正研究成为一个越来越重要的研究领域。本研究正是在这一重要背景下开展的。

为了清晰地呈现本研究的全貌，笔者将详细介绍本研究的各个方面的总体情况，其中最重要的方面如下：一是开展此项研究的原因。开展本研究的原因是促进社区矫正对象回归社会，这是社区矫正工作的重点工作环节，也是维护社会长治久安的必要条件。二是搭建理论框架。笔者尝试将社会融合理论作为社区矫正回归社会的理论分析框架，将可能与社区矫正对象回归社会程度之间存在关联的所有因素综合起来，尝试构建符合社区矫正对象各项特征回归社会理论框架。三是明确研究目的。本研究的研究目的是解决如下问题：社区矫正对象回归社会应该采取什么样的方式测量？社区矫正对象回归社会的大体程度是怎么样的？社区矫正对象回归社会的关联因素有哪些？哪些关联因素是主要的、应该加以重视的？四是介绍研究步骤。本研究不仅以已有研究为基础，参考和借鉴已有研究，也注重到实地搜集第一手资料，还遵循由浅入深、由表及里的科学研究程序。

第一节　研究的缘起

研究的缘起包括开展社区矫正对象回归社会研究的背景、研究的主要问题、研究的目的以及研究的意义。

一、研究背景

从社会学的角度来看，社区矫正对象属于罪犯群体，属于社会学密切关注的群体中的一种特殊类型。在我国，罪犯群体主要分为监狱服刑人员与社

[1]　参见吴宗宪：《我国社区矫正法的历史地位与立法特点》，载《法学研究》2020年第4期。

区矫正对象。社区矫正对象是在社区接受教育与改造的人，社区矫正是相对于监狱矫正而言被提出与定义的。顾名思义，社区矫正对象就是在社区服刑的人。虽然我国从 2003 年就启动了社区矫正试点工作，但是，直到如今，社区矫正对整个社会以及整个社会公众来说，在很大程度上依然是一个新鲜的、陌生的专有词汇，这与社区矫正的特殊性质直接相关，因为社区矫正是一种将符合相关规定的罪犯置于社区接受刑罚的刑罚执行方式。在一般民众的观念中，罪犯不应该都在监狱里服刑吗？在社会上怎么服刑？怎样能够让他们在社会上与普通民众一起生活呢？他们在社会上岂不是增添了不安全因素？岂不是可能对民众的生命财产造成威胁？这一系列的问题，都与社区矫正的刑罚执行方式直接相关。本研究需要首先对社区矫正作一简洁介绍，当然，限于篇幅，笔者在此节中不准备对社区矫正概念进行详细介绍。

在刑事司法领域，"矫正"概念有着较为广泛的适用范围和较高的使用频率。从理论层面来看，它指的是刑法的指导思想和学说，称之为"矫正原则"或"矫正主义"。从实践层面来看，它是指国家刑事执行机关和民间组织为预防犯罪而进行的刑罚执行活动或工作，称之为"矫正方法"、"矫正工作"或"矫正措施"。[1] 从适用领域层面来看，它指的是刑罚执行的场所。在刑事司法领域，矫正分为不同的场所，主要是监狱和社区，相应地，可以称之为"监狱矫正"与"社区矫正"。从制度层面来看，它指的是刑罚执行的相关法律、法规、章程、公约、办事规程等，它是矫正工作的行动准则，如《社区矫正法》《中华人民共和国社区矫正法实施办法》（以下简称《社区矫正法实施办法》）《上海市〈关于贯彻落实中华人民共和国社区矫正法实施办法〉的实施细则》等。从机构层面来看，它指的是矫正执行的各类组织，矫正的机构既包括政府机关也包括民间组织，如监狱、"社区矫正局""上海市社区矫正管理局""上海市新航社区服务总站""上海市中和社区矫正事务所""上海市社会帮教志愿者协会"等。

社区矫正工作的对象就是正在社区接受社区矫正的人，这个定义非常易于理解。虽然 2012 年 1 月 10 日，由"两高两部"联合制定的《社区矫正实施办法》将社区矫正对象称为社区矫正人员，并且这一称谓与另一个称谓即"社区服刑人员"被广泛使用了近十年，但是，随着社区矫正实务界与学术界

---

〔1〕 参见张昱主编：《矫正社会工作》，高等教育出版社 2008 年版，第 1 页。

对社区矫正工作认识的加深，社区矫正对象这一名词逐渐在司法部官网、各省市司法行政系统官方文件被使用，到后来其使用频次明显地超过了"社区矫正人员"与"社区服刑人员"这两个名词，直到2019年12月28日公布的《社区矫正法》将该群体的称谓界定为"社区矫正对象"，该群体的称谓才算真正地得以明确。社区矫正人员这一名词未被《社区矫正法》使用的一个原因是，社区矫正人员从字面上很容易且可以合乎逻辑地被理解为社区矫正工作者或者社区服刑人员或者两者兼而有之，因此，严格来说，社区矫正人员这个称谓没有准确地指向在社区服刑的对象这一群体，而社区矫正对象才能够非常明确地指向此群体，并且非常易于理解，另一个原因是社区服刑人员从字面上很容易辨认出该群体的罪犯身份，很多专家学者认为这个称谓会增加该群体回归社会的难度，而社区矫正对象则比较中性化，采用"社区矫正对象"这一名词体现了对该群体的包容与接纳以及人文主义精神。

二、研究问题

从目前的社区矫正实践工作来看，社区矫正机构管理层对社区矫正对象回归工作的评价方式主要是社区矫正对象是否重新犯罪以及重新犯罪率。这种评价标准体现了社区矫正工作的重要目标，对于评价社区矫正工作者的工作来说也具有非常直观的效果。然而这种评价方式的价值虽然无法否认，但是很难说是最佳。因为社区矫正对象重新犯罪的相关因素纷繁复杂，很多时候，并不是社区矫正工作者能够完全控制的。最典型的例子就是吸毒社区矫正对象实施贩毒，更加明确地说是因为以贩养吸而重新犯罪。这类社区矫正对象罹患毒瘾，实则是一种在生理上和精神上受制于毒品的病人，他们重新实施犯罪行为并不是社区矫正工作者能够预测与控制的，甚至他们自己都难以预测。又如诈骗类社区矫正对象，他们一般智商很高、非常狡诈，而且这类社区矫正对象多数已经成年，其世界观、人生观、价值观已经成熟甚至很大程度上已经定型，他们不正确的"三观"很难被改变。换一句乐观一点的话来说：改变他们不正确的"三观"并不能一蹴而就，而是需要足够的时间与漫长的过程。如果他们在社区矫正期间犯罪，就追责社区矫正工作者，这肯定有失公允，于情于理皆难以服人。因此，笔者认为不应该以社区矫正对象是否重新犯罪作为评价社区矫正工作成败的唯一标准，或者说不能作为最重要的标准，因为这样的评价方式只认结果，全盘否定了社区矫正工作者的前期工作，打击了社区矫正工作者的信心，不利于社区矫正工作的完善。

鉴于重新犯罪作为评价社区矫正工作成败标准存在着以上弊端与不足，笔者认为应该研制全面的、多维度的、呈现出社区矫正对象服刑生活各个方面的综合性回归社会评价体系。本研究将要研制的社区矫正对象回归社会综合评价体系与重新犯罪评价标准之间有如下不同：（1）重新犯罪评价标准对于评价社区矫正对象回归社会而言仅有一个变量，这个变量对应两个值，即"是"与"否"，但是，综合性的回归社会评价体系则可能是一个多维度、多变量、多赋值的评价体系。例如包含个人人口统计学特征因素、个人行为因素、个人态度因素、家庭环境因素、学校环境因素、朋辈环境因素、社区矫正制度因素、包容性文化因素等诸多方面的变量。这些因素中又包含许多指标，究竟哪些指标可以纳入社区矫正对象回归社会综合评价体系，则需要开展统计检验进行指标筛选。（2）重新犯罪评价标准仅仅能告诉我们社区矫正对象是否重新犯罪，即回归社会的最终结果，除此以外，没有其他信息，这对于社区矫正工作者而言，无法掌握可能与社区矫正对象重新犯罪有关联的各个因素。而综合性的回归社会评价体系则可以告诉我们社区矫正对象各个方面的情况，有利于社区矫正工作者掌握与社区矫正对象重新犯罪以及回归社会程度相关联的各个因素。（3）重新犯罪评价标准仅能呈现社区矫正对象回归社会的静态结果，无法呈现社区矫正对象回归社会的动态进程。因为重新犯罪本身就是一个结果变量，而回归社会评价体系既可以反映社区矫正对象回归社会的结果，又可以反映社区矫正对象回归社会的动态进程。（4）重新犯罪评价标准只能呈现社区矫正对象是否再次犯罪，虽然可以呈现社区矫正对象回归社会的成败，但是无法反映出社区矫正对象回归社会的程度，而回归社会评价体系既可以反映社区矫正对象回归社会的成败，也可以反映社区矫正对象回归社会的程度。例如，我们可以说一名社区矫正对象回归社会成功或者说失败，也可以说一名社区矫正对象回归社会程度比较高或者比较低，但是我们不能使用"程度"这个词去直接评价重新犯罪这个结果。（5）重新犯罪评价标准仅仅能够告诉社区矫正工作者社区矫正对象是否再次犯罪，无法同时展现出社区矫正对象哪些方面不适应社会，而本研究之所以准备开展社区矫正对象回归社会关联因素统计分析，就是期望能够找到与社区矫正对象回归社会程度存在关联的各个因素，研制出涵盖所有与社区矫正对象回归社会程度存在关联的因素的评价体系，这一评价体系可能包含如个人人口统计学特征因素、个人行为因素、个人态度因素、家庭环境因素、学校环境因素、朋辈环境因素、社区矫正制度因素、包容性文化因素等诸多方面的变量，带给社区矫正工作者最直观的、最具体的测量结果，从而实现让此评价体系为社区矫正实践服务的研究目标。社区矫正工作者通过运用这套回归社会评价体系，可以对社区矫正对象回归社会水平进行动态的测量与定量的评价，这种动态的测量将着眼于社区矫正工作的过程，可以通过此评价体系直观地分析社区矫正对象回归社会工作中存在的问题，可以获得解决这些问题的启示。社区矫正工作者也可以依据这套评价体系制定阶段性的社区矫正工作的方案，调整社区矫正工作的方式方法。

虽然上文指出，使用是否重新犯罪来评价社区矫正工作与使用全面的、多维度的、呈现社区矫正对象服刑生活各个方面的综合性回归社会评价体系来评价社区矫正工作之间有很大的差异，但是，他们之间并没有根本性的冲突，因为重新犯罪本身就是社区矫正对象回归社会失败的极端表现。他们之间的差异主要在于重新犯罪强调结果或者点上的意义，回归社会更强调过程或者面上的意义。可见，重新犯罪实际上包含于回归社会概念之中，重新犯罪是回归社会范畴中的结果之一，两者之间存在差异，但是共同存在于社区矫正工作之中。

总之，使用回归社会综合评价体系进行动态测量更有利于判断社区矫正工作问题的责任主要社区矫正工作者还是社区矫正对象自身，这样既可以做到不错怪社区矫正工作者，也可以做到遇到问题能够及时调整社区矫正工作的方式方法。因此，强调过程的、动态的、以社区矫正对象回归社会测评结果为社区矫正工作依据的研究非常重要。因此，本研究开展促进社区矫正对象回归社会评价体系与促进对策是恰当的研究视角。

虽然如此，笔者纵观目前的研究成果发现，很少有研究者将回归社会作为社区矫正对象社矫正工作的研究视角，尚未有研究者对社区矫正对象回归社会水平进行测量，也没有研究者对各个可能与社区矫正对象回归社会程度存在关联的因素进行统计检验，因此，也就难以得到科学性更强的促进社区矫正对象回归社会的对策建议与更加科学的社区矫正对象回归社会测量体系。本研究正是基于以上考虑而提出了开展社区矫正对象回归社会状况评价与关联因素研究，目的是使社区矫正工作成效的评价方式更加合理，促进社区矫正工作者更加有的放矢地开展社区矫正工作，促进社区矫正对象回归社会。既然是研究社区矫正对象回归社会问题，那么，社区矫正对象回归社会应该怎样测量？社区矫正对象回归社会的关联因素有哪些？哪些关联因素是主要的、应该加以重视的？通过对社区矫正对象回归社会关联因素的研究，如何提出促进社区矫正对象回归社会的对策建议？是否可以构建一套全面的、较为完善的、经过统计检验的、能够在社区矫正实际工作中便于操作的社区矫正对象回归社会水平综合测评体系？本研究尝试作出回答。

具体而言，本研究包括如下几个方面：（1）社区矫正对象回归社会的状况是怎样的？（2）社区矫正对象回归社会程度的关联因素有哪些？（3）怎样依据这些关联因素提出促进社区矫正对象回归社会的对策建议？（4）怎样依据这些关联因素研制全面反映社区矫正对象回归社会状况的测量体系？

三、研究目的

本课题的研究目的有两个：（1）发现与社区矫正对象回归社会程度存在关联的因素，依据这些因素，提出促进社区矫正对象回归社会的对策建议。（2）依据这些因素，编制能够全面呈现社区矫正对象服刑期间生活状态的社区矫正对象回归社会测量体系。从两个研究目的的关系来看，编制社区矫正对象回归社会状况测量体系是对策研究的一个特殊的部分，也可以看成对策研究的具体化的一个表现。笔者之所以开展测量体系的研究，是因为目前的社区矫正实践工作中，主要依据社区矫正对象是否重新犯罪这个标准来评判社区矫正对象回归社会程度与社区矫正工作者工作成效。重新犯罪的确是社区矫正对象没有融入社会的重要表现，但是这种评判标准的问题有两个：一是具有一定程度上的极端化，二是无法展现社区矫正对象服刑期间生活的各个方面，对社区矫正工作者吸取工作教训，总结工作经验方面而言并非最佳方式。因此，笔者希望能够在提出促进社区矫正对象回归社会的具体对策建议之后，更进一步研制出一套全面呈现社区矫正对象服刑期间生活状态的回归社会测量体系，以增强本研究的应用价值。

四、研究意义

(一) 理论意义

开展社区矫正对象回归社会水平测量、检验其关联因素、提出促进其回归社会的对策建议以及开展更为科学的测评体系研制有如下理论价值：(1) 为社区矫正对象回归社会工作提供理论解释。社区矫正对象回归社会工作实际上与社区矫正工作可以互换使用，因为社区矫正工作目的正是促进社区矫正对象回归社会，那么，在社区矫正工作中，社区矫正对象回归社会程度如何？哪些因素与社区矫正对象回归社会之间存在主要关联？哪些存在次要关联？如何构建一套更加系统化的、科学的、合理的回归社会测评体系，更加科学地、有效地促进社区矫正实践工作？这需要借助相关理论开展研究。社区矫正对象是罪犯，因此，本研究主要运用犯罪学理论、社会学理论与社会工作理论等来构建研究的理论框架，将可能与社区矫正对象回归社会程度存在关联的因素纳入相关理论框架中，然后在研究中确定他们的重要性，如此可以增强社区矫正工作的系统性。(2) 使用多元化的统计分析方法研究社区矫正对象回归社会。目前对社区矫正对象回归社会的定量研究主要采取特征分析与描述性统计方法，这些统计分析方法比较初级，笔者将尝试使用交叉分析与相关分析相结合的统计分析方法来研究社区矫正对象回归社会的各个因素。(4) 主要使用定量研究方法来研究社区矫正对象回归社会状况。目前，关于社区矫正对象回归社会的研究主要使用定性研究，定量研究使用较少，笔者将在本研究中使用定量研究方法。具体而言是使用定量研究中的统计分析方法描述社区矫正对象在回归社会过程中的相关特征以及找出与其回归社会存在关联的因素；(5) 尝试促进犯罪学、社会学与社会工作各学科在社区矫正对象回归社会研究领域的交叉融合，在多学科交叉的基础上开展社区矫正对象回归社会研究。

(二) 实践意义

开展社区矫正对象回归社会研究有如下实践意义：一是以社区矫正对象回归社会研究为基础，筛选出与社区矫正对象回归社会程度存在关联的各项因素，在此基础上开发针对性强的回应对策，促进社区矫正实践工作的发展。

二是依据被筛选出的与社区矫正对象回归社会程度存在关联的各项因素，构建社区矫正对象回归社会主客观综合测评体系，编制社区矫正对象回归社会测评体系的操作手册，为社区矫正实践工作提供服务。三是转变我国社区矫正对象回归社会测评工作职业经验色彩浓厚，相关理论运用不足，实证与统计检验方法重视不够的现状，推进我国社区矫正对象回归社会测评工作更加客观化与科学化。四是为社区矫正实务部门提供科学的社区矫正对象回归社会测评体系，这有利于他们建立社区矫正对象矫正工作数据库，反过来也为课题组今后进一步的追踪研究奠定基础。

第二节　主要概念介绍

本研究的主要概念也可称之为核心概念，主要包括社区矫正、社区矫正对象、回归社会与社会融合，这些概念是本研究的关键要素与研究基础。

一、社区矫正

如果以1841年奥古斯塔开始尝试缓刑作为社区矫正出现的标志，那么社区矫正已有一百多年历史。然而，到目前为止，社区矫正到底是什么，不论是理论界还是实务界，依然没有统一的看法。在国外，社区矫正已经有过一段相对较长的发展历程，其间也经历了曲折和反复，现在仍处于改革发展过程当中，很难说该项工作已经成熟，在此情形下，国外学界关于社区矫正的定义也存在着一些差异。如美国纽约州立大学刑事司法学院教授杜菲指出，社区矫正的概念如此模糊，使人恰如盲人摸象，未能一窥全貌。[1]贝林德·罗杰斯·麦卡锡等人认为，社区矫正是指"对犯罪人实行的不同类型的非机构性矫正计划"；玛丽琳·麦克沙恩等人认为，社区矫正这个术语"描述那些对在州监狱中监禁的犯罪人提供替代措施的刑罚"；罗伯特·博姆等人认为，社区矫正可以被广义地定义为"在看守所和监狱环境之外监督犯罪人并向他们提供服务的一个矫正领域。由于这个原因，人们往往把社区矫正与非机构性矫正同等看待"，从所见到的英语文献来看，不同的学者给社区矫正所下的

---

〔1〕 参见冯卫国：《行刑社会化研究——开放社会中的刑罚趋向》，北京大学出版社2003年版，第181页。

定义有差别，似乎还未见到一个普遍接受的公认的社区矫正定义。[1]

在国内，虽然我国的《社区矫正法》未对社区矫正概念作出明确的定义，但是，我国社区矫正相关机构与学者对社区矫正进行了界定。从目前的文献来看，关于社区矫正的概念界定主要有如下几种观点：一种观点认为，社区矫正是一种非监禁刑执行活动，是一种罪犯矫正的补充措施。2003年7月10日"两高两部"联合发布的《关于开展社区矫正试点工作的通知》对我国社区矫正作了一个界定，这些部门认为，社区矫正是与监禁矫正相对的行刑方式，是指将符合社区矫正条件的罪犯置于社区内，由专门的国家机关在相关社会团体和民间组织以及社会志愿者的协助下，在判决、裁定或决定确定的期限内，矫正其犯罪心理和行为恶习，并促进其顺利回归社会的非监禁刑执行活动。[2]在这个概念之下，社区矫正适用于如下罪犯：（1）被判处管制的。（2）被宣告缓刑的。（3）被暂予监外执行的。（4）被裁定假释。（5）被剥夺政治权利，并在社会上服刑的罪犯。在这些符合社区矫正条件的犯罪人中，罪行轻微、主观恶性不大的未成年犯、老病残犯以及罪行较轻的初犯、过失犯等，应当作为重点对象，适用上述非监禁措施，实施社区矫正。

司法部社区矫正制度研究课题组对社区矫正所下的定义基本上与上述定义相同，也认为社区矫正是非监禁刑执行活动，但在概念中把社区矫正的对象限定为适用缓刑、假释、监外执行的罪犯。他们认为，社区矫正是与监狱矫正相对应的行刑方式，是指将经过法院宣告缓刑和经过法院裁定假释以及由监狱等部门予以监外执行的罪犯放在社区，在专门的国家机关、社会团体和民间组织以及社会志愿者的协助下，在判决和裁定所规定的期限内，矫正其犯罪意识和行为恶习，并促使其顺利回归社会的非监禁刑执行活动。[3]

国内学者荣容和肖君拥也认为社区矫正是一种非监禁刑的刑罚执行活动。他们认为应该将社区矫正严谨地表述为：将符合特定条件的罪犯置于社区而非监狱环境中，在确定的期限内，由专门的国家机关主导，辅以社会社团以及志愿者的力量，帮助罪犯矫治病态心理和异常行为、引导参加公益活动、学习劳动就业技能、促进社区矫正对象顺利回归社会，以实现社会安定与社

---

[1]　参见吴宗宪主编：《社区矫正导论》，中国人民大学出版社2020年版，第4页。

[2]　参见吴宗宪主编：《社区矫正导论》，中国人民大学出版社2020年版，第5页。

[3]　参见司法部社区矫正制度研究课题组：《改革和完善我国社区矫正制度之研究（上）》，载《中国司法》2003年第5期。

会和谐。他们明确指出，从本质上讲，社区矫正是一种非监禁刑的刑罚执行活动。同时，它也是一种富有人道意义的刑罚执行方式。[1]

吴宗宪认为当前很多社区矫正的定义存在着内容过长、字数太多等问题，不符合定义应当简明扼要的逻辑学要求。他在综合已有的社区矫正定义并认真思考中国社区矫正实践的基础上给社区矫正下了一个定义：社区矫正是依法在社区中监管、改造和帮扶罪犯的非监禁刑执行制度。这个定义的主要特点是：第一，文字简洁。整个定义用一句话表述，符合逻辑学中主张的定义应当简明扼要的基本要求。第二，概括全面。把社区矫正的内容概括为监管、改造和帮扶三个方面，这些方面的内容是在 2009 年 9 月 2 日 "两高两部" 联合发布的《关于在全国试行社区矫正工作的意见》中确立的，已经得到广泛认可和普遍接受。第三，定性清楚。进一步将社区矫正界定为非监禁刑执行制度。[2] 本书认同并使用吴宗宪对社区矫正的定义。在明确了社区矫正概念的前提下，社区矫正对象概念就变得非常简单了。根据社区矫正的定义，本书将社区矫正对象界定为在社区中接受监管、改造和帮扶的罪犯。

二、社会融合与回归社会

社会融合是社会学和社会工作学的重要概念，不仅对理解移民在主流社会的融合机制有重大意义，而且对社会内部流动人口及犯罪人口如社区矫正对象与刑满释放人员回归社会也有重要价值。社会融合概念受到当前西方政府与学术界的重视，是西方社会政策研究与社会政策执行的核心概念，这是因为社会融合概念不仅呈现了差异性群体或者说边缘性群体与普通群体双方都能够参与的消除排斥与促进融合的过程，而且为整个社会的未来构建了一个正面的、积极的图景。国内外相关机构与学者均对社会融合概念进行了界定。具有典型意义的如欧盟认为社会融合是确保具有风险和遭受社会排斥的群体能够获得必要的机会和资源，通过这些机会和资源，他们能够全面参与经济、社会、文化生活，享受正常的生活与在其居住的社会中享受应有正常社会福利的过程。[3] 国内学者任远和邬民乐认为社会融合是不同个体、群体

---

[1] 参见荣容、肖君拥主编：《社区矫正的理论与制度》，中国民主法制出版社 2007 年版，第 1 页。
[2] 参见吴宗宪主编：《社区矫正导论》，中国人民大学出版社 2020 年版，第 5 页。
[3] 参见嘎日达、黄匡时：《西方社会融合概念探析及其启发》，载《理论视野》2008 年第 1 期。

或文化间的互相配合、互相适应的过程。[1]可见，社会融合是一个不仅包含边缘性群体或差异性群体与普通群体之间的矛盾、排斥、冲突、区隔，而且包含这两个群体之间矛盾、排斥、冲突与区隔的逐渐消解，进而互相理解、互相适应、互相包容、互相认同，最终互相融合的整个过程。

正是因为社会融合的概念特质，所以，社会融合概念可以非常恰当地描述边缘群体如本研究中的社区矫正对象回归社会的过程。众所周知，罪犯群体肯定属于社会边缘群体，社区矫正对象作为罪犯群体中的一类，也属于被社会排斥、歧视的社会边缘群体。社区矫正对象作为一个边缘性群体在社区矫正期间可能会遭到家人、以往朋友熟人乃至社会文化与社会制度的排斥，同时他们也可能得到家人、朋友熟人等的帮助，在遭遇困难时可以向社区矫正机构、民间组织、社会志愿者与其他机构或个人寻求帮助，能够在相关法律法规与政策方面获得必要的机会和资源参与正常的经济、文化与社会生活，从而逐步融入社会，实现回归社会的目标。可见，社区矫正对象回归社会的过程是一个他们与普通群体之间的矛盾、排斥、冲突与区隔逐渐消解，之后互相适应、互相包容、互相认同，最终互相融合的过程。

而回归社会则被监狱部门与社区矫正机构在实务工作中广泛使用，其实践性意义非常强。社会融合很少在实务工作中被使用，其主要被使用于学术研究。实际上，这两个概念对罪犯矫正研究与实务工作而言是同一个意思。在罪犯矫正的学术与实务领域可以互相替换。社会融合的学术意味强，回归社会的实务色彩突出。对于这两个概念，我们可以在不同的场合，使用不同的概念。但这两个概念并非互相排斥，并非学术界就不使用回归社会概念，也不是实务界就不使用社会融合概念。只是社会融合已经成为一个非常成熟的理论，有很多相关的研究成果可供本研究借鉴，而回归社会相关的研究成果比较少。因此，本书将充分借鉴社会融合已有的研究成果，在具体的分析过程中也将使用社会融合的概念与理论来分析社区矫正对象回归社会的过程与结果。

---

〔1〕 参见任远、邬民乐：《城市流动人口的社会融合：文献述评》，载《人口研究》2006年第3期。

研究设计

本研究使用社会学的理论与调查研究方法开展研究。在本章中，笔者将全面介绍社区矫正对象回归社会研究的研究设计，也就是研究的第一步，即在正式开展研究之前所制定的研究计划。一般来看，本书的研究设计主要包括笔者将要观察什么、分析什么，为什么要这样观察、分析以及规划本研究开展的步骤。具体而言，本研究项目的研究设计主要包括五个方面：一是明确本研究的总体理论框架与总体研究假设；二是明确本研究的研究思路与书稿结构；三是明确本研究的调查地点与调查对象；四是将采取的研究方法；五是将采取的研究步骤。

一、生态系统理论分析框架

从人类行为与社会环境的视角来看，个体的行为与社会环境中纷繁复杂的各个因素之间都可能存在直接或间接的联系。那么，根据这个观点，社区矫正对象回归社会的程度，他们最终能否回归社会都与社会环境中纷繁复杂的因素存在直接或间接的联系。这些社会环境中的诸多因素可以使用生态系统理论加以整合，让我们对影响社区矫正对象回归社会的社会环境因素的解释富有层次性与系统性。

（一）生态系统理论概述

生态系统理论在社会学、社会工作学界内往往被简称为生态系统理论，它是将系统论、社会学和生态学紧密结合起来，用以考察人类行为与社会环境交互关系的基础理论[1]。其基本假设是：每个人自生来就有与环境系统互动的能力，人与环境的关系是互惠的，个人的意义是环境赋予的，要理解个人，就必须将其置于其生活的环境之中；个人的问题是生活过程中的问题，对个人问题的理解和判定也必须在其生存的环境中来进行[2]。

布朗芬布伦纳是最早提出社会生态系统理论的学者。1979 年，他在《人类发展生态学》中指出个体发展处在一个与之相互作用并且不断变化的环境（行为系统）中，并且个体成长的生态环境是有层级的，按与个体的互动频率和密切程度依次向外扩展出四级——微系统、中间系统、外层系统和宏系统，并且构成一个同心圆结构[3]。

微系统指的是处于成长中的人在一个特定的、面对面的场景中所体验到的活动模式、社会角色和人际关系的综合体。这一综合体包含生理性、社会性和符号性特征，能够激发或抑制人对直接环境中持续且日渐复杂的人际互动的参与；中间系统指的是成长中的人所积极参与的两个或多个生活场域间的互动关系；外层系统指出的是成长中的人并未参与其中，而能受到间接影响的场景系统；宏系统包含微系统、中间系统和外层系统的特点，并在某种特定文化或亚文化中对其处于支配模式的系统。布朗芬布伦纳根据系统对人的影响程度和方式的差异，将系统结构化、具体化，并建立不同系统之间的联系，有助于对问题的分析，改进了一般系统理论中过于抽象的系统观[4]。

（二）个人所处生态环境的层次

上文中将直接或间接影响个人发展的生态系统划分为个人、家庭、社区与国家四个系统，其中（1）个人系统是指个人的年龄、文化程度、性别等人口统计学特征，个人的行为特征以及个人的态度特征，这些特征都与个人直接相关，属于个体层面的各因素，显然，由这些个体层次的因素构成的系统

---

[1] 师海玲、范燕宁：《社会生态系统理论阐释下的人类行为与社会环境——2004 年查尔斯·扎斯特罗关于人类行为与社会环境的新探讨》，载《首都师范大学学报（社会科学版）》，2005 年第 4 期。

[2] 赵金子、周振：《农村女性文化贫困成因及其治理——以社会生态系统理论为视角》，载《西北农林科技大学学报（社会科学版）》2014 年第 5 期。

[3] 参见邵志东、王建民：《中国农村转移人力资源开发体系构建研究——以社会生态系统理论为视角》，载《湖南科技大学学报（社会科学版）》2013 年第 4 期。

[4] 卓彩琴：《生态系统理论在社会工作领域的发展脉络及展望》，载《江海学刊》2013 年第 3 期。

可以称之为微观系统。（2）家庭系统是指个人与家人之间的交往形成的系统，强调家庭关系的重要性。这是一种不同于个人层次的人际关系网络。（3）社区系统是指个人与社区中的人或组织之间的关系，如个人与朋友、学校、就业单位、社区矫正机构、社区矫正民间组织之间的关系。（4）国家系统是指对个体、家庭、社会组织、社区均有影响的价值体系。如信念、习惯、习俗、文化、价值观、社会规范、制度、意识形态和政策取向等。笔者认为国家系统可称之为宏观系统。

　　笔者认为上述对生态系统的分类存在一个明显的问题，即家庭系统与社区系统之间存在交叉与模糊地带。个人与家人之间的关系是一种人际关系，同样，个人与朋友之间的关系也是一种人际关系。既然这些关系都具有很强的同质性，那么，就不应该将其分割，因为两者之间的关系不符合分类应该遵守的"互斥性"原则。因此，笔者认为个人与家庭、朋友的关系应该归属于同一个系统，笔者称之为中观系统。可见，中观系统与个人层次的微观系统截然不同，微观系统属于个人层次，中观系统则是群体层次。另外，宏观系统则是文化与制度层面，与个人层次及人际关系层次也截然不同。

　　综合上面的分析，笔者以生态系统理论的分类方式为基础，将社区矫正对象所处的生态环境分为三个类别：一是微观系统，是指社区矫正对象个人层面的人口统计学特征、行为特征与态度特征。二是中观系统，是指社区矫正对象与家庭、朋友、学校、就业单位之间的社会关系，这些社会关系也可以称为情境或环境。也就是社会工作领域的核心命题"人在情境中"，与"人在关系中"或"人在关系网络中"指的是同样的对象。其中与就业单位之间的关系使用"经济条件"更符合通常的措辞习惯。因为有的社区矫正对象有就业单位，我们将其就业单位称为他们的经济环境比较自然；有的社区矫正对象可能处于失业状态，很难说他们有就业环境，这样的话，我们将就业环境称为"经济条件"可能更加能够体现我们想要表达的内容。所以，中观系统就包括社区矫正对象的家庭环境、学校环境、朋友圈环境与经济条件。三是宏观系统，即对社区矫正对象、家庭、社会机构以及社区均有影响的价值体系。如信念、习惯、习俗、文化、价值观、法律规范、意识形态和政策取向等。可见，宏观系统是指社区矫正对象生活在其中的、各种无形的社会规范。

表 2.1　社区矫正对象回归社会的理论分析框架

维度	一级指标	二级指标
微观系统	1. 人口统计学特征	性别、文化程度、婚姻状况、犯罪年龄、户籍、罪名等
	2. 行为特征	十四周岁前的偏差行为
		十四周岁前的不幸经历
	3. 态度特征	悔罪态度
中观系统	1. 家庭环境	十四周岁前家庭环境
		社区矫正期间家庭环境
	2. 学校环境	十四周岁前学校环境
	3. 朋友圈环境	十四周岁前朋友圈环境
		社区矫正期间朋友圈环境
	4. 经济条件	社区矫正期间的经济条件
宏观系统	1. 社区矫正制度环境	社区矫正监督管理制度
		社区矫正教育制度
		社区矫正帮扶制度
	2. 包容性文化	社会歧视
	3. 社区矫正发展水平	经济发展水平、社区矫正机构建设、社区矫正队伍配置等

二、总体研究假设

笔者在建立社区矫正对象回归社会的生态系统理论分析框架的基础上，提出本研究的总体研究假设：

总体研究假设：生态系统中的各因素与社区矫正对象回归社会程度显著相关。

在这个总体研究假设中，包括着许多分支假设或者称为子假设，这些分支假设或子假设来自不同的层次，例如上文提到的微观系统、中观系统与宏观系统。笔者将分析相关的数据资料，检验相关的子假设，进而验证各因素是否与社区矫正对象回归社会程度显著相关。

三、研究思路与书稿结构

(一) 研究思路

本研究遵循前后连贯、循序渐进的思路。第一步，使用精简的、争议较少的指标，初步测量社区矫正对象回归社会的程度；第二步，以初步测量出来的社区矫正对象回归社会程度的分数作为因变量，以各个可能与社区矫正对象回归社会程度显著相关的因素作为自变量，开展统计分析，筛选出与社区矫正对象回归社会程度显著关联的各因素；第三步，根据筛选出的关联因素，提出促进社区矫正对象回归社会的对策建议；第四步，总结本研究的不足或者可以进一步完善之处；第五步，构建符合社区矫正工作实际的、多维度的、多指标的、全方位体现社区矫正对象服刑期间生活各方面情况的、综合性的回归社会程度评价体系。

(二) 书稿结构

本研究的结构呈总分总结构，这种结构通过全书的章节安排得以呈现。具体而言，第一章是绪论，主要介绍研究背景、研究问题、研究意义、主要概念。第二章是研究设计，包括本研究的理论分析框架、总体研究假设、研究思路、书稿结构、调查地点、调查对象、研究方法与研究步骤。第三章是文献综述，主要综述社会融合的相关研究，总结与评价这些既往的研究成果对社区矫正对象回归社会研究的借鉴之处。第四章是社区矫正对象回归社会程度测量方法、过程与结果。第五章是社区矫正对象回归社会的微观关联因素分析，主要使用文献回顾、问卷调查数据分析来全面、深入地分析微观关联因素。第六章是社区矫正对象回归社会程度的中观关联因素分析，与第五章使用相同的方法开展分析。第七章是社区矫正对象回归社会程度的宏观关联因素分析，研究方法与第六章相同。第八章是在前面分析的基础上，提出社区矫正对象回归社会的研究结论与研究不足。第九章是构建社区矫正对象回归社会程度的测评体系。

四、调查地点

笔者采取了随机抽样的方法来确定调查地点，从上海市的十六个区中随机抽取了六个区作为调查地点，鉴于实地调查研究方面的匿名规则以及参考上海市社区矫正实务机构对保密原则的强调，笔者不报告真实区名。之所以选择上海市作为调查地点，主要原因有如下两点：（1）上海市是我国率先开展社区矫正试点的地区之一。在 2002 年 8 月份，上海市就在徐汇区斜土路街道开展了社区矫正工作试点，到 2003 年 7 月，"两高两部"在《关于开展社区矫正试点工作的通知》中正式提出了社区矫正试点，并确定北京、上海、天津、江苏、浙江、山东六个省（市）为社区矫正工作的试点省（市）。可见，上海市作为我国社区矫正工作的首批试点地区之一，在我国社区矫正发展史上的地位非常重要，作为本研究的调查地点也具有比较典型的意义。（2）笔者与该市社区矫正实务机构的领导与工作人员比较熟悉，与他们在过去的研究工作中建立了良好的信任关系与合作关系，因此才能得到他们的支持。

五、调查对象

本研究的最主要的调查对象是上海市的社区矫正对象，另外还对各类社区矫正工作者开展了访谈调查。调查时间是 2014 年夏季至 2016 年夏季，共两次搜集问卷资料。上海市的社区矫正工作者中起到实质性作用的有从监狱干警中抽调到社区矫正机构中开展监管工作的民警[1]、具有公务员身份的社区矫正专职干部、隶属于民间组织的社区矫正社会工作者。深度访谈在本研究中是一种辅助性的研究方法，所以，访谈的人数比较少。

笔者于 2014 年夏季至 2016 年夏季，在上海市社区矫正管理局相关负责人的联系与支持下到上海市六个区的社区矫正机构开展了问卷调查工作。第一步是探索性的访谈调查，笔者对相关社区矫正工作者与社区矫正对象开展了深度访谈，期望获得关于社区矫正对象回归社会的感性材料与深度信息。第二步是使用简单随机抽样方法抽取了拟调查的相关社区矫正对象并对他们发放调查问卷。

---

　　[1]　实际上，在社区矫正领域内并无警察编制的工作人员，但为了便于表述，笔者在本书中将此群体称为矫正民警。

六、研究方法

（一）既有文献梳理与评价

既有文献是本研究的重要基础，对既有文献开展研究是大部分研究的必经阶段，因为每一个研究者在开展研究的起始阶段都应该非常清楚目前的研究究竟处于什么阶段、什么水平，只有这样，才能找到自己的研究出发点，明确自己研究的重点。相关研究者指出，文献研究（document study）是一种通过收集和分析现存的，以文字、数字、符号、画面等信息形式出现的文献资料，来探讨和分析各种社会行为、社会关系及其社会现象的研究方式，是一种重要的了解相关研究现状的研究方法。[1]因此，笔者尽可能充分收集已经公开发表的与本研究有直接关系的各种文献，例如期刊论文、图书资料、网络资料。具体而言，本研究主要查阅和分析了四类文献：（1）学术研究文献。这主要是罪犯群体犯罪与回归社会相关的各种文献资料。（2）上海市社区矫正机构提供的不涉密的社区矫正各类工作规程、工作总结。这类文献可以帮助笔者了解上海市社区矫正工作的进程以及主要运作机制。（3）相关法律法规及政策文本。这类文献帮助笔者了解国家与各级行政部门对社区矫正工作所制定的相关法律法规与政策，从宏观角度了解社区矫正对象生存与发展的社会环境。（4）新闻媒体的各类报道。媒体以及社会其他渠道关于社区矫正对象的报告与讨论，对这部分信息和文本的了解，可以帮助笔者进一步了解社区矫正对象回归社会的环境。

（二）问卷调查与统计分析

1. 实证主义的研究范式

问卷调查与统计分析则是本研究的主要研究方法，问卷调查与统计分析属于实证主义研究范式。"范式"这一概念最初由库恩提出，是指常规科学所赖以运作的理论基础和实践规范。它是从事某一特定科学的所有成员所共同遵从的世界观和行为方式，代表该共同体成员所共有的信念、价值、技术等构成的整体。"范式"可以被认为是一种"学科特质"，包括四个方面的内

---

〔1〕　参见风笑天：《社会学研究方法》，中国人民大学出版社 2005 年版，第 224 页。

容：（1）特定的符号概括，如 x、y、z；（2）共同承诺的信念，如热是物体构成部分的动能；（3）共有的价值，如语言应该是精确的，定量语言比定性语言更受欢迎；（4）范例，即对问题的具体解答，如自由落体运动。[1]

对于范式有很多的命名和分类的方法，目前，主流的范式有实证主义、后实证主义、批判理论、阐释主义四个类别。其中实证主义与阐释主义是比较流行的两种范式。实证主义研究者主要是实验的/操作的方法论取向，认为对社会现象的研究要像自然科学对自然界的物体与现象进行研究一样，采取数学与统计学的方法执行。实证主义要求对假设进行验证，证伪或证实。定量研究方法是其主要的研究方法，问卷调查与统计分析是其分析资料的方法。本研究将主要采用实证主义研究范式，对社区矫正对象回归社会关联因素进行数据统计分析，从而挖掘与社区矫正对象回归社会程度之间存在显著关联的因素。

本研究采用的实证研究范式，对应的研究方法是社会科学研究中的定量研究方法。社会科学研究中的定量研究方法是指将社会现象转化为数量材料，进行搜集、分析与提出相关研究结论的研究方法的总称。此处的定量研究方法的指导思想是运用自然科学中的数学、统计学来分析社会现象。定量研究方法包括问卷调查与分析、实验调查与分析、内容分析等方法。可以说，在社会调查研究中，问卷调查无疑是一种最典型的调查研究方法，有的研究者直接将问卷调查等同于社会调查，如风笑天在其专著《社会研究方法》中将调查直接等同于问卷调查，将深度访谈、观察法归于实地研究。当然更多的研究者认为，调查研究不仅仅是问卷调查，而且还包括深度访谈，观察法。实际上，问卷调查与深度访谈完全可以称得上所有调查方法中最重要的两种方法。在本研究中，问卷调查是最重要的调查方法，因为本研究将要构建的社区矫正对象回归社会综合评价体系需要依据问卷数据统计分析得到的结果对各个与社区矫正对象回归社会有显著关联的指标赋值。

2. 抽样调查与匿名原则

在本研究的调查研究阶段，笔者首先需要考虑选择哪些研究地点和研究对象。上海市共有十六个区，除了地域面积很大的浦东新区和奉贤区拥有两家社区矫正中心之外，每个区都有一家社区矫正中心，例如徐汇区社区矫正

---

[1] 参见陈向明：《质的研究方法与社会科学研究》，教育科学出版社 2000 年版，第 378 页。

中心、普陀区社区矫正中心等，这些社区矫正中心负责全区社区矫正管理、监督、审批等工作，对全区的乡镇街道司法所承担的社区矫正工作开展指导。因为上海市司法局建设在全市各区县的社区矫正系统抽取其中的六个区的社区矫正中心作为调查地点。因此，笔者采纳上海市司法局建议，随机抽取了六个区作为调查地点。笔者尊重上海市司法局的建议，对在调查过程中涉及的具体的区名，街道名遵循保密原则，没有公开相关的名称。

下面是随机抽样的具体步骤。在上海市司法局社区矫正机构的大力支持下，笔者得到了上海市被抽取出来的相关区的社区矫正对象的花名册，为了确保调查样本对总体的代表性，笔者采取了简单随机抽样的方式选取样本。简单随机抽样的步骤如下：第一步，将上海市十六个区的名称编制成花名册，得到关于区的抽样框，然后使用简单随机抽样方法从中抽取六个区。第二步，笔者从上海市司法局社区矫正机构处得到了六个区近一年来所有社区矫正对象的花名册；由于上海市司法局社区矫正机构认为社区矫正对象的人数涉密，要求笔者不公开当地社区矫正对象的总数，为了尊重其意愿，笔者在书中没有报告抽样总体。第三步，笔者以六个区社区矫正对象花名册为基础，为每个姓名编号，编制成抽样框。然后，使用简单随机抽样方法抽取了相关的社区矫正对象。最终抽取了 438 名社区矫正对象。笔者在社区矫正调查现场得到了相关社区矫正工作者的大力协助，在他们的协助下，社区矫正对象在现场填答问卷，答完问卷之后才可以离开，因此，保证了很高的问卷回收率。共发放问卷 438 份，回收问卷 438 份，在问卷调查结束后，笔者首先对收集到的问卷资料进行审核，去除信息不完整、错误的问卷，保证问卷的完整性和有效性，最后得到 429 份有效问卷，有效回收率约为 97.95%，使用统计软件 SPSS27.0 开展问卷数据分析。

关于对象隐私保护方式。因为上海市司法局社区矫正机构对研究资料真实性、全面性、客观性、匿名性的重视，即如果在调查中遵循对调查对象隐私的保护，将有助于调查对象消除疑虑与担忧，从而提供真实可靠的信息。因此，本研究将能够反映出接受调查的机构、个人的基本特征信息，如区名、街道名，个人的姓名、性别、年龄等资料隐去。这一原则笔者在第一次与受访者见面时就首先加以明确。遵守这样的匿名性原则不仅是获取真实而全面的资料的保证，更是对受访者的尊重。在上海市司法局社区矫正机构的帮助下，笔者顺利地联系到了符合笔者要求的机构、研究对象。

3. 相关分析

在统计学上，涉及两个连续变量的关系多以线性关系的形式来进行分析。线性关系分析是将两个变量的关系以直线方程式的原理来估计关联强度，例如积差相关就是用来反映两个连续变量具有线性关系强度的指标；积差相关系数越大，表示线性关联越强，反之则表示线性关系越弱，此时可能是变量间没有关联，或是呈现非线性关系。两个连续变量的线性关系，可以利用相关的概念来描述。用以描述相关情形的量数，称为相关系数，该系数取绝对值。

相关系数为一标准化系数，其值不受变量单位与集中性的影响，系数值介于±1之间。相关系数值越接近±1时，表示变量的关联情形越明显。在社会及行为科学当中，完全相关几乎不曾出现，因为几乎没有任何两个变量的关系可以达到完全相关。[1] $r = \pm 1.00$ 称为完全正或负相关，r 在 0.70 至 0.99 之间称为高度相关，r 在 0.40 至 0.69 之间称为中度相关，r 在 0.10 至 0.39 之间称为低度相关，r 在 0.10 以下时，称为微弱或无相关。[2]

既然两个连续变量的线性关系，可以利用相关的概念来描述，那么非连续性或者非线性的变量关系，需将数据进行数学转换才能视同线性关系。若自变量为类别独立变量，则需要转换为二分变量的方式。因为当一个变量为连续变量，另一变量为二分变量（如性别）时，此二分变量只有两个数值，数值之间的差距反映出一种等距关系，因此二分变量也可以被视为一种连续变量。[3]

本研究在分析社区矫正对象回归社会的关联因素时准备采取相关分析，其原因有如下三点：一是在现实中，对社区矫正对象回归社会程度存在影响的解释变量或称自变量可能非常多，这些关联因素之间可能存在共变关系，并且对社区矫正对象回归社会的解释可能还存在次序上的先后关系，比较复杂。二是因为相关分析被广泛用于构建心理测评量表。虽然本研究的目的并

---

〔1〕 参见邱皓政：《量化研究与统计分析——SPSS中文视窗版数据分析范例解析》，重庆大学出版社2009年版，第243~245页。

〔2〕 参见邱皓政：《量化研究与统计分析——SPSS中文视窗版数据分析范例解析》，重庆大学出版社2009年版，第246页。

〔3〕 参见邱皓政：《量化研究与统计分析——SPSS中文视窗版数据分析范例解析》，重庆大学出版社2009年版，第247页。

非构建心理学量表，但是本研究的最终目的之一即编制社区矫正对象回归社会程度综合评价指标体系，该指标体系与心理测评量表具有很多相似之处，因此本研究拟运用相关分析来确定可能与社区矫正对象回归社会程度之间存在显著相关的自变量。三是本研究希望确定每一个自变量与社区矫正对象回归社会程度相关联情形的强度大小，而相关系数可以顺序尺度的概念来说明数值的相对大小。因此，本研究可以根据相关系数的相对大小来确定回归社会程度评价指标体系各个指标的权重。在具体分析中，有些自变量属于类别独立变量，笔者将按照上文的要求，将类别变量转换成二分变量，以视同连续变量的形式来开展相关分析。

（三）深度访谈与文本分析

在社会调查研究中，深度访谈是定性研究中一个最重要的资料收集方法。因为深度访谈可以帮助研究人员通过与研究对象的语言沟通，进一步了解他们的处境及思想。深度访谈的方法可以避免对别人的控制，在人与人之间建立一种联系。深度访谈强调研究者本人即是主要的研究工具，在自然情境下，使用实地体验、开放型访谈方法对社会现象进行深入细致和长期的研究，目的是取得大量的第一手资料，以便开展深度细致的描述研究，即"深描"。深度访谈对研究程序、研究方法和研究手段上的灵活性、特殊性要求很高。深度访谈以及与之相对应的访谈资料文本分析在本质上属于一种归纳的方法，研究者希望发现而非验证解释性的理论。在方法的运用上注重对自然状态的真实反映，偏好对受访者作生动的访问和观察。它暗示一种亲近与非控制的情境，采用的是开放式的观察和访谈，并希望以完整的方式，运用"深度的描述"，传达受访者错综复杂的世界，而非仅靠特定的类型与变量。总体而言，执行研究的主要目的是对被研究者的个人经验和意义建构作解释性理解和领会，研究者通过自己亲身的体验，对被研究者的生活故事和意义建构作出解释。正如阮曾媛琪教授指出，深度访谈是一种"重复的、面对面的、在研究者和访问对象之间的接触，它的目的是要理解访对象用自己的语言表达出来的，有关生活、经历或情景的种种观点"。[1]深度访谈需要较长的访谈时间，这对加强信赖和理解是十分有益的，有助于研究者和受访者之间平等和

〔1〕　参见［英］阮曾媛琪：《中国就业妇女社会支持网络研究——"扎根理论"研究方法的应用》，熊跃根译，北京大学出版社 2002 年版，第 31 页。

互动关系的建立。深度访谈将被访者的看法置于高度重要的位置，访问者必须高度尊重被访者的原意，不能有所扭曲。它希望通过分析重现被访者的世界，用他们自己的语言和观点对资料进行诠释，通过对被访者的深入访谈，以达到理解和再现被访者生活经验的目的。[1]

与深度访谈相对应的资料分析方法是对深度访谈资料开展文本分析。从方法体系的结构来看，本研究采用的深度访谈与文本分析方法在本研究中属于辅助研究方法。而采取深度访谈与文本分析方法的原因为：研究对象主要为接受社区矫正的罪犯群体，他们大多比较忌讳谈及自己的身份，属于一种比较隐蔽的群体，寻找这些对象并对其进行研究是一个十分艰难的过程。深度访谈非常适合对身份敏感群体的研究。注重保护隐私的个人面谈交流的方式易于建立研究人员和研究对象之间的信任关系，这非常有助于研究人员接触与接近被访者，并与他们建立信任、安全的关系，从而有利于获取详实、生动的资料。深度访谈也非常适合探索性研究，即在一项研究刚开始的阶段通过这种方法搜集感性材料，增加研究者对研究对象的认识，以便更恰当地开展后续的研究。

本研究收集深度访谈资料与分析深度访谈资料的目的有两个：（1）呈现社区矫正对象回归社会的过程资料，让我们对社区矫正对象回归社会过程有一种直观的认识；（2）为基于问卷调查开展的统计分析提供前期的、初步的辅助性材料，增进对社区矫正对象回归社会的理解。本研究的主题是社区矫正对象回归社会的关联因素研究。从主题来看，本研究的访谈主体包括两个类别，一是社区矫正对象群体；二是社区矫正工作者群体。对这类群体开展访谈调查，对他们提供的资料进行分析，可以为本研究后续的问卷调查提供感性认知。

七、研究步骤

本研究的步骤为：第一步，查阅与分析文献资料，开展文献回顾与评价；第二步，通过深度访谈开展探索性研究，并开展文本分析；第三步，开展问卷调查与数据统计分析。本研究既遵循立足已有的研究成果开展现有研究的研究原则，又遵循由浅入深、从表面到实质的科学研究程序，即从查阅文献

---

〔1〕 参见风笑天主编：《社会研究方法》，高等教育出版社 2006 年版，第 232~233 页。

探索工作起步循序渐进过渡到描述社区矫正对象各种现状特征，最后到解释各种关联因素对社区矫正对象回归社会所发挥的作用。在文献回顾阶段，本研究主要对既有的研究成果进行回顾与评价，吸收既有研究的宝贵经验，借鉴既有研究的方法技巧。在探索阶段，本研究主要使用深度访谈的方法。在描述阶段，本研究主要使用统计分析中的描述性交叉分析方法。在解释阶段，本研究主要使用统计分析中的相关分析方法。

文献综述

　　回归社会是社会学中的重要概念，与社会学的另一个概念再社会化高度相似。罪犯群体回归社会或者再社会化是社会学研究领域中的必不可少的内容。正如前面章节已经阐述过的回归社会属于实践性较强的概念，社会融合属于学术性较强的概念，并且社会融合已经发展成为比较成熟的理论，有着非常多的研究成果。虽然社会融合概念与回归社会概念之间并不能完全等同，但是两者在犯罪矫正语境中可以互相代替。为了在社区矫正对象回归社会研究中参考与借鉴社会融合已有的、丰富的研究成果，本书将在本章中回顾社会融合领域的研究成果并在社区矫正对象回归社会研究过程中借鉴社会融合研究成果。

　　20 世纪 90 年代之前，"平等"概念不仅深入人心，而且也是学术界研究的重要概念。但从 20 世纪 90 年代以后，"平等"概念逐渐式微，"社会融合"概念渐渐取代"平等"概念，并且不仅成为社会学、社会工作学界研究的热门概念，也成为各国社会政策研究与实践话语体系中的热门概念与核心概念之一。笔者认为，这可能是因为"平等"概念更多地呈现了人们对一种理想状态的追寻，是为结果，而"社会融合"概念则是呈现了人们追求群体之间隔阂消除与和谐共处的过程，这种过程更加具有操作性，更加能够被研究者所观察与把握。"社会融合"是一个变化的过程，"平等"是一个结果或状态，不管对于学术研究还是实践努力，"社会融合"概念都比"平等"概念更加易于理解，更加能够让人们掌握主动与掌控进程。在本章中，笔者着重回顾了"社会融合"概念的起源和发展，社会融合理论研究的重点板块与社会融合研究关注的重点群体。

第一节　社会融合概念的界定

社会融合概念起源于西方国家，后传播到国内，被诸多国内外研究者加以界定。笔者在此基础上尝试对社区矫正对象的社会融合加以界定。

一、社会融合概念的起源

社会融合概念的出现可以追溯到 18 世纪到 19 世纪中期，当时西方社会工业化进程加快，伴随工业化的快速发展，城市化的进程也越来越快，大批贫困农民离开土地到城市工作、生活。这一群体由于生活艰难，适应城市生活出现障碍，由此引发了城市中的各种社会矛盾，后果之一就是自杀率一直居高不下。法国社会学家迪尔凯姆在其著作《自杀论：社会现象的研究》中首次提出社会融合。他认为，无法实现社会融合是导致自杀的重要原因，良好的社会融合水平，可以有效地控制自杀率，但他的社会融合概念比较倾向于社会整合，没有较丰富的理论内涵，是比较宏观的概念，而且迪尔凯姆也没有给社会融合下一个清晰的定义。[1]

迪尔凯姆关于自杀的研究对欧洲后来的社会融合研究有很大的影响与启发，随着相关的类似研究逐渐增多，社会融合越来越被当作一个社会政策性的概念，并且与社会排斥作为一对相反的概念被关注。在现有的文献中，"social cohesion" 和 "social integration" 都表示社会融合。社会心理学家比较重视 "cohesion"，因为该词表示 "聚合"，一般描述同一个系统之内的个体与整体的关系，主要强调个体；而社会学家比较重视 "integration"，因为该词表示 "结合"，它一方面非常重视描述与呈现系统之内个人与个人、个人与系统之间的关系，另一方面非常重视描述某群体逐渐与另一群体之间互相结合的过程。

二、社会融合概念的界定

国内外相关机构和学者对社会融合的定义并不统一。虽然不同的研究者

---

〔1〕　参见嘎日达、黄匡时：《西方社会融合概念探析及其启发》，载《理论视野》2008 年第 1 期。

根据自己研究视角、研究出发点与研究兴趣的不同对社会融合概念作出了不同的界定，但他们对社会融合的概念界定都包含了差异性群体进入地方社会，与地方社会互相同化、互相认同与互相适应，最终互相融合的过程，并且这个互相融合的过程往往存在不同差异群体之间的排斥、冲突以及排斥、冲突的逐渐消解。

从国外来看，典型的关于社会融合概念的界定有：欧盟认为社会融合是确保具有风险和社会排斥的群体能够获得必要的机会和资源，通过这些机会和资源，他们能够全面参与经济、社会、文化生活，享受正常的生活及在其居住的社会中享受应有正常社会福利的过程。森认为共融社会或融合社会是指这样一个社会，在那里成员积极而充满意义地参与，享受平等，共享社会经历并获得基本的社会福利。因此，融合是一个积极的过程，它已经超出了缺点的补正和风险的减少，它推动了人类发展并确保机会不会对每一个人错失。森还认为一个融合社会的基本特征是，广泛共享社会经验和积极参与，人人享有广泛的机会平等和生活机会，全部公民都有基本社会福利。其认为社会融合概念强调需要社会政策来改善能力，保护合法人权，确保所有人有机会和能力被融合，而且避免了将焦点放在如生活在贫困中或需要社会救助的个人，因此避免了对受难者的谴责。[1]

从国内来看，典型的关于社会融合概念的界定有：任远和邬民乐认为社会融合是不同个体、群体或文化间的互相配合、互相适应的过程。[2]悦中山等人认为社会融合定是"在城市社会里，农民工与城市市民在文化、社会经济地位和心理等方面的差异的消减"。基于这种认识，悦中山等人给出了社会融合的定义：某社会单元中个体或集体行动者的社会联系和互动的范围、强度和质量，该定义赋予社会融合较广泛的适用性。[3]

从比较的角度来看，通过对比国外与国内研究机构或者研究者对社会融合概念的界定，可以得到如下结论：（1）国外研究者对社会融合概念的界定，相对而言更加侧重对社会整体福利的强调，对社会群体之间平等的强调，对

〔1〕 参见嘎日达、黄匡时：《西方社会融合概念探析及其启发》，载《理论视野》2008 年第 1 期。

〔2〕 参见任远、邬民乐：《城市流动人口的社会融合：文献述评》，载《人口研究》2006 年第 3 期。

〔3〕 参见悦中山等：《当代西方社会融合研究的概念、理论及应用》，载《公共管理学报》2009 年第 2 期。

边缘群体全面参与社会生活的各个方面的强调。国内研究者对社会融合概念的界定，相对而言更加侧重主流群体与边缘群体之间的互相交流，互相融合，直至差异的逐渐弱化甚至消失，如不同群体之间，不同族群之间，更具体的如移民与当地人之间，农民工与城市居民之间的融合。（2）国外与国内的研究者在社会融合的概念界定上有所差异，但是，他们在研究社会融合问题时，都注重某一群体与另一群体之间差异的消减，各方面特征的逐渐趋同，都能够顺利参与社会互动，都强调多维度的视角。（3）国外研究者更强调宏观视角的不同群体之间差异的消减，强调对社会参与的投入，社会福利的享有；国内研究者更强调不同群体之间的互动，在互动过程中实现差异的消减。这两者看上去差异不小，但是实质上，如果要实现不同群体之间的融合，宏观社会因素如包容的文化氛围，促进平等的制度安排，趋同的社会福利等与微观社会因素的人际互动之间密不可分。没有平等制度的安排，趋同的社会福利等，不同群体之间很难展开实质性的平等互动，而没有包容的文化氛围，不同群体之间也难以形成密切的互动关系。以本研究中的社区矫正对象为例，如果社区矫正对象被就业市场排斥，无法通过合法途径获得收入，无法获得基本的社会福利，无法满足基本生活所需，他们注定无法实现与其他群体之间的互动与融合。如果没有包容性文化氛围，即便他们能够在社会上实现经济上的保障，他们被其他人歧视与排斥，也只能生活在社会的孤岛上，也就难以说融入了社会。因此，笔者认为在界定边缘群体的社会融合概念时，需要重点关注社会制度、社会文化等方面的因素，这些因素如就业制度、福利制度、家庭环境、工作环境、民众评价等。

三、社区矫正对象社会融合概念的界定

在我国刑事司法领域，由于长期受重刑主义思想的影响，社区矫正一直没有得到应有的重视和发展。但是，随着改革开放的不断深化，我国的经济社会发展水平的提高，人道主义也不断融入社会发展、社会建设和社会管理的理念中，特别是从 2003 年我国在北京、上海等六个省（市）开展第一批社区矫正试点工作以来，社区矫正工作发展速度很快。到 2005 年就开始扩大试点，2009 年在全国实行，2012 年 1 月"两高两部"联合制定和颁布了《社区矫正实施办法》，2019 年 12 月实现立法，2020 年 7 月 1 日《社区矫正法》正

式施行。可以说，我国的社区矫正工作虽然启动较晚，但是发展速度非常快，国家也非常重视，社区矫正对象人数也越来越多，社会学界、社会工作学界与法学界都越来越关注社区矫正对象的研究。

根据以往研究者对社会融合概念的界定方式，笔者对本书中的社区矫正对象社会融合概念作如下定义：社区矫正对象社会融合是指社区矫正对象这一群体进入社区，能够在社区中获得必要的机会和资源，能够全面参与社区经济、社会、文化生活，能够与社区中的其他个体、群体之间互相适应、互相认同，最终融入整个社会的过程。

鉴于上文中，笔者已经解释过在罪犯矫正领域，回归社会与社会融合之间可以互相替换使用，而社会融合的既有研究成果要比回归社会的既有研究成果丰富得多，因此，本书需要借鉴社会融合的研究成果。虽然笔者在本书中的一些地方会使用社区矫正对象社会融合这一概念，但是，在本书中更多的地方，笔者将使用社区矫正对象回归社会这一概念，这是因为对于罪犯群体而言，回归社会更加能够反映这一群体的特殊身份。

第二节　社会融合理论研究的重要维度

社会融合理论研究在国内外都形成了一些相关的学说，研究者们用他们的学说来解释相关群体的社会融合。社会融合测量方法一直以来都是一个重要的研究板块，有了测量方法，研究者们才能判断某一群体社会融合的程度。笔者也在此节中参考既往的研究成果，对社区矫正对象回归社会测量的方法加以详细地阐述。

一、社会融合相关学说

从国外来看，西方学者关于社会融合的研究主要集中在移民研究等主题上。在移民研究领域，一些研究者通过研究移民与移居国或移居地之间的关系问题，提出了不同的社会融合学说。虽然这些社会融合学说众说纷纭，但是，他们之间具有很大的相似性。这些社会融合学说从不同的侧面描述和揭示了移民在与移居地之间互相交往中形成的社会关系，以及如何在互相交往中逐渐融入当地社会。围绕移民与主流社会关系问题的理论研讨众说纷纭，整合已有理论研究，大致可以梳理出适应同化论、多元文化共存论与社会融合论这三大理论学说。适应同化论主要广泛应用于美国，推崇的是一种"普世价值"，认为少数族裔应当去适应发达国家的主流文化。多元文化共存论是荷兰、英国等国广泛运用的移民融合理论，该理论认为外国移民与当地不同的文化之间互相碰撞与适应，从而实现共存。社会融合论则更加强调外国移民与当地居民的相互作用，不仅考察外国移民的生活是如何被当地的居民、文化和制度所塑造的，也关注当地居民、文化和制度在国际移民社会融合的过程中如何被"反塑造"。从移民社会融合的研究视角来看，外国移民的社会融合大体可分为广义的社会融合与狭义的社会融合。广义的外国移民社会融合是一个涉外国移民的经济、文化、社会参与与政治等多领域、多维度的融合过程。而狭义的外国移民社会融合仅仅是指外国移民参与社区、城市或国家的相关决策、是否享受到社会保障的融合过程。从欧盟 1999 年开始制定和实施相关的外国移民社会融合政策来看，社会融合的含义不断丰富和发展，且社会融合的措施更加具体、全面，已覆盖就业、教育、住房、社会参与、社会保障和积极公民身份等诸多领域。[1]

从国内来看，我国的农民工社会融合研究可以说已经成为社会学研究的一个主要阵地。我国虽然并非移民国家，但是流动人口却非常多，特别是农民从农村到城市就业、生活的社会迁徙大潮形成了规模巨大的社会流动，这个群体被称为农民工。农民工在城市生活并不容易，融入城市并不简单，而且还面临着短期内非常难以改变的困境。由于加快推进我国城市化进程是国家的大政方针，因此，我国农民工的社会融合问题成为社会学者、心理学者非常关注的焦点问题之一，并且产出了非常丰富的研究成果。从形成的学说来看，研究者们在相关研究中提出了他们关于流动人口社会融合理论的相关学说，主要包括"新二元关系说"、"城市适应说"和"融入说"。其中，马西恒、童星的"新二元关系说"认为农民工的社会融合需要经历三个重要的阶段，即"二元社区"、"敦睦他者"和"同质认同"。该学说的研究视角是农民工与城市社区的互动关系，是从宏观层次进行的理论分析。[2]朱力提出

〔1〕　参见宋全成、甘月童：《欧盟外国移民社会融合的多维度分析》，载《世界民族》2023 年第5 期。

〔2〕　参见马西恒、童星：《敦睦他者：城市新移民的社会融合之路——对上海市 Y 社区的个案考察》，载《学海》2008 年第 2 期。

了"城市适应说"，他认为农民工的社会融合实际上是一种"再社会化"的过程，是一种自己主动适应城市的过程，这种适应是单方面的适应，涉及经济层面、社会层面、文化层面和心理层面，并且这几个层面之间互相影响、互相联系、互相增强。具体而言，农民工如果拥有相对较好的经济基础，那么他们的社会地位就更容易得到提升，这是他们适应城市生活的第一步。在拥有较好经济基础后，农民工会逐渐主动学习城市居民生活方式，逐渐改变以前的生活方式，这是文化层面的融合。最后，农民工通过与城市居民的交往，学习他们思考问题的方式与看问题的视角，逐渐在心理上融合。虽然，文化与心理融合并不像经济融合那么直接与容易，并且可能需要不止一代人的努力，但是，这种社会融合无疑具有积极意义，其有助于农民工更加适应城市生活。[1]杨菊华则提出了"融入说"。她认为农民工在主流社会的经济整合、文化接纳、行为适应和身份认同四个维度之间存在递进关系而且相互依存，并提出了隔离型、多元型、融入型、选择型和融合型五种社会融合模式。[2]除了农民工群体，学术界对社会融合的研究还涉及流动儿童、罪犯群体等社会边缘群体，但是，这些边缘群体社会融合的相关研究相较于农民工的研究，其研究成果非常少，有待进一步加强。

　　从比较视角来看国外与国内关于社会融合的研究，可以发现：（1）两者都聚焦于外来人口与本地人口之间的互动。国外重点关注移民的研究，研究外国人与本国人之间的互动。国内重点关注农民工的研究，研究农民工适应城市生活。（2）国外与国内都有"同化论"，主要是外来人口与本地人口之间的互相融合，两者的观点本质上相同。（3）国外的"多元论"适合同一个国家中不同种族或族群之间同生共存的互相关系，但是并不太适合国内农民工与城市人口之间的互相关系。因为国外不同种族享受的是统一的社会福利制度，而国内农民工与城市居民是处于明显二元的结构之中，这种二元结构最典型的表现就是户籍制度。国内研究者一直在努力研究如何打破这种二元结构，实现农民工与城市居民真正的融合。基于这些分析，笔者认为，本研究中的社区矫正对象的研究与国内的相关社会融合学说更为契合，因为本研

[1]　参见朱力：《论农民工阶层的城市适应》，载《江海学刊》2002年第6期。
[2]　参见杨菊华：《从隔离、选择融入到融合：流动人口社会融入问题的理论思考》，载《人口研究》2009年第1期。

究的目的是促进社区矫正对象回归社会，回归到以前他们属于的正常社会，与普通人拥有基本相同的资源，构建与普通人正常的社会关系。

二、社会融合测量方法

在国外，相关学者对一些特殊人群的社会融合进行了测量，并且方法多样。例如美国社会学家 Gordon 在研究美国的族群融合问题时，所提出的社会融合是理解与描述个体与族群、不同的代际在融入主流社会过程中的最佳途径。他提出可以从七个方面来综合测量移民的文化适应与社会融合：（1）文化或行为的涵化。事实上，文化涵化并不仅仅是语言的问题，还包括情绪表达与个人的价值观。（2）社会结构的相互渗入或融合，指与本地小圈子之间的交往。如果结构融合了，那么通话自然就形成了，结构融合是融合进程成熟度的重要指标。（3）族群间通婚。（4）族群意识或身份认同的融合。（5）意识中族群偏见的消除。（6）族群间经济、就业、教育等领域歧视行为的消除。（7）公共事务的融合。[1]

在国内，相关学者也对一些特殊人群的社会融合进行了测量。例如楼玮群与何雪松从认同、朋辈网络和社会参与这三个维度测量了香港新移民的社会融合。[2]任远与乔楠总结了既有社会融合测量的不足，比如缺少系统的理论框架与指标体系建构；又如将社会融合看作一个单向的过程。他们在此基础上提出了测量社会融合的四个维度：自我身份的认同，即流动人口对于自己在城市中所扮演角色的定位；对城市的态度，即流动人口对于城市的主观认识与感情；与本地人的互动，即流动人口与本地人口的相互交流与相互交往；感知的社会态度，即流动人口感受到的城市以及城市居民对他们的态度。[3]沈之菲将城市中农民工子女学校中的流动儿童与公办学校中的流动儿童作为比较的两组儿童，选取三个维度即流动儿童对上海的认识、对上海本地儿童的看法以及对自己在城市学习和生活的认识开展研究，提出了公办学

---

〔1〕参见王毅杰、梁子浪：《试析流动儿童与城市社会的融合困境》，载《市场与人口分析》2007年第6期。

〔2〕参见楼玮群、何雪松：《乐观取向、社会服务使用与社会融合：香港新移民的一项探索性研究》，载《西北人口》2009年第1期。

〔3〕参见任远、乔楠：《城市流动人口社会融合的过程、测量及影响因素》，载《人口研究》2010年第2期。

校有利于流动儿童的社会融合的结论。[1]

通过对国内外研究者对社会融合的测量方式的回顾和分析，可以发现，各个研究者对社会融合的测量方法、测量涉及的维度、测量指标等都不尽相同。研究者们以自己研究对象的实际情况设计测量的维度和指标，力求这些维度和指标符合研究对象的具体的实际的情况，这一点值得借鉴。也就是说，笔者在研究社区矫正对象回归社会的过程中，需要全面考虑社区矫正对象的实际情况，包括经济状况、生活状况、心理状况、文化状况等，力求最全面地反映出与社区矫正对象回归社会有关联的所有因素。

三、社区矫正对象回归社会判断标准

社区矫正对象回归社会的判断标准是指用什么来衡量社区矫正对象是否实现了回归社会。根据本书对社区矫正对象回归社会概念的界定来看，社区矫正对象回归社会是指他们能够在社区中获得必要的机会和资源，例如有劳动能力者能够获得就业的机会，没有劳动能力但满足相关条件的生活贫困者能够获得相关救助的机会，能够获得原生家庭的接纳，能够获得组建家庭的机会，他们不会因为曾经实施过犯罪行为而遭到社会歧视或者说即便是受到来自社会的歧视，但是歧视程度比较轻，没有影响到他们正常的生活，没有对他们造成比较大的心理压力等。当然，这些判断标准中的很多指标或者说因素不仅仅适用于本书的研究对象，即社区矫正对象，也适用于农民工群体、残疾人、流浪儿童、新移民等社会边缘群体。社区矫正对象与其他很多社会边缘群体之间的差异在于他们曾经实施过犯罪行为，这是他们的独特性，因此我们在研究社区矫正对象的过程中要非常重视他们的犯罪经历对他们回归社会的影响。但是他们并非仅仅有这个特性，他们也有许多其他的特征，例如他们的经济状况，他们的成长经历，这些特征与其他社会边缘群体相似或者相同，虽然并非他们的独特性，但是只要是他们具有的特征，都应该加以考虑，才能获得对他们回归社会程度的全面理解。所以，社区矫正对象回归社会的判断标准，不仅包含犯罪经历这样特殊的因素，也包含其他普通的特征，即与其他社会边缘群体相同或者相似的特征。

---

[1] 参见沈之菲：《更多的接纳　更好的融合——外来民工子女在上海城市的融合问题研究》，载《上海科研教育》2007年第11期。

在本研究的初始阶段，笔者为了尽量避免测量工具与测量指标选择的随意性，选择了两个基本上不会有争议的指标组成一个测量社区矫正对象回归社会的复合指标，即回归社会总分。回归社会总分由两个变量的选项加总而成：一是社区矫正对象自认为的目前回归社会的程度[1]，这是一个从 1 到 5 的连续型的定距变量；二是社区矫正对象自认为的以后回归社会的信心，这也是一个从 1 到 5 的连续型的定距变量。所以，回归社会总分就是这两个定距变量的加总，是一个从 2 到 10 分的连续型的定距变量。我们可以比较容易地将这 10 分划分为五个等级，如果社区矫正对象测评得分为 2 分，可以被判定为回归社会程度很低，3~4 分为回归社会程度比较低，5~6 分为中等回归社会程度，7~8 分为回归社会程度比较高，9~10 分为回归社会程度非常高。

需要加以解释的是，在研究中，"回归社会"与"社会融合"，两个词可以互相替换，前者偏口语化，更加通俗易懂，所以在问卷中使用了"回归社会"，为的是让社区矫正对象更容易思考与回答，后者比较正式，更加学术化，但是，为了前后表述尽量统一，所以在书稿撰写过程中，涉及社区矫正对象社会融合的内容，统一使用"社区矫正对象回归社会"这一概念。

第三节　国内社会融合研究中的重点群体

国内社会融合研究的重点群体主要有农民工群体、流动儿童群体、罪犯群体。在这些群体中，农民工群体是被研究得最多最深入的群体，这与他们被我国社会各界关注非常多有关，也与他们的数量庞大，易于接触有关。流动儿童主要由农民工子弟组成，这部分外来人口融入社会难度比较大，也逐渐引起学界关注。最后的罪犯群体由于很难被外界接触到，因此，这些群体的研究成果相较农民工群体、流动儿童而言就显得非常少，但是，这类群体与社会治安、社会稳定的关系却不容忽视。

一、农民工群体

农民工群体是我国社会融合研究领域中最受关注的一个群体。农民工群

---

〔1〕 之所以在问卷中使用"回归社会"而不使用"社会融合"，是因为"社会融合"比"回归社会"更加书面化，可能造成社区矫正对象理解困难，而"回归社会"则比较口语化，社区矫正对象非常容易理解。

体人数众多、规模庞大，不管是对于他们工作与生活的城市社会还是对于他们离开的农村社会而言，都具有非常重要和深远的影响。在当前形势下，农民工的社会融合是中国工业化和城市化进程中的一个重要的社会经济问题，为数众多的研究者都关注农民工的社会融合议题，特别是社会学者。如今，农民工研究已经是社会学研究中的显学，具有重要地位。实际上，所有关于农民工的研究，都无法回避农民工社会融合这一议题。众多研究者的研究虽然侧重点不同，但是他们都有统一的认识，即促进农民工实现城市社会融合不仅要切实保障农民工的平等权益，更重要的是消除制度歧视和社会排斥，也就是说，制度创新是农民工融入城市生活的关键所在。

关于农民工社会融合的研究成果很多，在此笔者仅仅介绍几个典型的例子。

黄耿志等人研究了城市规模如何影响农民工的社会融合，他们发现：城市规模越大，农民工的社会融合度越低，其中在居住条件、社会交往融合方面，城市规模产生的阻滞效应最大；但城市规模对农民工的经济融合有促进作用，反映了大城市的经济吸引力。城市规模对非正规就业组和正规就业组的影响存在不平等效应，城市规模对非正规农民工的社会、心理、文化方面的融合产生的阻滞作用更大，对其经济融合的促进作用却较小。居留意愿和落户意愿削弱了城市规模对农民工社会融合的直接负效应，且在正规就业群体中的削弱效应更大，表明农民工在城市居留或落户的渴望有助于激发他们融入城市的行为。[1]

张顺莉等人对家庭化迁移到城市对中国农民工社会融合的影响进行了研究，他们指出，举家迁移对农民工社会融合有显著正向影响，而半家庭化迁移对农民工社会融合的影响不显著。当农民工为第一代、流动距离越远，流入的城市区域为东部地区时，家庭化迁移对社会融合的促进作用越大；当流入城市为东北地区时，家庭化迁移对农民工社会融合无显著影响。住房状况是家庭化迁移影响农民工社会融合的重要中间机制，即家庭化迁移使得农民工的住房状况产生分化，进而导致其社会融合产生差异。[2]

---

〔1〕 参见黄耿志等：《城市规模如何影响农民工的社会融合：非正规就业组与正规就业组的比较分析》，载《地理研究》2024年第4期。

〔2〕 参见张顺莉等：《家庭化迁移到城市对中国农民工社会融合的影响》，载《经济地理》2023年第10期。

二、流动儿童群体

流动儿童是指跟随从农村到城市打工的父母一起在城市暂时或者长期生活的儿童。流浪儿童属于流动儿童中的一个分支，与流动儿童的生活与面临的问题有相似性，但是前者面临的问题比后者大得多。本研究所指的流动儿童，不包括流浪儿童，因为流浪儿童融入社会只能依靠政府民政部门，而流动儿童融入城市社会则主要依托父母，以及各种制度的改良。

儿童是社会弱势群体，流动儿童则是弱势群体中的弱势群体，也可以说是双重弱势群体。随着社会变迁与社会流动的加快，流动儿童问题在各城市地区开始出现并且有些地区日趋严重，随着一系列流动儿童不幸遭遇见诸报端，流动儿童逐渐成为人们日益关注的社会问题。相对于农民工这部分主要由成年人构成的群体而言，流动儿童融入社会更加艰难，这主要表现在如下方面：一是经济地位非常低，社会支持力度非常弱。总体来说，流动儿童物质资源的匮乏已经得到很大的改善，然而在经济上，流动人口、流动儿童与城市人群之间存在天然的屏障，经济融入程度方面就显得比较低。二是社群结构简单且难以改变。流动儿童对于和自己生活习惯格格不入的城市儿童乃至生活，内心是很难接受和融入的，也很难把自己当成一个本地人去生活，出于同样的原因，城市儿童也很少愿意将流动儿童当作朋友。三是心理融入困难，对未来迷茫。流动儿童不管是和父母还是和老师、同学以及周边城市人群相处，都普遍表现出他们难以从心理上去亲近城市，难以将自己与城市人群归为同类。[1]

三、罪犯群体

从社会学的角度来看，有犯罪经历者如刑满释放人员和社区矫正对象都是社会中的一个特殊群体，更进一步地说他们是社会中的特殊弱势群体。他们不仅在社会身份上处于弱势地位，而且因为犯过罪容易被普通人群所排斥，他们融入社会比外来农民工、流动儿童可能多了一层障碍。他们融入社会的彻底失败往往以重新犯罪的形式出现，这种形式是社会难以承受之后果，所

---

〔1〕　参见崔岩：《流动人口心理层面的社会融入和身份认同问题研究》，载《社会学研究》2012年第5期。

以，有犯罪经历的群体是否能够重新融入社会不仅会影响到他们自己的生活，也会影响社会的安全稳定，是一个非常有价值的研究议题。

罪犯群体属于带有污名标签的特殊群体，其中一部分人在监狱里面服刑，一部分人在社区里面服刑，由于这部分人属于国家刑罚执行机构负责监管，他们的身份带有一定的敏感性，没有国家刑罚执行机关的批准与引荐，外界很难与他们接触，即便是社区矫正对象，虽然他们接受社区矫正机构的监管，但是，绝大多数时间都是以正常人的身份在家庭、工作单位出现。由于《社区矫正法》中有保护其隐私的规定，监管机构也积极帮助他们保护隐私以及他们自己对自己罪犯身份的隐瞒，一般人并不知道他们的罪犯身份。在此情形下，研究者们想要研究监狱服刑人员与社区矫正对象社会融合问题，实际上难度颇高。幸运的是，依然有一部分研究者可以获得刑罚执行机构管理者的批准，获得研究此类群体的机会。

综上所述，社区矫正对象是本研究的主要研究对象，与之相对应的社区矫正工作的目的是促进社区矫正对象顺利融入主流社会，因此，社会融合这一社会政策概念对于社区矫正对象社会融合研究非常契合。上文介绍的关于农民工、流动儿童社会融合研究的相关资料，笔者在研究社区矫正对象社会融合过程中也可以参考和借鉴，因为这些群体都属于社会边缘群体，拥有许多相似之处。

第四节　回归社会与重新犯罪

有过犯罪经历者是一类非常特殊的人群，他们在某些方面处于弱势状态，如很多罪犯经济收入低、政治地位低、社会整体地位非常低，而且因为这个群体对社会安全与人们生命财产造成的侵害，使得普通民众对该群体抱持着一定的防备心理。但是，无论如何，我们应该关注和期待罪犯群体能够顺利地回归社会。不过，依然有一些有过犯罪经历者会重新犯罪，这属于有过犯罪经历者回归社会最极端的现象，即回归社会彻底失败。

实际上，在当代各国社会公共生活中，有过犯罪经历者重新犯罪是人们感到困扰的一个普遍性问题，不管是在西方国家，还是在我国，重新犯罪都是一个客观存在的社会现象，一个不容忽视的社会问题。重新犯罪是犯罪的类型之一，它与初次犯罪有相似之处，但不同之处也非常明显，主要是因为重新犯罪者是接受过或者经历过刑罚惩罚与教育的个体或群体，他们重新犯罪的原因比初次犯罪更加复杂，对社会安全的威胁更加严重，因此，犯罪学界普遍认为重新犯罪有其自身产生和演变的规律，这种规律与初次犯罪的规律不同，需要对两者区别对待。所以，犯罪学界将其作为犯罪学研究中的重要部分，并且一直以来都非常关注重新犯罪现象。

本研究中的社区矫正对象也可能会重新犯罪，除了该群体，还有监狱服刑人员狱内重新犯罪，刑满释放人员重新犯罪。关于刑满释放人员与监狱服刑人员狱内重新犯罪的研究，虽然寻找这些群体比较困难，但是也取得了一些相关的研究成果，而关于社区矫正对象重新犯罪的研究却非常少，这是因为社区矫正在中国是新生事物，所以社区矫正对象重新犯罪也是一种新的社会现象。社区矫正对象重新犯罪研究需要得到更加密切的关注与重视。鉴于社区矫正对象这一群体重新犯罪是社会事实，那么，在研究社区矫正对象回归社会时笔者一方面以回归社会为主线开展研究，另一方面笔者也需要借鉴一些犯罪学的相关研究成果，作为社区矫正对象回归社会研究的补充分析。

由于社区矫正对象属于罪犯群体，社会学界对罪犯群体的研究实际上并不多，相关的参考资料主要来自犯罪学界，因此，犯罪学界的研究成果是本研究的重要参考资料。从广义上来看，犯罪学与社会学之间存在着很多的交叉领域，甚至在美国，犯罪学很大程度上属于社会学学科，可见，犯罪学与社会学在某些方面互相交叉与融合。

本书需要对以下问题进行必要的解释。关于后面的书稿中对微观、中观、宏观因素的选择，的确有很多自变量的选择借鉴了犯罪学的研究成果。本书在选择自变量的时候，或者说决定哪些因素有可能与社区矫正对象回归社会程度存在关联的过程中，主要是依据对以往文献的回顾和自己以往从事社区矫正研究的经历，在此基础上将一些可能与社区矫正对象回归社会程度存在关联的因素设置为自变量，进而提出研究假设。

笔者在设置自变量的时候，很大程度上参考的是重新犯罪研究成果，回顾的文献也基本上都是犯罪学的文献，这样导致本书在筛选自变量时，是以犯罪或者重新犯罪为标准的。这是因为笔者几乎找不到关于罪犯回归社会的文献，这可能是因为社会学研究者对此领域很少介入，也可能是因为我国公检法司机构主要的合作对象是法学研究者。

笔者认为，本书的自变量主要来源于犯罪学研究成果的具体原因主要有以下几点：（1）本课题的研究对象是罪犯群体，有关罪犯群体的研究文献主要来自犯罪学领域，本书的研究对象是社区矫正对象，属于罪犯群体，所以本书借鉴与采用了犯罪学理论与研究成果。（2）关于罪犯群体，包括社区矫正对象群体回归社会的研究，很少使用"社会融合"或"回归社会"这样的社会学专业术语，而基本上都是以犯罪、重新犯罪这种犯罪学的专业术语出现，可见，社会学界对罪犯群体的研究比较少，主要是犯罪学界在研究罪犯群体，不过两者之间，并无本质差异，因为促进罪犯回归社会就是预防其重新犯罪。（3）目前研究社会融合的文献主要聚焦于农民工、流浪儿童，本书尽可能地借鉴了相关的研究成果来设置自变量和提出研究假设。（4）农民工、流浪儿童与罪犯群体都是社会边缘群体，实际上，本书在设置自变量的时候，多数自变量都可以通用于这些边缘群体的研究中。例如婚姻状况、户籍户口、文化程度、经济状况、行为特征、心理问题、家庭环境等。（5）犯罪学与社会学之间存在很大程度上的相似之处。

社区矫正对象回归社会测量方法与结果

从社会学的角度来看，社区矫正对象回归社会程度的测量是再社会化理论研究的重要内容，亦是本研究的一个重点、一个难点。之所以是重点，是因为本研究的第一个重要步骤就是测量出被调查的社区矫正对象回归社会的程度。本研究的第二个重要步骤是以社区矫正对象回归社会的程度作为因变量，以可能与社区矫正对象回归社会程度有显著关联的因素为自变量，运用相关分析方法，筛选出与因变量存在显著关联的自变量。本研究的第三个重要步骤是依据这些与因变量存在显著关联的自变量提出促进社区矫正对象回归社会的对策建议。本研究最后一个步骤是依据这些自变量，构建一个全面的、具体的、能够呈现社区矫正对象社区矫正期间生活的各个方面的回归社会综合测评体系。由此可见，确定社区矫正对象回归社会的测量方法非常重要，这直接决定因变量的形式，对测量过程与结果有重要影响。

第一节 社区矫正对象回归社会测量方法

在本研究中，确定社区矫正对象回归社会程度的测量方法，实际上等同于如何确定因变量。在确定社区矫正对象回归社会程度的测量方法时，需要最大限度地避免回归社会测量方法的随意性，尽可能避免产生争议。鉴于此，笔者选择了两个基本上不会有争议的指标组成一个测量社区矫正对象回归社会的复合指数，这个回归社会复合指数由两个指标组成：一是社区矫正对象自认为的目前回归社会的程度，这是一个从 1 到 5 的连续型的定距变量；二是社区矫正对象自认为的以后回归社会的信心，这也是一个从 1 到 5 的连续型的定距变量。回归社会总分由这两个定距变量的选项加总而成。所以，回归社会总分就是一个从 2 到 10 分的连续型的定距变量。我们可以比较容易地将 10 分分为五个等级，如果社区矫正对象测评得分为 2 分，可以被判定为回归社会程度很低，3~4 分为回归社会程度比较低，5~6 分为中等回归社会程度，7~8 分为回归社会程度比较高，9~10 为回归社会程度非常高。

之所以采取以上由社区矫正对象自己来主观评价他们目前和未来对于回归社会的感受或感觉的测量方法，是因为研究者参考了刘军强等发表在《中国社会科学》2012 年第 12 期中的一篇论文《经济增长时期的国民幸福感——基于 CGSS 数据的追踪研究》。在此文中，刘军强等人在问卷中设计了一个问题来测量受访者的幸福感："您对自己所过的生活的感觉是怎么样的呢?"受访者回答选项是"非常不幸福，不幸福，一般，幸福，非常幸福"。他们将受访者回答幸福的答案按 1 至 5 分序列统计计分（1＝非常不幸福，2＝不幸福，3＝一般，4＝幸福，5＝非常幸福），并用统计软件开展多元回归分析。[1]刘军强等人指出，之所以采取这种方法来测量幸福感这个看上去非常简单的、仅有一个问题的因变量，是因为使用这样的问题来测量幸福，可以最大程度地排除干扰，实现目标聚焦，具有可靠性、有效性和可比性，这样的因变量还可以用来进行跨群体的比较。[2]正是因为这些原因，研究者采取了与刘军强等人相似的测量方法，即使用社区矫正对象自认为的目前回归社会的程度与社区矫正对象自认为的以后回归社会的信心这两个指标综合测量与评判社区矫正对象回归社会的程度。这两个指标，即目前回归社会程度的感受、未来回归社会程度的信心就是研究者用来衡量社区矫正对象回归社会程度的判断标准。

很显然，这样的测量方式的确可以直观地测量出社区矫正对象回归社会的情况，并且不会存在明显的逻辑错误，但是，如此简单地、笼统地测量回归社会程度，对社区矫正工作的开展并无较强的指导性，因为涵盖的指标太少。设置这两个指标的原因是研究者在研究的初始阶段，无法判定哪些指标应该纳入今后综合的社区矫正对象回归社会评价体系，笔者的研究的目的实际上是希望从大量可能对测量社区矫正对象有价值的指标中筛选出具有统计

---

〔1〕 参见刘军强等：《经济增长时期的国民幸福感——基于 CGSS 数据的追踪研究》，载《中国社会科学》2012 年第 12 期。

〔2〕 参见刘军强等：《经济增长时期的国民幸福感——基于 CGSS 数据的追踪研究》，载《中国社会科学》2012 年第 12 期。

学意义或者说有显著性的指标。因此，在研究的初始阶段，研究者尽可能地减轻自己的主观性，不依靠自己的主观判断去筛选评价指标，而是让社区矫正对象自己来主观评价他们目前和未来对于回归社会的理解。如此，研究者觉得可以得到一个相对而言比较符合实际的评价结果。

由于我们的研究目的之一是研制具体的、操作性强的测量体系，为社区矫正工作提供有应用价值的评价工具，那么，就需要对回归社会的程度开展操作化，将其操作为方方面面，具体体现为很多指标与研究假设。这些指标和研究假设的来源甚广，他们有可能显著影响回归社会程度。我们应怎样对如此多的指标进行取舍？作者希望通过统计分析，筛选出与社区矫正对象回归社会程度存在显著关联的指标，然后构建更加全面的综合性的社区矫正对象回归社会程度测量指标体系。

就现阶段来看，社区矫正对象回归社会总分由以上两个定距变量的选项加总而成。所以，回归社会总分就是一个从 2 到 10 分的连续型的定距变量，经过研究者对接受调查的社区矫正对象的回归社会程度进行测量之后，每个社区矫正对象回归社会总分都会落入 2-10 分这个区间。这样的话，就可以让我们比较直观地描述社区矫正对象的回归社会程度。这个分数还可以方便我们在接下来的统计分析中，开展社区矫正对象回归社会程度关联因素的统计分析，因为这个回归社会程度分数是一个连续变量，符合相关分析对因变量变量层次的要求。

第二节　社区矫正对象回归社会测量过程与结果

在确定社区矫正对象回归社会的测量方法之后，笔者开始进行实际的测量工作。正如上文指出，笔者使用一个复合指数来测量社区矫正对象回归社会的程度，指数的总分即回归社会总分。回归社会总分由两个变量的选项加总而成：一是询问社区矫正对象自认为目前回归社会的程度，选项是非常弱 = 1、比较弱 = 2、一般 = 3、比较强 = 4、非常强 = 5。二是询问社区矫正对象未来实现回归社会的信心，选项是非常弱 = 1、比较弱 = 2、一般 = 3、比较强 = 4、非常强 = 5。这两个变量加起来等于回归社会综合性总分。这个总分是一个从 2 到 10 分的连续型的定距变量，可以直接被用于相关分析中以检验研究假设。这个总分可以被分为五个等级用于描述性统计分析中，以直观地展示各个因素与回归社会程度之间的交叉关系。具体划分方法为：2 分表示回归社会程度低，3~4 分表示回归社会程度比较低，5~6 分表示中等回归社会程度，7~8 分表示回归社会程度比较高，9~10 分表示回归社会程度非常高。

一、社区矫正对象目前回归社会程度的自我评价

表 4.1 展示了接受调查的社区矫正对象目前回归社会程度自我评价的统计分析结果。具体来看，接受调查的社区矫正对象自认为目前回归社会程度的情况为：觉得非常低的人占 2.1%，比较低的占 1.2%，一般的占 30.3%，比较高的占 29.8%，非常高的占 36.6%。可见认为自己目前回归社会程度在比较高及以上水平的社区矫正对象占总体的 66.4%，这个数字证明大多数社区矫正对象自认为目前回归社会程度令人满意，但是，值得注意的是也有 30.3% 的社区矫正对象感觉回归社会程度一般，并未达到令人满意的程度。

表 4.1　社区矫正对象目前回归社会程度的自我评价

回归社会程度自我评价	人数（人）	占比（%）
非常低	9	2.1
比较低	5	1.2
一般	130	30.3
比较高	128	29.8
非常高	157	36.6
合计	429	100.0

二、社区矫正对象对未来实现回归社会的信心

表 4.2 展示了接受调查的社区矫正对象对未来实现回归社会的信心的统计分析结果。具体来看，接受调查的社区矫正对象对未来实现回归社会的信心的情况为：觉得非常弱的人占 1.9%，比较弱的占 0.9%，一般的占 22.1%，比较高的占 25.4%，非常高的占 49.7%。可见对未来实现回归社会的信心在比较强及以上水平的社区矫正对象占总体的 75.1%，这个数字证明大多数社区矫正对象对未来实现回归社会的信心令人满意，但是，值得注意的是也有 22.1% 的社

区矫正对象对未来实现回归社会的信心一般，并未达到令人满意的程度。

表 4.2 社区矫正对象对未来实现回归社会的信心

回归社会信心自我评价	人士（人）	占比（%）
非常弱	8	1.9
比较弱	4	0.9
一般	95	22.1
比较强	109	25.4
非常强	213	49.7
合计	429	100.0

三、社区矫正对象回归社会程度的综合分数

以下是社区矫正对象回归社会程度综合分数的统计分析结果。表 4.3 展示了接受调查的社区矫正对象目前感知的回归社会程度测量结果。具体来看，接受调查的社区矫正对象的回归社会程度情况为：觉得非常低的人占 1.2%，比较低的占 0.5%，一般的占 22.1 %，比较高的占 29.1%，非常高的占 47.1%。可见认为自己回归社会程度在比较高及以上水平的社区矫正对象占总体的 76.2%，这个数字证明大多数社区矫正对象自我感觉的回归社会程度令人满意，但是，值得注意的是也有 22.1% 的社区矫正对象感觉回归社会程度一般，并未达到令人满意的程度。

表 4.3 社区矫正对象回归社会程度的综合分数

回归社会程度综合评价	人数（人）	占比（%）
非常低	5	1.2
比较低	2	0.5
一般	95	22.1
比较高	125	29.1
非常高	202	47.1
合计	429	100.0

社区矫正对象回归社会的微观影响因素

从社会学的角度来看，社区矫正对象回归社会的微观影响因素是一些个体层面的影响因素，这些个体层面的影响因素与中观层面的家庭因素、组织因素与宏观层面的制度因素、社会发展水平因素、社会文化因素之间都有着明显的差异。这些差异体现在个体层面的影响因素是社区矫正对象一些重要的个人人口统计学特征、心理特征与行为特征。中观层面的影响因素则是与社区矫正对象紧密关联的群体环境与组织环境以及他们与群体、与组织之间的关系因素。宏观层面的影响因素则是在个体、群体、组织等因素之外的社会规范、社会发展水平、社会文化因素。在本章中，社区矫正对象回归社会的微观影响因素主要包括社区矫正对象的性别、文化程度、婚姻状况等，也包括社区矫正对象个体的行为特征，如早年偏差行为、犯罪史、社区矫正期间个人行为，还包括个人态度特征如社区矫正对象在社区矫正期间的悔罪态度。这些是基于文献回顾与社区矫正对象实际情况加以筛选出来的因素。

第一节 个人人口统计学特征与回归社会

本节中的个人人口统计学特征是社会学与人口学研究中的重要研究因素，基本上每一项社会学研究与人口学研究都将这些个人特征作为不可或缺的研究对象。因为社会环境对个体的影响离不开个体自身的人口统计学特征，不同个体对某一事件的看法是有区别的。同理，不同人口统计学特征的社区矫正对象对某一事情的看法也有区别，有时候区别还很大。这些区别可能就是影响社区矫正对象回归社会的因素，而这些因素依托于社区矫正对象而存在。

在社会这个大环境中，社区矫正对象的性别、婚姻状况、年龄、文化程度、户籍状况等这些人口统计学特征可能与他们的回归社会程度存在某种稳定的关系，本研究期望发现这种可能存在的稳定的关系，揭示相关的规律，促进社区矫正对象的回归社会。

一、文献回顾与研究假设

下文中回顾了七个对社区矫正对象回归社会可能存在影响的因素，分别为性别、婚姻状况、年龄、文化程度、户籍、犯罪类型与刑期。

（一）性别与罪犯群体回归社会

性别是一个非常直观的人口特征，不管是在哪一领域、哪一范围，基于性别特征，都只能将人分为男性和女性。男性和女性在生理、心理等方面的差异使得他们对某一事件的立场和处理都可能存在明显区别，对于不同性别的社区矫正对象亦是如此。关于性别与社区矫正对象回归社会之间的关联的研究极为少见，但是关于性别对犯罪的影响却比较常见，这可以为本研究所借鉴。

张远煌认为，犯罪的原因不仅来自外在环境，而且脱离不了个体自身素质方面存在的差异。他进一步指出，不同性别的罪犯，因为他们在生理和心理方面的差异，导致他们实施犯罪的原因、规模、种类、方式方法会有所不同，而且实施犯罪的后果、影响、破坏程度，对受害人、对社会产生的负面结果都可能存在差异，并且某些方面的差异非常大。可见，性别这一变量对犯罪的影响不容忽视。在人们的常识中，性别与犯罪之间的关系直接而且复杂。性别与犯罪之间存在的关系不仅提示相关组织机构需要按照社会群体的性别差异制定社会性预防政策，而且构成了刑事政策角度上刑罚个别化原则的基础。[1]

丛梅认为，一般来说，各国人口中男女比例大约各占一半，然而，女性犯罪的比率却明显低于男性，这种情况在因战争等特殊原因造成的女性多于男性的国家也如此。为此，丛梅列举了一系列详细的数据来论证女性的犯罪率可能会上升，但是在犯罪总数上依然远远低于男性的观点。如在美国，从

---

〔1〕　参见张远煌：《论性别对犯罪的影响》，载《刑侦研究》1998 年第 4 期。

1932 年到 1946 年，女性犯罪从占犯罪总数的 7.4% 上升到 10.7%。从 20 世纪
60 年代开始，女性犯罪率不断上升，到 1970 年女性犯罪率已经上升到
15.3%。1971 年到 1982 年，美国的女性犯罪占总犯罪人数的比例一直处于
22%~24% 之间。不仅美国如此，俄罗斯 1997 年女性犯罪占 13.6%，到 2003
年就上升到 16.6%。此外，一些发达国家如英国、日本等国家女性犯罪也在
10%~20% 之间。德国犯罪学家汉斯·约阿希姆·施奈德在其著作《犯罪学》
中也有相关论述，他认为在当今发达的工业化国家中，犯罪女性大致为罪犯
总数的 10%~20%，在发展中国家则是在 3%~5% 之间。[1] 刘强等人认为，在
社区矫正对象重新犯罪群体中，女性的人数远少于男性，他在研究 49 个社区
矫正对象重新犯罪案例时，指出男性数额为 46 个，女性数额为 3 个，并且，
男性犯罪种类多、范围广，暴力色彩更强，如聚众斗殴、寻衅滋事、抢劫、
抢夺等，而女性的犯罪种类较少，暴力色彩很淡，主要涉及组织、领导传销
活动罪、贩卖毒品罪、信用卡诈骗罪。[2]

张原震指出，从天津市农民工犯罪人口的性别结构上看，存在较为严重
的"性别失衡"现象。如 1999 年入狱的农民工犯罪人口中，男性占了
96.5%，女性只占 3.5%。到了 2002 年，男性所占比例为 93.9%，女性比例
为 6.1%。总体上看，犯罪人口的性别结构的失衡状况比较明显，这与农民工
中男性比例偏高而女性比例偏低有密切的关系。[3]

董安阳和胡晓光对我国电信网络诈骗犯罪的时空分布及社会人口特征进
行了研究。他们通过中国裁判文书网检索了 2014 年至 2022 年电信网络诈骗
刑事案件一审判决书，选择了三百条文书数据开展统计分析并发现，在电信
网络诈骗犯罪人员中，男性犯罪人的数量超过 6 000 人，约是女性的三
倍。[4]

由此我们可以看出，在犯罪与重新犯罪中仍然以男性为主导，但是女性
所占的比例和犯罪的原因以及犯罪对女性的负面影响也不容忽视。这对我们

---

〔1〕　参见丛梅：《当前犯罪主体的性别特征分析》，载《理论与现代化》2008 年第 4 期。
〔2〕　参见刘强等：《社区服刑人员重新犯罪问题研究》，载《犯罪与改造研究》2017 年第 1 期。
〔3〕　参见张原震：《犯罪农民工的人口学特征及其分析——以天津为例》，载《西北人口》2007
年第 3 期。
〔4〕　参见董安阳、胡晓光：《我国电信网络诈骗犯罪的时空分布及社会人口特征》，载《江苏警
官学院学报》2024 年第 1 期。

在社区矫正对象回归社会研究方面的启示主要有：要透过男性及女性社区矫正对象犯罪现象与回归社会过程中的表面挖掘其本质，在他们的回归社会工作中体现出性别差异。据此，笔者提出如下研究假设：

研究假设：社区矫正对象的性别与其回归社会程度之间显著相关。

（二）婚姻状况与罪犯群体回归社会

罪犯以及有过犯罪经历者的婚姻状况与再犯罪之间的关系被很多犯罪学研究者所重视。在国外，美国著名社会学与犯罪学家罗伯特·桑普森与约翰·劳布研究指出，犯罪行为方面的差异至少通过两种途径对成年时期的犯罪行为产生影响。第一种途径是，个体会把其生命早期，特别是十四周岁之前受家庭、兄弟姐妹、学校、伙伴影响而形成的犯罪倾向带至成年时期。第二种途径是状态依赖性，表明过去和将来犯罪行为之间的联系是一种自然的因果关系。虽然这种影响是潜在的，但是该模式说明，犯罪人的行为会逐渐削弱维系成年人与社会的联系的纽带，如与劳动部门的联系，与婚姻的联系等，导致他们与主流社会之间的联系出现困难。这一研究可以更进一步用成年时期社会纽带的强弱来解释成年犯罪与否的变量。[1]另一些美国犯罪学家江山河、费希尔等人运用多层次多元回归分析发现婚姻状况的维持有助于降低男性犯罪人的违规行为次数。[2]

在国内，相关研究者发现婚姻状况与犯罪之间的关系主要体现为婚姻状况本身对犯罪的影响。如王品卿认为，不同婚姻状况的服刑人员在早期不良行为和简单化倾向上有显著差异，离异和未婚的重新犯罪率较高，离异和未婚的服刑人员一般不会受到来自家庭方面的压力，他们在出狱后仍然重复原来的生活模式，采取"一人吃饱，全家不饿"的生活态度来生活，对前途毫无计划和目标，浑浑噩噩混日子，因此其重新犯罪风险较高。[3]由此可见，处于离异和未婚状态的犯罪群体有着较大的共性，即没有来自家庭的压力，

---

〔1〕 参见〔美〕罗伯特·J. 桑普森、约翰·H. 劳布：《犯罪之形成——人生道路及其转折点》，汪明亮等译，北京大学出版社 2006 年版，第 143 页。

〔2〕 参见江山河：《犯罪学理论》，格致出版社、上海人民出版社 2008 年版，第 165 页。

〔3〕 参见王品卿：《重新犯罪风险评估量表的编制及其影响因素的实证研究》，闽南师范大学 2015 年硕士学位论文。

社会责任感缺乏。对此类犯罪的预防则应从家庭入手，培养其家庭责任观念。据此，笔者提出如下研究假设：

　　研究假设：社区矫正对象的婚姻状况与其回归社会程度之间显著相关。

（三）年龄与罪犯群体回归社会

年龄也是犯罪原因研究中的重要因素。美国犯罪学研究者戈特弗雷德森与赫希被认为是在年龄（自变量）与犯罪（因变量）理论建树方面最具贡献的理论家。在他们看来，年龄因素在解释犯罪方面是如此的有力，以至于其他任何社会因素均无从与之相提并论，因此，寻找解释犯罪的理论均应无可争辩地考虑年龄因素对于犯罪的影响。他们发现，随着年龄的增长，个体犯罪风险随之下降；导致个体违法与犯罪的自变量大多是在个体早年生活过程中产生的。犯罪数据事实上表明反社会行为这一因变量与年龄这一自变量之间呈负向关系。他们在实证调查中得出以下三点结论：一是大多数反社会行为均集中于青少年晚期；二是前述反社会行为与个体年龄之间的关系在个体方面、同伴方面、历史方面或文化差异方面并不存在任何实质的差异；三是随着年龄的增长，个体的反社会行为在其整个生平历程中均呈直线或连续下降趋势。[1]福尔克·葛温狄斯认为，犯罪学理论对不同年龄的再犯之所以会得出不同的预测结果，主要是将犯罪视为不同年龄段人们潜在犯罪倾向的异质性所导致的结果，或将其视为一种状态依赖。[2]美国犯罪学者迈克尔·戈特弗雷德森和特拉维斯·赫希提出的犯罪学理论就是犯罪倾向异质学说的典型代表。该理论认为，人们的犯罪倾向可能是变化的，在人生早期阶段更可能呈现出较高而不是较低的犯罪倾向。因此，较早的犯罪始发年龄可能预示着犯罪人漫长的犯罪生涯和高再犯频率。相应地，该理论根据年龄——犯罪曲线推断，即便在个人层面上，年龄与犯罪之间也存在着稳定不变的关系，同样，在年龄与再犯率之间也存在类似的稳定联系。[3]

---

　　〔1〕　参见曾赟：《逐级年龄生平境遇犯罪理论的提出与证立——以重新犯罪风险测量为视角》，载《中国法学》2011年第3期。

　　〔2〕　参见〔德〕福尔克·葛温狄斯：《再犯与始犯年龄的关系——基于弗莱堡群组研究对法院判决的分析》，赵书鸿译，载《人民检察》2017年第13期。

　　〔3〕　参见〔德〕福尔克·葛温狄斯：《再犯与始犯年龄的关系——基于弗莱堡群组研究对法院判决的分析》，赵书鸿译，载《人民检察》2017年第13期。

国内研究者通过研究指出，犯罪人口的年龄主要集中在青年阶段，除了未成年犯罪人员之外，随着年龄的增加，犯罪人数逐渐减少。如冯向军和冉一妩以 2005 年至 2014 年 T 市 B 区检察机关审理的案件为样本开展统计分析并发现，19~25 岁的青年犯罪最为突出；19~45 岁占全部外来人口犯罪的 85.45%；外来人员犯罪的可能性随其年龄增加而减少。具体的数据为 19~25 岁的外来犯罪人员在各个年龄段中的比重最高，为 37.58%，比重居于第二位的是 26~35 岁的，为 30.41%，第三位的是 36~45 岁的，为 17.46%，而其他的年龄段的外来犯罪人员所占比重均相对较小。总体而言，随着外来人员的年龄不断增大，其实施犯罪的可能性递减。[1]

董安阳和胡晓光对我国电信网络诈骗犯罪的时空分布及社会人口特征进行了研究。他们通过中国裁判文书网检索了 2014 年至 2022 年电信网络诈骗刑事案件一审判决书，选择了三百条文书数据开展统计分析并发现，在电信网络诈骗犯罪人员中，电信网络诈骗犯罪人员的年龄主要集中在 25~37 岁，年龄分布呈现出年轻化态势。许多涉案人员出生时间相对集中在 20 世纪 90 年代，这一部分群体占所有犯罪人数量的六成以上。[2]据此，笔者提出如下研究假设：

研究假设：社区矫正对象的犯罪年龄与其回归社会程度之间显著相关。

（四）文化程度与罪犯群体回归社会

文化程度也是犯罪原因研究中的重要因素。在国外，文化程度与犯罪的关系主要依托于犯罪学家们关于相关犯罪学理论的研究，文化程度作为一个犯罪的影响因素被嵌入到相关的犯罪学理论体系之中。与文化程度最相关的最为典型的犯罪学理论是"紧张理论"。最早的犯罪学的紧张理论来自美国犯罪学家罗伯特·K·默顿。默顿指出，任何社会的文化都确定一些"价值追求"的目标，在每个社会里都有很多这样的目标，它们因文化的不同而大相径庭。可能在美国社会中最重要的目的是获取财富。这个目标完全被视为一

---

〔1〕 参见冯向军、冉一妩：《检察视阈下外来人口犯罪的实证分析——以 2005 年至 2014 年 T 市 B 区检察机关审理的案件为样本》，载《天津法学》2016 年第 2 期。

〔2〕 参见董安阳、胡晓光：《我国电信网络诈骗犯罪的时空分布及社会人口特征》，载《江苏警官学院学报》2024 年第 1 期。

种"人的天性"。并且美国文化对这个目标的倡导，远远超出了这种目标本身能够带来的奖赏。积累起来的财富被用于表征个人的价值和优势，并与较高的威望和社会地位紧密相联。即使人们具有其他文化中被推崇的个人品性，例如年龄和精神修为，如果他们没有金钱，他们的身份也会被贬低。默顿进一步指出，美国文化特别鼓励所有的个人都去尽可能追求最多的财富。美国文化建立在一种平等主义的意识形态上，声言所有人都有获取财富的平等机会。那些不去追求财富的人将被社会不利地评价为"懒惰"或"庸碌"。文化也通过被认可的规范的形式规定了达到目标的手段，或者说是制度性的手段，所有人都应当依照这样的手段去达到文化目标，这些手段是以文化价值观为基础的，一般来说不包括很多在技术上能够最有效地达到目标的方法。例如，在美国文化中，应当用来获取财富的制度性手段可以被称为"中产阶级的价值观"或"新教徒的工作道德"。它们包括了艰苦工作、诚实守信、接受教育和克制欲望。使用武力和欺骗手段，可能是更能有效地获取财富的方法，但却被禁止。[1]

默顿指出，美国文化将获取财富作为文化目标，但是，一些文化程度低下、缺乏工作技能、不愿意艰苦工作的人，这些主要是社会下层阶级的人，他们很难通过被认为合理的手段获取财富。在下层阶级群体中，获取财富的能力不仅受到个人才能和努力的限制，而且受到社会结构本身的制约。这种文化目的与社会结构之间产生的矛盾就是默顿所界定的失范理论，而失范理论实际上是紧张理论体系中一个更为具体的理论。[2]

默顿指出，在一个稳定的社会环境中，大多数人都会选择遵从获取财富的文化目标，又接受采用制度性手段达到目标。这些选择遵从的人们通过社会承认的中产阶级的价值观所确定的手段去追求财富，无论成功与否，他们将一如既往地继续奋斗。但是，社会中的犯罪人发现自己不能通过制度性手段获得成功。这部分人多数集中在下层社会，他们文化程度低，进而导致劳动技能差或根本就不具备正当职业所要求的劳动技能，在此情形下，他们决定采用新的手段去获取财富。商人们会发明出各种白领犯罪例如欺诈和歪曲

---

〔1〕 参见［美］乔治·B·沃尔德等:《理论犯罪学》，方鹏译，中国政法大学出版社2005年版，第169-170页。

〔2〕 参见［美］乔治·B·沃尔德等:《理论犯罪学》，方鹏译，中国政法大学出版社2005年版，第171页。

事实，或者逃避所得税。工人们则可能有步骤地从工作场所盗窃。穷人们可能会采用各种非法的手段，如赌博、卖淫、毒品交易，或者夜盗和抢劫。在这些行为中，个人都坚持了追求财富的文化目标，但他们是通过不合法的手段去实现它。[1]

另一位美国著名犯罪学家艾格纽提出的"一般紧张理论"指出生活中负面事件是引发犯罪的重要原因。他认为，犯罪或越轨行为的根源是个人所面临的紧张所致，但他又认为，紧张的范围涵盖认知、行为、情绪等类型。具体而言，一般紧张理论提出三种造成越轨行为的紧张来源：一是因无法达到个人想要达到的目标而形成的紧张。比如，想要考上好的大学，但成绩不好，考不上；想要买一辆跑车，但无论如何努力也赚不到所需的钱。二是失去了个人积极向上的欲望或失去积极的鼓励所形成的紧张。这种紧张的源泉是少年亲身经历的不幸事件。例如，亲人的逝去，喜欢的老师调离，从学校退学等。三是遭遇负面刺激所造成的紧张。例如，儿时受虐待，学生不断被老师指责为坏学生等。因为少年不能合法地离家或离校，避免紧张的合法途径被堵死了，少年很可能用越轨行为来纾解紧张。根据艾格纽的说法，以上三种情况都会使人产生紧张，增加失望、沮丧、害怕、愤怒等负面情绪。当负面情绪产生时，个人必须设法调适，降低心理负荷，有时就会采用社会不能接受的方式来解决，如越轨行为。[2]虽然艾格纽并未直接指明文化程度低是紧张来源之一，但是他提出的"一般紧张理论"中的"想要考上好的大学，但成绩不好，考不上""喜欢的老师调离，从学校退学""学生不断被老师指责为坏学生"等与文化程度方面的问题实际上是一脉相承的。

在关于"一般紧张理论"的实证研究方面，艾格纽和怀特使用"健康与人类发展项目"第一批收集到的资料来测量一般紧张理论。他们设计了一般紧张的综合量具来预测未成年人犯罪。这个综合量具包括了五项紧张指标：负面生活事件、生活中的各种困扰、与成人的不良关系、与双亲争吵、社区问题。这个综合量具能分别预测未成年人犯罪和吸毒。[3]Mazerolle 和 Maahs 从美国"全国青少年调查资料库"中抽取了四组题目来测试艾格纽的一般紧

---

〔1〕　参见 ［美］乔治·B·沃尔德等：《理论犯罪学》，方鹏译，中国政法大学出版社 2005 年版，第 172-173 页。

〔2〕　参见曹立群、周愫娴：《犯罪学理论与实证》，群众出版社 2007 年版，第 125 页。

〔3〕　参见曹立群、周愫娴：《犯罪学理论与实证》，群众出版社 2007 年版，第 135~136 页。

张理论中的紧张。他们的测量与艾格纽与怀特两人的略有不同。Mazerolle 和 Maahs 找出了四种负面的紧张情绪：与成人关系不良、学校或同龄人的困扰、社区问题及生活中的负面事件。各组指标在标准化后，组成测量紧张的综合指标。[1]

在国内，相关犯罪学研究者指出文化程度对犯罪的影响主要体现在犯罪类型上。如张原震指出，一般认为农民工的文化水平高于流出地，但是与流入地城市居民相比，其文化水平处于较低的状态，这一点在农民工犯罪人身上也有所反映。他在天津市的调查发现农民工犯罪人口的文化明显低于市民犯罪人口，如 2002 年农民工犯罪人口中，初中文化以下者占 90.6%，而市民犯罪人口中，初中以下的比例为 80.0%。比较而言，农民工犯罪人口的平均文化水平普遍较低。据天津 2000 年"五普"的相关数据显示，全市人口中初中及以下文化程度的比例为 62.8%，这说明市民的整体文化素质不仅高于农民工犯罪人口，也高于市民犯罪人口。[2]

董安阳和胡晓光对我国电信网络诈骗犯罪的时空分布及社会人口特征进行了研究。他们通过统计分析发现，在电信网络诈骗犯罪人员中，相关人员的低学历文化特征较为明显。其中，有 74.84% 的学历为高中（不含）以下，仅 2.79% 的犯罪人接受过本科及以上教育。这反映出，虽然电信诈骗相较于传统诈骗方式更多地利用了电子技术和网络作为犯罪的工具，但此类诈骗犯罪活动并非高智商犯罪。随着互联网的普及，网络技术的学习成本不断下降，学习方式与渠道也日渐丰富，便捷的通信技术与网络手段降低了实施犯罪的门槛与成本，为不法分子实施诈骗活动，骗取被害人信任、转移资金等提供了便利。[3]

吴鹏森认为，新生代犯罪农民工的文化程度比第一代犯罪农民工要高，但整个农民工队伍，文化程度仍然偏低，因而他们总体上属于社会底层的底层。近年来，学术界和一些实务部门发表了大量的新生代农民工犯罪的研究论文和调研报告，在新生代农民犯罪人员的文化程度上却有不同的说法，有

---

〔1〕 参见曹立群、周愫娴：《犯罪学理论与实证》，群众出版社 2007 年版，第 136 页。

〔2〕 参见张原震：《犯罪农民工的人口学特征及其分析——以天津为例》，载《西北人口》2007 年第 3 期。

〔3〕 参见董安阳、胡晓光：《我国电信网络诈骗犯罪的时空分布及社会人口特征》，载《江苏警官学院学报》2024 年第 1 期。

的认为新生代农民工的文化程度低，有的认为新生代农民工犯罪人员的文化程度高。吴鹏森开展的调查表明，新生代农民工犯罪人员的文化程度的确比第一代农民工犯罪人员高，这是农村改革以来义务教育发展的结果。但是，新生代农民工犯罪人员仍然是一个文化程度较低的社会群体。与全国农民工整体文化程度相比明显偏低，其文盲率大约在全国外出农民工的四倍以上，小学文化程度是全国外出农民工的 2.5 倍，高中以上文化程度的比例不到全国外出农民工的 65%。因此说他们是全国农民工中素质较低的群体并不为过，如果说进城农民工是中国城市的底层群体的话，那么城市犯罪农民工就是城市底层的底层。认识这一点，对于我们认识新生代农民工犯罪问题具有重要的方法论意义。[1]据此，笔者提出如下研究假设：

研究假设：社区矫正对象的文化程度与其回归社会程度之间显著相关。

（五）户籍与罪犯群体回归社会

户籍制度与罪犯群体回归社会之间存在密切关系。我国的户籍制度以及由此衍生出来的城镇户口与农村户口，或者说农业户口与非农业户口是中国社会管理的一个比较特殊的制度，国内学者与公众对此制度褒贬不一。在此笔者无意评判户籍制度的是非对错，笔者的目的是探讨社区矫正对象本身的户籍特征是否是其回归社会的影响因素。实际上，我国正处于传统社会向现代社会、农业社会向工业社会、农民向市民的剧烈转型时期，社会流动加速，社会变迁加速，其中最显著的表现是流动人口数量的增加，即大量农村富余劳动力进入城市打工、创业和生活。伴随这一社会流动现象，城市犯罪中的外地户籍人员的比例逐渐上升。因此，户籍这一中国特色的人口社会学因素也应该被纳入研究，成为不可忽视的变量。

在这种背景下，犯罪人的户籍成为很多犯罪学者非常关注的变量，而户籍在学术研究中一般很少直接被使用，而是相应地使用"流动人口"来指称外省（市）户籍的人员。如冯向军和冉一妩以 2005 年至 2014 年 T 市 B 区检察机关审理的案件为样本开展统计分析并发现，T 市 B 区检察机关批准逮捕和提起公诉的外来人口犯罪分别占全区全部犯罪的 66.74% 和 59.51%，同时

---

〔1〕　参见吴鹏森：《新生代农民工犯罪与第一代的比较研究》，载《犯罪研究》2016 年第 5 期。

期 T 市外来人口犯罪占全市犯罪的比重分别为 48.71% 和 41.62%。统计数据显示，B 区外来人口犯罪较为突出，特别是近几年来所占比重均在 60% 以上，且总体高于全市平均水平。据对 B 区 2005 年至 2014 年十年来的刑事犯罪调查，批准逮捕和提起公诉的外来人员占 T 市外来人员犯罪比重分别为 24.50% 和 23.57%，在全市外来人员犯罪中占有很大比例。[1] 又如金小红等人研究城市流动青少年犯罪过程及机制发现，流动中产生的生存风险显示出合法性手段和社会资源的缺失，流动中的青少年在情感和规范上对越轨亚文化群体的依赖对其走上犯罪道路有着重要影响。[2] 据此，笔者提出如下研究假设：

研究假设：社区矫正对象的户籍状况与其回归社会程度之间显著相关。

(六) 犯罪类型与罪犯群体回归社会

犯罪类型在社区矫正学术研究与工作实践中被普遍使用，但是，在学术界主要采用罪名这个专业术语。在本研究中，两者可以互相等同。研究者们认为犯罪类型或罪名，特别是某些罪名与罪犯群体的重新犯罪有着比较密切的关系。犯罪学者普遍认为初次犯罪罪名对重新犯罪的影响是不一样的，有的罪名意味着更大的重新犯罪风险，有的罪名意味着更小的重新犯罪风险。根据这一观点，重新犯罪预防工作部门在实践工作中应该对不同罪名的罪犯实施不同的矫正措施。

首先，从国外研究来看，许多研究者重点关注一些他们认为重新犯罪风险比较大的罪名。例如 Don Andrews 博士和 Jams Bonta 博士在他们的重新犯罪风险水平评估量表中特别提出了涉毒类犯罪，将其作为重新犯罪预测的重要指标。Joan Nuffield 在他设计的"重新犯罪统计信息量表"中将如下罪名或者罪行作为重要的重新犯罪预测指标：乱伦的、诱奸跨代沟者、使用毒品、抢劫、非法携带武器进入他人住宅、逃脱或越狱。Hunt 认为吸毒、诈骗、盗窃这三类罪名意味着犯罪人重新犯罪的风险最大。Champion 在科罗拉多州监狱内的罪犯危险评估表中，将夜盗、抢劫、盗窃或者抢夺机动车、暴力犯罪、

---

〔1〕 参见冯向军、冉一妩：《检察视阈下外来人口犯罪的实证分析——以 2005 年至 2014 年 T 市 B 区检察机关审理的案件为样本》，载《天津法学》2016 年第 2 期。

〔2〕 参见金小红等：《关于城市流动青少年犯罪过程机制的调查研究——以社会学越轨理论为视角》，载《中国青年研究》2012 年第 2 期。

街头攻击他人、强奸、攻击、拐卖、加重的夜盗看作重新犯罪风险特别高的罪名。美国的爱荷华危险评估表中，设计者将夜盗、抢劫、盗窃、伪造、诈骗、攻击、携带武器、公共秩序犯罪作为重新犯罪风险高的预测罪名。[1]罗纳德·J.博格等人指出个体第一次犯罪罪名与重新犯罪风险相关，例如，暴力犯罪者、吸毒犯罪者比经济犯罪者更加可能重新犯罪。[2]

其次，从国内的研究成果来看，宋全成指出，盗窃、抢劫、故意伤害、聚众斗殴、寻衅滋事、强奸是我国未成年人刑事犯罪的主要类型。2014年至2019年，全国检察机关受理审查起诉未成年犯罪嫌疑人数量居前六位的罪名、人数分别是盗窃113 077人、抢劫57 845人、故意伤害47 881人、聚众斗殴39 881人、寻衅滋事39 082人、强奸17 690人，六类犯罪嫌疑人数占全部犯罪人数的82.28%。其中，与财产相关的刑事犯罪，即盗窃与抢劫占上述六类犯罪类型的54.18%。[3]

国内湖北江北监狱课题组指出，犯盗窃罪的人员在历次重新犯罪统计中占到50%以上，这与盗窃主体行为隐秘、成功率高、侥幸心理严重不无关系。相反，抢劫罪呈逐次下降趋势。这提示我们，在防范与控制重新犯罪现象中，无论是社会还是监狱，都应将财产型犯罪，尤其是犯盗窃罪人员作为重点防范对象。[4]天津社会科学院的丛梅教授使用"天津重新犯罪调查科研数据库"的数据进行了统计分析，发现未成年人重新犯罪罪名具有如下特征：未成年人实施犯罪主要集中于抢劫、盗窃、故意伤害、故意杀人、强奸、寻衅滋事、聚众斗殴七个罪名。并且，抢劫罪和盗窃罪轮流排在未成年人实施的各类犯罪的第一和第二位。[5]据此，笔者提出如下研究假设：

研究假设：社区矫正对象的犯罪类型与其回归社会程度之间显著相关。

---

〔1〕　参见翟中东：《国际视域下的重新犯罪防治政策》，北京大学出版社2010年版，第129~164页。

〔2〕　参见［美］罗纳德·J.博格等：《犯罪学导论——犯罪、司法与社会》，刘仁文等译，清华大学出版社2009年版，第50~51页。

〔3〕　参见宋全成：《我国刑事犯罪未成年人的结构性特征与防治对策——基于最高人民检察院2014—2019年相关数据的社会学分析》，载《南通大学学报（社会科学版）》2021年第1期。

〔4〕　参见湖北江北监狱课题组、雷世章：《重新犯罪原因的调查与思考——以湖北江北监狱为样本》，载《犯罪与改造研究》2012年第11期。

〔5〕　参见丛梅：《未成年人重新犯罪实证研究》，载《河南警察学院学报》2011年第5期。

（七）刑期与罪犯群体回归社会

相关研究者对刑期与重新犯罪之间的关系开展了研究，均指出刑期对重新犯罪与否有影响。劳佳琦指出，从特别威慑的角度来讲，如果累犯从严的威慑效应能有效发挥，延长累犯刑期让累犯自身"可以更好地体会到刑罚的风险远大于将来犯罪的收益"，得出"犯罪不值得"的结论，从而尽可能改变其犯罪惯性。这种犯罪惯性的改变至少包含着两个预期：其一，从时间上看，犯罪人在出狱后能在尽量长的时间里不再重新犯罪；其二，从犯罪模式上看，即使犯罪人出狱后重新犯罪，重新所犯之罪的性质也不重蹈前罪覆辙。第一个预期对累犯刑期和累犯出狱之后行为模式隐含着这样一种判断：累犯刑期的长短与累犯出狱之后"犯罪空窗期"的长短呈正相关。累犯从严力度越大，累犯刑期越长，累犯出狱之后的犯罪空窗期越长。这个判断若成立，那么，累犯从严威慑机制（特别威慑）就被证明有效，这个判断若不成立，累犯从严威慑机制（特别威慑）有效论就被证否。[1]

从以上研究我们可以看出，重新犯罪群体主要集中于刑期较短的罪犯。对这一犯罪群体的犯罪预防措施，犯罪学研究者建议主要从增强在刑意识、加大监管力度、改造其犯罪思想上入手，从而减少再犯。因此，笔者认为，对于本研究中的社区矫正对象回归社会来说，需要关注刑期较短的社区矫正对象，他们中的很多人都没有在监狱服刑，没有体会到严厉的监禁刑罚，在开放与自由度非常大的社区服刑，可能会让他们对刑罚威慑力的认识存在偏差。从已有的研究来看，也的确存在一些社区矫正对象轻视社区矫正的现象。据此，笔者提出如下研究假设：

研究假设：社区矫正对象的刑期与其回归社会程度之间显著相关。

（八）既往研究对本研究的启示

通过以上文献回顾，笔者认为，从犯罪与重新犯罪的群体性别特征来看，男性人数远大于女性，但是女性犯罪与重新犯罪也不容忽视。可以推测，社区矫正对象在回归社会进程中，男性融入社会的难度要比女性更大。社区矫正对象的性别可能是影响他们回归社会的重要因素。从婚姻状况来看，有过

---

[1] 参见劳佳琦：《我国累犯从严实效之实证研究》，载《中外法学》2014年第6期。

犯罪经历的已婚人士更多地感受到来自家庭的压力和社会责任的压力，他们更加希望能够被社会接纳，回归社会的意愿更强，那么，他们回归社会程度应该更高。从年龄角度来看，年龄对犯罪的影响主要体现在认知和控制能力的发展完善历程上。年龄小的犯罪主体在认知和控制能力上存在欠缺就容易导致犯罪，较早走上犯罪道路的在后期更会倾向于犯罪，那么，他们回归社会的程度可能更低。从文化程度角度来看，文化程度越低的社区矫正对象可能回归社会的程度更低。从户籍类型来看，非本地户籍的社区矫正对象回归社会的程度可能更低。从犯罪类型来看，盗窃类、毒品犯罪类社区矫正对象的回归社会程度可能更低。从刑期来看，刑期较短的社区矫正对象可能回归社会程度更低。这些因素具体如何影响社区矫正对象回归社会程度，是正向还是负向影响，需要进一步研究。据此，笔者提出如下研究假设：

研究假设：社区矫正对象的人口统计学特征与其回归社会程度之间显著相关。

二、人口统计学变量设置与测量方法

根据笔者对以往研究成果所作的分析，笔者将社区矫正对象回归社会程度的总分作为因变量，将社区矫正对象的人口统计学特征作为自变量。接下来，人口统计学特征被操作为 7 个自变量，即"性别""婚姻状况""年龄""文化程度""户籍""罪名类型""被判刑期"。每个自变量都有对应的选项。本研究的目的是发现与社区矫正对象回归社会程度之间存在显著关联的因素，适合于本研究的统计分析方法是相关分析，上文介绍了这种统计分析方法要求自变量为连续变量，连续型变量包括定距变量、定比变量、二分变量。定序变量也被很多研究者认为可以被看作连续变量。对于二分变量，即题目的选项为"是"与"否"或"没有"与"有"等二分类形式的变量。这种分类变量的选项需要被设定为取值连续的二分变量（取值为 0 和 1），才能开展相关分析。因此，笔者将本研究的自变量作如下设置：

表 5.1.1　人口统计学特征自变量设置表

人口统计学变量	选项或取值	变量层次
1. 性别	①女 = 0 ②男 = 1	二分变量

续表

人口统计学变量	选项或取值	变量层次
2. 是否有配偶	①没有＝0 ②有＝1	二分变量
3. 犯罪年龄	连续性数字	定比变量
4. 文化程度	①小学及以下＝1 ②初中＝2 ③高中、中专、技校＝3 ④大专、本科、研究生＝4	定序变量
5. 户籍	①非本地＝0 ②本地＝1	二分变量
6.1 罪名类型1	①非暴力类＝0 ②暴力类＝1	二分变量
6.2 罪名类型2	①非侵财类＝0 ②侵财类＝1	二分变量
6.3 罪名类型3	①非涉毒类＝0 ②涉毒类＝1	二分变量
7. 被判刑期	连续性数字	定比变量

三、人口统计学特征与回归社会程度之间的描述性交叉分析

　　笔者使用描述性交叉分析来初步呈现社区矫正对象的人口统计学特征要素与他们回归社会程度之间的关联，以获得直观的认识。然后在交叉分析的基础上开展相关分析，确定哪些因素与社区矫正对象回归社会程度之间有显著关联。有些因素可能在相关分析中与社区矫正对象回归社会程度之间的关联并不显著，不具有统计学意义，但也不能简单地等于两者之间没有实务意义，[1] 其依然可以作为实务工作的参考。开展描述性的交叉分析正是因其具有实务价值。

　　表5.1.2显示了社区矫正对象性别与其回归社会程度之间的交叉关系。从统计数据来看，男性社区矫正对象与女性社区矫正对象在回归社会程度的五个等级上都没有明显的差距，两者之间呈现出比较接近的情形。回归社会水平在比较高及以上的女性社区矫正对象占接受调查的所有女性社区矫正对象的74.7%，回归社会水平在比较高及以上的男性社区矫正对象占接受调查的所有男性社区矫正对象的77.2%，可见自我感觉回归社会程度比较高的男性和女性社区矫正对象都占有很大的比例。其中男性与女性社区矫正对象中，

---

　　〔1〕 参见邱皓政：《量化研究与统计分析——SPSS中文视窗版数据分析范例解析》，重庆大学出版社2009年版，第245页。

均有约两成人感觉一般。这些社区矫正对象感觉一般的原因有待进一步研究。

值得注意的是，笔者在实地调查中通过与社区矫正社会工作者的访谈发现女性社区矫正对象有一些比较明显的特征需要引起社区矫正机构的关注。（1）女性社区矫正对象普遍比男性社区矫正对象的心理压力更大。女性社区矫正对象因为各种原因被判刑，成为社区矫正对象，或者说成为罪犯。她们原本比较安定、体面甚至富足的生活被颠覆之后，她们的心理压力非常大，心理波动非常剧烈。而且女性社区矫正对象普遍比较敏感，相对于男性社区矫正对象而言心理抗压能力会比较弱。

（2）女性社区矫正对象比男性社区矫正对象在情感上更加细腻。女性社区矫正对象的感情比较细腻，非常在意家人与其他人对她们作为犯罪人的看法。在与人交往时，性格会显得比较温和顺从，感觉比较弱势。这一点和许多男性社区矫正对象差异很大。在过去的调查研究中，社区矫正工作者向笔者提到的那些不把社区矫正放在眼里的基本上都是男性社区矫正对象。访谈中发现，即便是在刑意识比较弱的女性社区矫正对象也会通过各种方法找借口不履行社区矫正中的义务，而不会公然对抗。

（3）女性社区矫正对象比男性社区矫正对象更加重视家庭关系。女性社区矫正对象最后悔的事情是自己的犯罪人身份对孩子造成了不良影响。依据现行的法律，她们的孩子在就业时可能不能报考国家公务员，不能从事教师职业，无法参军等。她们也会感觉愧对父母，让家族蒙羞，让父母脸上无光，颜面尽失。社区矫正工作者在与她们谈话时，聊她们孩子的事情往往能够得到她们的回应。

（4）《社区矫正法》对女性社区矫正的规定过于简单。《社区矫正法》第25条第2款规定，"根据需要，矫正小组可以由司法所、居民委员会、村民委员会的人员，社区矫正对象的监护人、家庭成员，所在单位或者就读学校的人员以及社会工作者、志愿者等组成。社区矫正对象为女性的，矫正小组中应有女性成员。"虽然法律规定了女性是社区矫正对象中的特殊群体，应该受到特殊的关照，但是仅仅一句"社区矫正对象为女性的，矫正小组中应有女性成员"所对应的标准着实过低。这个标准实际上仅仅要求女性社区矫正小组有女性成员即可。而之后颁布的《社区矫正法实施办法》更是连"女性"两个字也难觅其踪。本应该被重视的女性特殊的生理期、怀孕哺乳、敏感心理等方面均没有任何指导性规定。可见，目前的法律与法规基本上没有对女性社区矫正对象给予应有的关切，这也证明现行法律法规比较粗略，亟待完善。

（5）许多机构没有开展专门针对女性社区矫正对象的教育活动。有的社区矫正工作者表示并未对女性社区矫正对象开展以女性为基础的社区矫正工作。无论是在社区服务还是集中教育这两项社区矫正最基本的集中活动中，都没有区分男性和女性，而是将男性和女性集中在一起开展活动。很显然，这种不分性别的工作模式并未回应男女之间客观存在的差异。不过，访谈中也发现有一些街镇的社区矫正机构在公益劳动与集中教育活动中，采取了将男性与女性社区矫正对象分开的方式。可见，单独对女性社区矫正对象群体开展集中型的社区矫正工作尚未成为目前的整体工作模式。

表 5.1.2 性别与回归社会程度交叉分析表

性别	非常低	比较低	一般	比较高	非常高	合计
女	1.4%	1.4%	22.5%	31.0%	43.7%	100.0%
男	1.0%	0.3%	21.6%	28.8%	48.4%	100.0%

表 5.1.3 显示了社区矫正对象是否有配偶与其回归社会程度之间的交叉关系。从统计数据来看，有配偶的社区矫正对象与无配偶的社区矫正对象在回归社会程度的五个等级上都没有明显的差距，两者之间呈现出比较接近的情形。回归社会水平在比较高及以上的有配偶的社区矫正对象占接受调查的所有有配偶的社区矫正对象的75.9%，回归社会水平在比较高及以上的无配偶的社区矫正对象占接受调查的所有无配偶的社区矫正对象的77.4%，可见自我感觉回归社会程度比较高及以上的有配偶的和无配偶的社区矫正对象都占有很大的比例。其中有配偶的和无配偶的社区矫正对象中，均有约两成人感觉回归社会程度一般。这些社区矫正对象感觉一般的原因有待进一步研究，在研究中还要注意有配偶的和无配偶的社区矫正对象之间的差异，详细询问他们的婚姻状况对他们回归社会的自我感觉之间是否有联系以及有什么样的联系，以得到更加明确的、对社区矫正实务工作有价值的资料。

表 5.1.3　是否有配偶与回归社会程度交叉分析表

是否有配偶	非常低	比较低	一般	比较高	非常高	合计
无配偶	0.9%	0.9%	20.9%	27.0%	50.4%	100.0%
有配偶	1.3%	0.3%	22.4%	30.1%	45.8%	100.0%

表 5.1.4 显示了社区矫正对象初次犯罪年龄段与其回归社会程度之间的交叉关系。从统计数据来看，初次犯罪各个年龄段的社区矫正对象在回归社会程度的五个等级上有的等级没有明显的差距，有的等级差距接近 20 个百分点。具体而言，回归社会水平在比较高及以上的 14 至 19 岁的社区矫正对象占接受调查的所有该年龄段社区矫正对象的 75.0%，回归社会水平在比较高及以上的 20 至 29 岁的社区矫正对象占接受调查的所有该年龄段社区矫正对象的 61.1%，回归社会水平在比较高及以上的 30 至 39 岁的社区矫正对象占接受调查的所有该年龄段社区矫正对象的 84.9%，回归社会水平在比较高及以上的 40 至 49 岁的社区矫正对象占接受调查的所有该年龄段社区矫正对象的 76.1%，回归社会水平在比较高及以上的 50 至 59 岁的社区矫正对象占接受调查的所有该年龄段社区矫正对象的 68.9%，回归社会水平在比较高及以上的 60 至 69 岁的社区矫正对象占接受调查的所有该年龄段社区矫正对象的 66.7%。

可见，自我感觉回归社会程度比较高及以上的 30 至 39 岁的社区矫正对象比例最大，第二是 40 至 49 岁的社区矫正对象，第三是 14 至 19 岁的社区矫正对象，第四是 50 至 59 岁的社区矫正对象，第五是 60 至 69 岁的社区矫正对象，最后是 20 至 29 岁的社区矫正对象，他们对应的比例最小。30 至 39 岁的社区矫正对象对应的比例与 20 至 29 岁者对应的比例之间差距达到 23.8%，差距非常明显。

笔者推测，30 至 39 岁的社区矫正对象自我感觉回归社会的程度比例最大的原因可能是这部分人正处于自身人力资本最丰厚的年富力强的时期，并且多数人可能已经结婚，拥有来自家人的陪伴、支持与鼓励，他们一方面认为自己在就业上有比较强的竞争力，在事业上有比较大的发展空间，另一方面，家庭起到的稳定阀作用让他们普遍感到回归社会程度高。40 至 49 岁的社区矫正对象群体对应的数据是 76.1%，相对而言和 30 至 39 岁群体差别不大，其原因也相近。

50 至 59 岁的社区矫正对象与 60 至 69 岁的社区矫正对象在此方面的数据分别为 68.9% 与 66.7%，明显比 30 至 39 岁的社区矫正对象对应的数据低，但两者又非常接近，这可能是因为 50 岁以上的人，正在走向老年，他们逐步退出社会最核心的舞台，大多数人已经安于现状，能够保持工作和生活的现状而不再继续滑落就已经是比较好的局面，因此他们自我感觉回归社会的程度并不低，但相比年富力强者要低一些。

20 至 29 岁的社区矫正对象在此方面的数据为 61.1%，处于最低水平。这可能是因为这个年龄段的人正处于青少年到成家立业的过渡时期。在当今这个越来越内卷的时代，青少年的就业难度明显增加，即便就业，也往往工作不稳定，加上自己有了犯罪记录，工作更加难觅，也因为这个年龄段的社区矫正对象普遍尚未成家，而犯罪记录会成为他们求偶与结婚路上的一大阻碍，因此，这个年龄段的群体自我感觉的回归社会程度相比而言最低。

14 至 19 岁的社区矫正对象在此方面的数据为 75.0%，这个比值处于顺位第三，其绝对数也不小，证明该年龄段的群体回归社会的感觉比较好。这可能是因为这部分群体大多处于未成年时期，对未来的社会形势并不了解，他们可能依然在学校读书或者打零工。年龄尚小的他们即便参加了工作，也不会对稳定的工作有多大的期望，追求刺激才是他们躁动青春的底色。结婚成家对于他们这个年龄段的青少年而言还比较遥远，因此也不会因为自己的罪犯身份遭遇择偶与结婚方面的困难。总体而言，他们可能处于一种"少不更事""年少无知""盲目乐观"的状态。

表 5.1.4　初次犯罪年龄与回归社会程度交叉分析表

初犯年龄（岁）	非常低	比较低	一般	比较高	非常高	合计
14~19	0.0%	0.0%	25.0%	33.3%	41.7%	100.0%
20~29	2.9%	1.9%	34.0%	19.4%	41.7%	100.0%
30~39	0.5%	0.0%	14.7%	35.8%	49.1%	100.0%
40~49	0.0%	0.0%	23.8%	19.0%	57.1%	100.0%
50~59	3.4%	0.0%	27.6%	31.0%	37.9%	100.0%
60~69	0.0%	0.0%	33.3%	66.7%	0.0%	100.0%

表 5.1.5 显示了不同文化程度的社区矫正对象在回归社会程度的五个等

级上都没有明显的差距，两者之间呈现出比较接近的情形。回归社会水平在
比较高及以上的、文化程度为小学及以下的社区矫正对象占接受调查的所有
此类社区矫正对象的 74.4%，回归社会水平在比较高及以上的、文化程度为
初中的社区矫正对象占接受调查的所有此类社区矫正对象的 76.3%，回归社
会水平在比较高及以上的、文化程度为高中、中专或技校的社区矫正对象占
接受调查的所有此类社区矫正对象的 71.6%，回归社会水平在比较高及以上
的、文化程度为大专、本科或研究生的社区矫正对象占接受调查的所有此类
社区矫正对象的 81.1%。可见，总体而言，文化程度最高的、自我感觉回归
社会程度非常高的社区矫正对象人数最多。但是，实际上，四种文化程度的
社区矫正对象所占比重无明显差异。

　　值得注意的是，在"非常低"这一列，小学及以下文化程度的社区矫正
对象所对应的比例最大，然后是大专、本科与研究生学历的社区矫正对象，
虽然其比例数字并不大，但可以说明，在社区矫正对象中，文化水平最低和
最高的社区矫正对象中自我感觉回归社会程度非常低人数相对多一些。笔者
推测这部分文化程度最低的社区矫正对象可能是因为基本生活方面的困境而
感觉回归社会程度非常低，这部分文化程度最高的社区矫正对象可能是因为
罪犯污名导致了较大的心理压力而感觉回归社会程度非常低。真实而确切的
原因需要进一步研究。

表 5.1.5　文化程度与回归社会程度交叉分析表

文化程度	非常低	比较低	一般	比较高	非常高	合计
小学及以下	2.3%	2.3%	20.9%	18.6%	55.8%	100.0%
初中	0.7%	0.7%	22.4%	32.9%	43.4%	100.0%
高中、中专、技校	0.8%	0.0%	27.6%	29.9%	41.7%	100.0%
大专、本科、研究生	1.8%	0.0%	17.1%	26.1%	55.0%	100.0%

　　表 5.1.6 显示了社区矫正对象户籍状况与其回归社会程度之间的交叉关
系。从统计数据来看，非本地户籍的社区矫正对象与本地户籍的社区矫正对
象在回归社会程度的五个等级上有的等级没有明显的差距，有的等级差距超
过 10 个百分点。回归社会水平在比较高及以上的非本地户籍社区矫正对象占
接受调查的所有非本地户籍的社区矫正对象的 83.7%，回归社会水平在比较

高及以上的本地户籍的社区矫正对象占接受调查的所有本地户籍的社区矫正对象的 74.0%，可见，自我感觉回归社会程度比较高的非本地户籍的和本地户籍的社区矫正对象都占有很大的比例，但前者超过后者 9.7 个百分点。尤其是从"非常高"这个等级来看，非本地户籍社区矫正对象比本地户籍社区矫正对象的比重高出 16.3 个百分点，差距比较明显。

可见，从整体来看，本地户籍的社区矫正对象自我感觉的回归社会程度比非本地户籍的社区矫正对象更低。笔者在调查中发现造成这种情况的原因可能是本地社区矫正对象对各方面的期望值比非本地户籍社区矫正对象更高。具体而言，对于本地户籍社区矫正对象而言，社区矫正社会工作者指出，非本地户籍社区矫正对象在上海失业之后要比本地社区矫正对象失业之后实现再就业的难度更大。如果是本地人的话，政府会为其托底，提供一些技术含量特别低的工作，如保洁保安岗位，并且对本地社区矫正对象每年都有固定的名额可以分配。但是对非本地户籍社区矫正对象并没有这样的名额。这个状况很难被评价为不公平，因为本地社区矫正对象的所有社会关系与社会资源都在本地，在外地没有社会关系与社会资源，而外省（市）户籍社区矫正对象在家乡还有社会关系和社会资源，他们的选择实际上更多，当然，这种更多的选择是否会被非本地户籍认同另当别论。

从实地调查的结果来看，大多数非本地户籍社区矫正对象并不愿意回家乡接受矫正，他们普遍希望长期在本地生活发展，即便他们在本地的生存条件不太好，也依然如此。一是因为他们回到家乡之后生活条件会更加不好，家乡的经济发展水平相较上海而言明显更低，就业机会更少，即便成功就业收入也比在上海的更低。二是因为他们在这边生活的时间长了，各方面都能适应了，而且有一定的生存基础了，继续生活也不是特别难。所以，非本地户籍的社区矫正对象如果能够被当地社区矫正机构接收，在当地接受社区矫正，不用回到户籍地接受社区矫正，他们可以继续保持在当地的工作和生活。很多来上海工作和生活的外地人，往往在户籍地找不到更好的、收入更高的工作，因此他们能够留在上海接受社区矫正工作，这件事本身在他们心里就是一种不幸中的幸运。

虽然上海市对本地户籍的社区矫正对象有着更多的资源供给，但是很显然，并未提高其回归社会程度的自我感觉，笔者推测这可能是因为本地社区矫正对象对各方面的期望值比非本地户籍社区矫正对象更高，当然，具体原因需要进一步研究。

表 5.1.6　户籍与回归社会程度交叉分析表

户籍	非常低	比较低	一般	比较高	非常高	合计
非本地户籍	1.5%	0.0%	14.8%	25.2%	58.5%	100.0%
本地户籍	1.2%	0.8%	24.0%	31.8%	42.2%	100.0%

表 5.1.7 显示了社区矫正对象是否为暴力犯与其回归社会程度之间的交叉关系。从统计数据来看，非暴力类社区矫正对象与暴力类社区矫正对象在回归社会程度的五个等级上有的等级没有明显的差距，有的等级差距超过 10 个百分点。回归社会水平在比较高及以上的非暴力类社区矫正对象占接受调查的所有非暴力类社区矫正对象的 83.6%，回归社会水平在比较高及以上的暴力类社区矫正对象占接受调查的所有暴力类社区矫正对象的 74.4%，可见，自我感觉回归社会程度比较高及以上的非暴力类和暴力类社区矫正对象都占有很大的比例，但前者超过后者 9.2 个百分点。尤其是从"比较高"这个等级来看，非暴力类社区矫正对象比暴力类社区矫正对象的比重高出 15.7 个百分点，差距比较明显。从"非常高"这个等级来看，非暴力类社区矫正对象比暴力类社区矫正对象的比重低 6.5 个百分点，两者有一定差距，不过远比"比较高"这一维度差距更小。

可见，从整体来看，非暴力类社区矫正对象自我感觉的回归社会程度比暴力类社区矫正对象更高。笔者推测，这可能是因为社区矫正领域常见的暴力类犯罪行为如抢劫、故意伤害、寻衅滋事、聚众斗殴等比侵财类或涉毒类犯罪行为更容易被民众知晓，对被害人造成的肉体上的伤害更加容易被民众直接看到和感受到，因此，民众对暴力类犯罪行为以及暴力类犯罪人抱有更加惧怕的心理，这无疑会导致一些被民众知晓暴力犯罪人身份的社区矫正对象遭受更多的社会排斥。然而，有的暴力类社区矫正对象自我感觉回归社会的程度也非常高。所以，究竟有哪些原因导致那些暴力类犯罪人自我感觉回归社会程度非常低？这需要进一步的研究。

表 5.1.7　暴力犯罪与回归社会程度交叉分析表

暴力犯罪	非常低	比较低	一般	比较高	非常高	合计
非暴力类	0.0%	0.0%	16.4%	38.8%	44.8%	100.0%
暴力类	2.6%	0.0%	23.1%	23.1%	51.3%	100.0%

　　表5.1.8显示了社区矫正对象是否为侵财类罪犯与其回归社会程度之间的交叉关系。从统计数据来看，非侵财类社区矫正对象与侵财类社区矫正对象在回归社会程度的"一般"和"比较高"这两个等级上有明显的差距，其他等级上没有明显差距。回归社会水平在比较高及以上的非侵财类社区矫正对象占接受调查的所有非侵财类社区矫正对象的68.2%，回归社会水平在比较高及以上的侵财类社区矫正对象占接受调查的所有侵财类社区矫正对象的88.7%，可见，自我感觉回归社会程度比较高及以上的非侵财和侵财社区矫正对象都占有很大的比例，但后者超过前者20.5个百分点，差距非常明显。

　　可见，从整体来看，非侵财类社区对象矫正自我感觉的回归社会程度比侵财类社区矫正对象明显更低。笔者推测，这可能是因为社区矫正领域常见的侵财类如虚开增值税发票、非法经营、诈骗、职务侵占等犯罪行为比暴力类或涉毒类犯罪行为更不容易被民众知晓，对被害人造成的金钱上的损失不容易被民众直接看到和感受到，尤其是相对于暴力类犯罪对被害人造成的肉体上伤害，侵财类犯罪行为对被害人造成的金钱上的损失很难被民众知晓，因此，民众对在同一社区内生活的侵财类犯罪行为以及侵财类犯罪人可能一无所知，这种匿名性无疑会对侵财类社区矫正对象回归社会起到很强的促进作用。当然，辩证法指出凡事皆有两面，在实际工作中，侵财类社区矫正对象中的诈骗犯罪人、虚开增值税发票犯罪人、非法经营犯罪人都是重新犯罪的高发群体，可见，他们中的一些人也会因为这种匿名性遭受更少的社会歧视和排斥，也让他们减少了再次实施犯罪的顾忌。

表 5.1.8　侵财犯罪与回归社会程度交叉分析表

侵财犯罪	非常低	比较低	一般	比较高	非常高	合计
非侵财类	2.3%	0.0%	29.5%	22.7%	45.5%	100.0%
侵财类	0.0%	0.0%	11.3%	40.3%	48.4%	100.0%

　　表 5.1.9 显示了社区矫正对象是否为涉毒犯罪人与其回归社会程度之间的交叉关系。从统计数据来看，非涉毒类社区矫正对象与涉毒类社区矫正对象在回归社会程度的"一般""比较高""非常高"这三个等级上有极其明显的差距，其他等级上没有明显差距。回归社会水平在比较高及以上的非涉毒类社区矫正对象占接受调查的所有非涉毒类社区矫正对象的 83.2%，回归社会水平在比较高及以上的涉毒类社区矫正对象占接受调查的所有涉毒类社区矫正对象的 20.0%，可见，自我感觉回归社会程度比较高及以上的非涉毒类比涉毒类社区矫正对象对应的比重高出 63.2%，这个差距极其显著。大部分涉毒类社区矫正对象自我感觉回归社会程度集中在"一般"水平。值得注意的是，涉毒类社区矫正对象无一人感到自我回归社会的程度非常高。

　　可见，从整体来看，非涉毒类社区矫正对象自我感觉的回归社会程度比涉毒类社区矫正对象显著更高。笔者推测，这可能是因为涉毒类社区矫正对象除了拥有罪犯的身份，有的还拥有病人的特殊身份，因此此群体相较于其他类型社区矫正对象而言更加复杂。从罪犯身份角度来看，涉毒类社区矫正对象既包括毒品犯罪人，也包括非毒品犯罪人。其中，毒品犯是指违反国家有关禁毒法律、法规，破坏毒品管制活动，应该受到刑法处罚的犯罪行为人。非毒品犯的犯罪人是指未触犯我国刑法关于毒品犯罪的规定，但是违反了我国刑法其他规定、触犯其他罪名同时具有吸毒人员身份的犯罪行为人。

　　从病人身份角度来看，据本次调查发现，社区矫正社会工作者反映大多数涉毒类社区矫正对象都有吸毒史且患有许多由吸毒引起的疾病，估计八成以上的疾病均为传染病，如丙型肝炎、艾滋病、肺结核等。有的涉毒类社区矫正对象同时还患有胃癌，有的涉毒类社区矫正对象记忆力严重衰退。这些生理上和精神上的疾病不仅对他们正常参加社区矫正规定的各种活动造成了比较突出的负面影响，而且导致他们因为畏惧他人的歧视而将自己封闭在很小的人际交往圈子中，难以获得社会资源，也就是难以回归社会。

表 5.1.9　涉毒犯罪与回归社会程度交叉分析表

涉毒犯罪	非常低	比较低	一般	比较高	非常高	合计
非涉毒类	1.0%	0.0%	15.8%	33.7%	49.5%	100.0%
涉毒类	0.0%	0.0%	80.0%	20.0%	0.0%	100.0%

表 5.1.10 显示了社区矫正对象被判刑期与其回归社会程度之间的交叉关系。从统计数据来看，不同被判刑期的社区矫正对象在回归社会程度的五个等级上有的等级没有明显的差距，有的等级差距超越 30 个百分点。具体而言，回归社会程度在比较高及以上的刑期为 2 至 6 个月的社区矫正对象占接受调查的所有该刑期类别社区矫正对象的 73.8%，同理，按照不同刑期对回归社会的程度占比（比较高与非常高的比重之和）的模式排列如下：半年~1 年（74.8%）、1 年~2 年（79.7%）、2 年~4 年（80.9%）、4 年~5 年（42.9%）、5 年~7 年（66.70%）。可见，回归社会程度较高及以上的社区矫正对象所对应的比重按照从大到小的次序进行排列如下：第一名：2 年~4 年（80.9%），第二名：1 年~2 年（79.7%）：第三名，半年~1 年（74.8%），第四名：2 月~6 月（73.8%），第五名：5 年~7 年（66.70%），第六名：4 年~5 年（42.9%）。

笔者推测，刑期为 2 年~4 年的社区矫正对象自我感觉回归社会程度高的比例最大的原因可能是这部分人的刑期长短相比其他刑期太长和太短的社区矫正对象而言，处于居中的状态。"比上不足，比下有余"的心态让他们感觉尚可。很显然，能够被判刑 2 年以上，表明其罪行对他人或社会已经造成了明显的伤害，理应接受惩罚；而刑期不算很长则表明其罪行对他人或社会造成的伤害不算特别严重，惩罚也不是特别重。刑期为 1 年~2 年的社区矫正对象自我感觉回归社会程度高的比例与排名第一的群体类似，笔者认为出现这种状况的原因也与在此方面排名第一的群体相似。排名最低的是刑期为 5 年~7 年的社区矫正对象，出现这种情况的原因应该是刑期过长。他们的人身自由需要受到这么久的限制，该群体的心态会更加消极。而刑期为 5 年~7 年的社区矫正对象却有 66.7% 的人感觉回归社会程度高，这出乎笔者预料，笔者推测这部分人可能是因为罪行相对而言比较重，相关罪犯是从监狱里面假释出来的，所以对罪行认识非常深刻，从监狱里面失去自由，假释后到社区服刑，获得了很大程度上的自由，对提前回到社区表示满意，更加珍惜自由。

表 5.1.10　被判刑期与回归社会程度交叉分析表

被判刑期月数（月）	非常低	比较低	一般	比较高	非常高	合计
2~6（半年内）	1.6%	0.0%	24.6%	21.3%	52.5%	100.0%

续表

被判刑期月数（月）	非常低	比较低	一般	比较高	非常高	合计
7~12（半年~1 年）	2.2%	0.6%	22.5%	31.5%	43.3%	100.0%
13~24（1 年~2 年）	0.0%	0.0%	20.3%	27.8%	51.9%	100.0%
25~48（2 年~4 年）	0.0%	2.1%	17.0%	36.2%	44.7%	100.0%
49~60（4 年~5 年）	0.0%	0.0%	57.1%	28.6%	14.3%	100.0%
61~84（5 年~7 年）	0.0%	0.0%	33.3%	0.0%	66.7%	100.0%

四、人口统计学特征与回归社会程度之间的解释性相关分析

社区矫正对象的人口统计学特征要素与他们回归社会程度是否有显著的关联？笔者采用相关分析方法来检验两者之间的关系。在此分析中，自变量是社区矫正对象的人口统计学特征要素，因变量是社区矫正对象回归社会程度综合水平的总分。笔者接下来对社区矫正对象回归社会程度开展相关分析。按照相关分析的统计标准，自变量对应的 Sig. 值一般有三个取值，一是 $p < 0.05$，二是 $p < 0.01$，三是 $p < 0.001$。因此，若某个自变量所对应的 Sig. 值 < 0.05，将该自变量确定为在统计学上与社区矫正对象回归社会程度存在显著相关关系，即该自变量将被纳入后面的社区矫正对象回归社会程度综合评价指标体系。以下是相关分析的结果。

表 5.1.11 显示，在接受调查的社区矫正对象的人口统计学特征与回归社会程度之间的相关分析结果中，Sig. < 0.05 对应的自变量有"户籍"与"涉毒类"，表示这两个自变量与社区矫正对象回归社会程度的关联度具有统计学上的意义。具体而言，根据 Pearson's 相关系数分析得知，户籍与回归社会程度之间的相关系数为 -0.141（$p = 0.005$），达到显著水平，表示社区矫正对象户籍状况与其回归社会程度之间显著负相关，本地户籍的社区矫正对象回归社会程度更低，但为低度相关。同理，涉毒类与回归社会程度之间的相关系数为 -0.284（$p = 0.003$），达到显著水平，表示社区矫正对象所犯罪名为涉毒类与其回归社会程度之间显著负相关，涉毒类的社区矫正对象回归社会程度更低，也为低度相关。

表 5.1.11　社区矫正对象人口统计学特征与回归社会程度相关系数

人口统计学变量	相关系数值	Sig.
1. 性别	0.041	0.429
2. 配偶	−0.032	0.512
3. 初犯周岁	−0.090	0.127
4. 文化程度	0.041	0.395
5. 户籍	−0.141 **	0.005
6.1. 暴力类	−0.046	0.641
6.2. 侵财类	0.167	0.087
6.3. 涉毒类	−0.284 **	0.003
7. 被判刑期	0.010	0.841

a 因变量：回归社会综合水平　$*p<0.05$，$**p<0.01$，$***p<0.001$。

　　综上所述，在笔者对社区矫正对象人口统计学特征变量与回归社会程度之间的关系的交叉分析中，本地户籍与非本地户籍的社区矫正对象的回归社会程度差异明显，在相关分析中也呈现出具有统计学意义的显著关联。涉毒类与非本涉毒类社区矫正对象的回归社会程度差异明显，在相关分析中也呈现出具有统计学意义的显著差异。这两项指标将纳入后续的社区矫正对象回归社会综合评价体系。

　　从实务意义角度来看，社区矫正工作者需要重点关注文化水平最低和最高的社区矫正对象中自我感觉回归社会程度非常低的人员；本地户籍的社区矫正对象中自我感觉回归社会程度比较低的对象人员；还有暴力类社区矫正对象、非侵财类社区对象矫正、涉毒类社区矫正对象、20 至 29 岁的社区矫正对象、刑期为 4 年~5 年的社区矫正对象。

第二节　个人早年偏差行为与回归社会

　　本书中的"个人早年"中的早年是指 14 周岁之前的生命历程。本书之所以将社区矫正对象 14 周岁之前的偏差经历作为可能影响其现在犯罪及回归社会的因素的主要依据有两个：一是虽然《中华人民共和国刑法》（以下简称

《刑法》）已经将刑事责任年龄下调至 12 周岁，但是国内外已有的犯罪研究
成果，绝大多数将 14 周岁作为个人早年偏差行为研究的年龄分界点。考虑到
《刑法》下调刑事责任年龄时间不久以及研究的延续性，本研究依然采取将
14 周岁作为社区矫正对象早年偏差行为研究的年龄节点。二是从个体成长阶
段角度来看，14 周岁的未成年人一般处于初中三年级，刚刚度过了整个青春
期。众所周知，青春期对于偏差行为少年而言，是一个"狂飙突进"时期，
是一个非常关键的时期，是少年最容易受到不良影响的时期，还是部分少年
开始走上歧途的时期。在这个时期，家庭、学校、朋友圈、社会文化的不良
因素都可能对少年越轨产生影响。本书将 14 周岁之前的时期作为研究的重要
阶段，实际上就是关注研究对象在这个"狂飙突进"时期的经历。

　　社区矫正对象的再社会化，对建设和谐社会、促进社会稳定有着极其重
要的意义，同时也体现了人本思想。但是社区矫正对象重新回归社会，存在
诸多不利因素，他们在性格思想等方面都与正常社会存在隔阂。笔者通过对
上海市社区矫正机构的工作者和社区矫正对象进行问卷调查与深度访谈，分
析相关资料，拟从社区矫正对象早年偏差行为对其再社会化的影响这一角度
进行研究，探讨社区矫正对象早年偏差行为对其回归社会的作用。

一、文献回顾与研究假设

　　国外研究者沃尔德等人指出，预测今后可能实施违法与犯罪行为的最显
著征兆，就是童年时期早年的偏差行为，例如制造教室混乱的行为、好斗、
撒谎以及欺骗。这意味着，在童年时期制造很多问题的人，在青春期和成人
以后也会制造很多问题。与后来的青少年犯罪和犯罪行为存在关联的儿童时
期早期的其他因素还包括父母对儿童的拙劣的管教方法等。这些研究结果表
明，后来的犯罪和青少年犯罪可能与童年时期早期的经历存在联系，或者是
由其造成的。[1]

　　国外研究者对偏差行为进行了界定。例如利默特在其标签理论中将偏差
行为分为初级偏差行为和次级偏差行为，将参与偏差行为或越轨行为的人称
为"初级越轨行为人"和"次级越轨行为人"。初级偏差行为指任何违反法

---

　　〔1〕　参见［美］乔治·B·沃尔德等：《理论犯罪学》，方鹏译，中国政法大学出版社 2005 年版，
第 95 页。

律、道德规范的行为，此种偏差行为较轻微，虽然有可能引起惩罚或制裁，但基本上未受到任何重要的社会反应的影响。而次级偏差行为是指那些受到干预后的偏差行为，具体指社会对犯有初级偏差行为的人进行责难后，同时对其贴上不良标签，这样就很容易导致另一阶段更严重的偏差行为，即次级偏差行为。[1]

标签理论研究的重点是次级偏差行为，强调应尽量避免任意给个体贴上不良标签，避免让偏差行为人过早进入司法系统。美国社会学家贝克尔在其著作《局外人：越轨的社会学研究》一书中认为，行为本身没有什么特别的地方，关键是社会有"规则"在先，任何违背这些"规则"的行为者就是偏差行为者，即被视为局外人。[2]

美国犯罪学家桑普森和劳布依据生命历程犯罪学理论进一步强调：在一个人的不同的生命阶段，社会群体和社会机构起到了不同程度的控制作用。具体来说，他们的主要观点有如下几点：早年犯罪行为方面的差异至少通过两种途径对成年时期的犯罪行为产生影响。第一种途径是，个体会把其生命早年，特别是14周岁之前由于受家庭、兄弟姐妹、学校、伙伴影响而形成的犯罪倾向带至成年时期。[3]

国内也有许多社会学与犯罪学研究者非常关注个体早年特别是14周岁之前的偏差行为对其以后的违法犯罪行为的影响。例如吴宗宪对偏差行为进行了细致的界定。他依据偏差行为的影响将其划分为不适当行为、异常行为、自毁行为、不道德行为、反社会行为和犯罪行为。[4]孔一通过实证研究发现，在14周岁之前，刑满释放人员重新犯罪人与未重新犯罪人，在抽烟、在网吧玩通宵、说谎、谈恋爱、打人、强要别人东西、逃学、破坏公物、骗家长的钱、醉酒、赌博、使用武器伤人、逃票、借钱物不还、离家出走、转学、纵

---

〔1〕 参见［美］乔治·B·沃尔德等：《理论犯罪学》，方鹏译，中国政法大学出版社2005年版，第266页。

〔2〕 参见费梅苹：《次生社会化：偏差青少年边缘化的社会互动过程研究》，上海人民出版社2010年版，第20~21页。

〔3〕 参见［美］罗伯特·J.桑普森、约翰·H.劳布：《犯罪之形成——人生道路及其转折点》，汪明亮等译，北京大学出版社2006年版，第143页。

〔4〕 参见吴宗宪主编：《教矫若相宜 可防子不肖——青少年不良行为的心理与防治》，山东科学技术出版社2000年版，第7页。

火这几个方面的行为存在显著差异，[1]因此，他进一步指出，个体是否在 14 周岁之前实施过这些行为或者参与过这些活动，对他们今后是否重新犯罪具有明显影响。孔一教授在研究刑满释放人员重新犯罪之后，又开展了社区矫正对象重新犯罪研究，经过研究他发现社区矫正对象重新犯罪人与未重新犯罪人在 14 周岁之前的友朋违法方面存在显著差异。[2]

曾赟通过实证研究发现监狱罪犯中重新犯罪人与未重新犯罪人在 14 周岁之前，个体与违法犯罪朋友之间的关系存在显著差异，同辈伙伴早年赞同销赃强度与重新犯罪风险正相关；个体早年偷窃行为强度与重新犯罪风险正相关；个体早年离家出走行为强度与重新犯罪风险正相关。[3]因此，曾赟进一步指出个体如果在 14 周岁之前有过这些行为或者参与过这些活动，将会增加他们今后重新犯罪的可能性或者风险。

"未成年人违法犯罪的心理路径与行为路径"课题组指出，未成年人违法犯罪的类型涉及抢劫、抢夺、强奸、伤害、盗窃、杀人等类型，以抢劫、抢夺类型居多，占 45.0%，其次为强奸和伤害类型。未成年人初次出现偏差行为的平均年龄在 12 周岁。随着年龄的增长，未成年人出现的偏差行为逐渐递进：偷拿财物——逃课——抽烟、玩游戏、喝酒——夜不归宿——阅读不健康书籍或看电影——打群架——携带刀具、恐吓他人——参加团伙活动——出入娱乐场所，最终演变成为犯罪行为。[4]

路琦等人认为，人格不健全，缺乏良好行为习惯的养成也与未成年人实施犯罪活动有关。人格障碍与犯罪存在着一定的联系，具有严重人格障碍的人会有犯罪的倾向。在他们的调查研究中，未成年犯描述自身性格时，选择暴躁和自卑的所占比例最大，分别为 37.1% 和 35.3%。另外，未成年人不良行为居前几位的是逃学、玩网络暴力游戏、打架斗殴、吸烟且已经形成烟瘾、夜不归宿、和社会不良青少年交往等。这些未成年人第一次逃学的平均年龄为 11 岁，第一次和社会不良青少年交往的平均年龄为 12 岁。违法犯罪未成年人往往缺乏良好行为习惯的养成，他们在成长过程中缺乏良

---

〔1〕　参见孔一：《犯罪及其治理实证研究》，法律出版社 2012 年版，第 208~209 页。
〔2〕　参见孔一：《社区矫正人员再犯风险评估与控制》，法律出版社 2015 年版，第 3 页。
〔3〕　参见曾赟：《服刑人员刑满释放前重新犯罪风险预测研究》，载《法学评论》2011 年第 6 期。
〔4〕　参见"未成年人违法犯罪的心理路径与行为路径"课题组、刘慧娟：《违法犯罪未成年人偏差行为的路径分析》，载《预防青少年犯罪研究》2013 年第 3 期。

好行为习惯的熏陶,导致其易沾染抽烟、酗酒、赌博、打架斗殴等不良行为习惯,且无法控制自身行为习惯的进一步恶化,最终导致犯罪行为的发生。[1]

综上所述,笔者认为,既有文献对本研究的启示主要有如下几点:

(1)社区矫正对象如果在生命早年有过偏差行为,则这种偏差行为有可能延续到他们成年时期。在成年时期,他们如果再实施偏差行为,并且这种偏差行为触犯刑法,则构成了犯罪。这种已经养成的偏差行为习惯是他们从前无法适应社会的原因,也会成为他们社区矫正期间融入社会的阻碍。(2)社区矫正对象在生命早年实施初级越轨行为,到成年后可能实施次级越轨行为,他们实施越轨行为具有连贯性,如果他们习得了越轨行为,并且未得到有效的纠正,那么,这些习得的越轨行为将会对他们在社区矫正期间的回归社会产生负面影响。(3)鉴于国外的犯罪社会学家如罗伯特·桑普森与约翰·劳布将个人早年的年龄界定为14周岁,同样我国犯罪社会学研究者曾赟与孔一均采用了同样的14周岁作为早年偏差行为研究的年龄节点,因此,笔者也采取了14周岁来界定早年偏差行为的年龄节点。(4)国内目前尚无从早年偏差行为角度研究社区矫正对象回归社会的研究成果,笔者希望开展尝试性研究。据此,笔者提出如下研究假设:

研究假设:社区矫正对象早年偏差行为与其回归社会程度之间显著相关。

二、早年偏差行为变量设置与测量方法

根据笔者对以往研究成果所作的分析,笔者将社区矫正对象回归社会程度的总分作为因变量,将社区矫正对象的早年偏差行为作为自变量。接下来,笔者将早年偏差行为操作为9个自变量,每个自变量都被设置成符合相关分析的二分变量,具体变量设置方法如下表所示。

---

〔1〕 参见路琦等:《2014年我国未成年人犯罪研究报告——基于行为规范量表的分析》,载《中国青年社会科学》2015年第3期。

表 5.2.1　早年偏差行为自变量设置表

偏差行为	选项或取值		变量层次
1. 打架斗殴	①没有 = 0	②有 = 1	二分变量
2. 强要他人财物	①没有 = 0	②有 = 1	二分变量
3. 骗取他人财物	①没有 = 0	②有 = 1	二分变量
4. 破坏他人财物	①没有 = 0	②有 = 1	二分变量
5. 破坏公物	①没有 = 0	②有 = 1	二分变量
6. 偷盗	①没有 = 0	②有 = 1	二分变量
7. 吸毒	①没有 = 0	②有 = 1	二分变量
8. 经常逗留网吧	①没有 = 0	②有 = 1	二分变量
9. 逃学	①没有 = 0	②有 = 1	二分变量

三、早年偏差行为与回归社会程度之间的描述性交叉分析

　　表 5.2.2 显示了社区矫正对象在 14 周岁前是否实施过一些偏差行为与其回归社会程度之间的交叉关系。从统计数据来看，所有偏差行为在"非常低"与"比较低"两个选项维度上的比例均非常小，基本上可以忽略不计。剩下三个选项"一般""比较高""非常高"中，可以将"一般"作为一个维度，将"比较高"和"非常高"均看作"高"，那么，我们就可以仅仅通过比较"一般"选项维度对应的数据大小，来判断相关社区矫正对象回归社会程度的高低。

　　接下来，我们以"一般"回归社会程度角度来分析表 5.2.2 中的数据。在本研究中，一般水平属于负面评价，因此，实施过该行为的人所占比重越大，回归社会程度越低。具体来看，"有"实施过相关偏差行为的社区矫正对象与"没有"实施过相关偏差行为的社区矫正对象所对应的比例之间差异较大的自变量有"打架斗殴""破坏他人财物""偷盗""吸毒""经常逗留网吧"。其中，从"打架斗殴"这一项来看，感觉自己回归社会程度处于一般水平的早年实施过该行为的社区矫正对象比有同样感觉的没有实施过该行为的社区矫正对象少 9.1%；从"偷盗"这一项来看，感觉自己回归社会程度处于一般水平的早年实施过该行为的社区矫正对象比有同样感觉的没有实施过该

行为的社区矫正对象少7.5%；从"吸毒"这一项来看，感觉自己回归社会程度处于一般水平的早年实施过该行为的社区矫正对象比有同样感觉的没有实施过该行为的社区矫正对象多11.8%；从"经常逗留网吧"这一项来看，感觉自己回归社会程度处于一般水平的早年实施过该行为的社区矫正对象比有同样感觉的没有实施过该行为的社区矫正对象少16.5%。

表5.2.2　社区矫正对象早年偏差行为与回归社会程度交叉分析表

偏差行为	选项	非常低	比较低	一般	比较高	非常高	合计
1. 打架斗殴	有	2.0%	0.0%	13.7%	35.3%	49.0%	100.0
	没有	1.1%	0.6%	22.8%	28.4%	47.1%	100.0
2. 强要他人财物	有	0.0%	0.0%	20.0%	20.0%	60.0%	100.0
	没有	1.2%	0.5%	21.7%	29.4%	47.2%	100.0
3. 骗取他人财物	有	0.0%	0.0%	20.0%	40.0%	40.0%	100.0
	没有	1.2%	0.5%	21.7%	29.1%	47.4%	100.0
4. 破坏他人财物	有	0.0%	0.0%	16.7%	41.7%	41.7%	100.0
	没有	1.3%	0.5%	21.9%	28.9%	47.5%	100.0
5. 破坏公物	有	0.0%	0.0%	21.4%	42.9%	35.7%	100.0
	没有	1.3%	0.5%	21.7%	28.8%	47.7%	100.0
6. 偷盗	有	14.3%	0.0%	14.3%	14.3%	57.1%	100.0
	没有	1.0%	0.5%	21.8%	29.5%	47.1%	100.0
7. 吸毒	有	0.0%	0.0%	33.3%	16.7%	50.0%	100.0
	没有	1.2%	0.5%	21.5%	29.5%	47.3%	100.0
8. 经常逗留网吧	有	0.0%	0.0%	5.9%	41.2%	52.9%	100.0
	没有	1.3%	0.5%	22.4%	28.8%	47.1%	100.0
9. 逃学	有	0.0%	0.0%	21.6%	40.5%	37.8%	100.0
	没有	1.3%	0.5%	21.7%	28.2%	48.3%	100.0

四、早年偏差行为与回归社会程度之间的解释性相关分析

社区矫正对象在早年是否实施过偏差行为与他们回归社会程度是否有显著的关联？笔者采用相关分析方法来检验两者之间的关系。在此分析中，自变量是一些偏差行为，因变量是社区矫正对象回归社会程度综合水平的总分。表 5.2.3 显示，在社区矫正对象是否实施过相关偏差行为与回归社会程度之间的相关分析结果中，没有 Sig. <0.05 对应的自变量，即所有自变量与社区矫正对象回归社会程度之间的关联度都不具有统计学上的意义。

表 5.2.3　社区矫正对象早年偏差行为与回归社会程度相关系数

偏差行为	相关系数值	Sig.
1. 打架斗殴	−0.36	0.466
2. 强要他人财物	−0.024	0.628
3. 骗取他人财物	0.001	0.980
4. 破坏他人财物	−0.008	0.873
5. 破坏公物	0.014	0.773
6. 偷盗	0.031	0.526
7. 吸毒	0.006	0.904
8. 经常逗留网吧	−0.062	0.213
9. 逃学	0.017	0.731

a 因变量：回归社会综合水平 $^*p<0.05$，$^{**}p<0.01$，$^{***}p<0.001$

综上所述，在笔者对社区矫正对象早年偏差行为与回归社会程度之间的关系的相关分析中，所有自变量与社区矫正对象回归社会程度之间的关系在相关分析中未呈现出具有统计学意义的显著关联。所有自变量都将不被纳入后续的社区矫正对象回归社会综合评价体系。

从实务意义角度来看，社区矫正工作者需要重点关注在早年实施过"偷盗"行为的社区矫正对象，上文统计显示，这个群体有 14.3% 的人自我感觉回归社会的程度非常低，这个比例远超过所有其他偏差行为所对应的数据。笔者推测，实施"偷盗"行为的人，往往容易成为惯偷。笔者曾经在与社区

矫正工作者开展的深度访谈过程中得知这部分人对偷盗他人财物有一种"瘾"，他们偷盗的钱财可能并不多，他们有时候会有一种见到无人看管的财物，如手提包、手机等物品不偷则内心非常难受的"瘾"。在我们的社会中，小偷一直以来都受到大众的鄙视和唾弃，看到小偷，就会想起"老鼠过街，人人喊打"这句俗语，可见大众对小偷非常厌恶，所以，这个群体有14.3%的人自我感觉回归社会的程度非常低。社区矫正工作者需要特别关注这类群体，矫正他们的偷盗观念和行为，帮助他们回归主流社会。

第三节　个人早年不幸经历与回归社会

笔者拟从社区矫正对象早年，即14周岁之前不幸经历与其回归社会的关联这一角度进行研究，探讨社区矫正对象早年不幸经历对其回归社会的影响和作用。正如上文所述，众所周知，青春期对于偏差行为少年而言，是一个"狂飙突进"时期，是一个非常关键的时期，如果少年在此时期经历一些的不幸事件，可能会对其社会化产生不利影响。笔者拟从社区矫正对象的早年不幸经历对其再社会化的影响这一角度进行研究，探讨社区矫正对象早年不幸经历对其回归社会的作用。

一、文献回顾与研究假设

许多犯罪学家在自己的研究中重点分析了不幸事件对个体走上犯罪道路的诸多影响。如著名犯罪学家艾格纽提出的"一般紧张理论"认为生活中负面事件是引发犯罪的重要原因。他认为，犯罪或越轨行为的根源是个人所面临的紧张，他进一步指出，个人所面临的紧张，其范围涵盖了认知、行为和情绪等类型。他提出的"一般紧张理论"认为有三种紧张来源会造成个人的越轨行为甚至是犯罪行为：（1）因无法达到个人想要达到的目标而形成的紧张。比如，想要考上好的大学，但成绩不好，考不上；想要买一辆跑车，但无论如何努力也赚不到所需的钱。（2）失去了个人积极向上的欲望或失去积极的鼓励所形成的紧张。这种紧张的源泉是少年亲身经历的不幸事件与突发危机。例如，亲人的逝去，喜欢的老师突然被调离，从学校退学等。（3）遭遇负面刺激所造成的紧张。例如，儿童时代受到虐待，个人在学生时代经常被老师指责为坏学生，贴上负面或者污名化的标签等。因为少年不能合法地离家或离校，避免紧张的合法途径被堵死了，在这种情形下，少年很可能用替代方式来避免或者纾解紧张，这种替代方式很可能就是越轨行为，而严重的越轨行为构成犯罪。根据艾格纽的说法可以看出，以上三种情况都会使人产生紧张，增加失望、沮丧、害怕、愤怒等负面情绪。当负面情绪产生时，个人如果无法找到合适的、被社会所认可的方式去调适、降低心理负荷，那么，他们就会有可能采用社会不能接受的方式来解决所面临的紧张，如越轨行为。[1]

国内研究者也对个体在早年成长时期所遭遇的不幸事件对其后来的越轨乃至犯罪行为的影响开展了积极的研究。如孙炜红等人基于2019年司法部开展的"重新犯罪问题调查"相关数据，探讨留守经历、不良同伴交往对未成年人暴力犯罪的影响，他们发现，留守经历与未成年暴力犯罪显著正相关；由于不在子女身边，父母对子女缺少有效监督、对子女越轨行为不能及时干预，子女对父母的依恋降低甚至断裂，直接增加犯罪风险；父母监督缺失加剧不良同伴交往，通过不良同伴交往间接影响未成年人暴力犯罪。[2]

肖灵认为，未成年人犯罪外部第一大催生因素就是家庭结构、教育或监管问题。相当一部分未成年犯来自非健康家庭，如家庭结构失衡、家长劣迹斑斑、教育不当、家庭人际关系紧张等，导致未成年人未能建立良好的心态和人格，犯罪心理不易矫正。她在上海的调查结果显示，父母离异与未成年人重新犯罪有着较强的正相关关系，七成左右重新犯罪的未成年人未与父母双方共同生活。肖灵指出，浙江刑释青少年犯中，家庭关系好的重新犯罪比率为2.5%，而关系差的犯罪比率高达38.7%。少年犯中家庭破裂或缺损的比例不小，刑释回归后的青少年面临的家庭环境可能更为恶劣。[3]

综上所述，笔者认为以上国内外文献对社区矫正对象回归社会研究有如下启示：（1）每个人一生中都可能遭遇危机，社区矫正对象若在早年遭遇危机，如果没有在危机中恢复生活均衡，则会造成心理创伤，并且对早年生活

---

〔1〕 参见曹立群、周愫娴：《犯罪学理论与实证》，群众出版社2007年版，第125页。
〔2〕 参见孙炜红等：《留守经历、不良同伴交往与未成年人暴力犯罪》，载《青年研究》2023年第3期。
〔3〕 参见肖灵：《对我国未成年人重新犯罪问题研究的反思》，载《预防青少年犯罪研究》2015年第5期。

造成负面影响，对成年之后的生活也会造成危机，进而影响他们重新融入社会。（2）早年感情上的痛苦可能会使社区矫正对象产生不良的应对方式，导致情绪不稳、残暴、缺乏同情心和反社会人格倾向，这些不良的心理或态度特征会阻碍他们重新融入社会。（3）社区矫正对象在早年如果遭遇不幸事件，可能会导致其受到长远的负面影响。（4）早年遭遇家庭经济困难的社区矫正对象可能会对金钱产生认识偏差，形成非正常的金钱观念，导致其成年后形成正确金钱观存在困难。（5）社区矫正对象早年如果与父母之间的关系不佳可能会导致其成年之后难以适应社会。这些在其他群体中已经经过验证的议题，也可能符合社区矫正对象回归社会研究议题，但是目前国内尚未有研究者将这些议题运用于社区矫正对象回归社会研究中，笔者希望能够尝试开展此方面的研究。

根据对以往研究成果的文献综述，笔者将社区矫正对象早年不幸经历作为本研究的自变量，将社区矫正对象回归社会程度的总分作为因变量。据此，笔者提出如下研究假设：

研究假设：社区矫正对象的早年不幸经历与其回归社会程度之间显著相关。

二、早年不幸经历变量设置与测量方法

根据笔者对以往研究成果所作的分析，笔者将社区矫正对象回归社会程度的总分作为因变量，将社区矫正对象的早年不幸经历作为自变量。接下来，笔者将早年不幸经历操作为 9 个自变量，每个自变量都被设置成符合相关分析的二分变量，具体变量设置方法如下表所示。

表 5.3.1　社区矫正对象早年不幸经历自变量设置表

不幸经历	选项或取值	变量层次
1. 父母一方长期患病	①是 = 0　②否 = 1	二分变量
2. 父母双方长期患病	①是 = 0　②否 = 1	二分变量
3. 父母一方去世	①是 = 0　②否 = 1	二分变量
4. 父母双方去世	①是 = 0　②否 = 1	二分变量
5. 父母一方犯罪	①是 = 0　②否 = 1	二分变量

不幸经历	选项或取值	变量层次
6. 父母双方犯罪	①是 = 0　②否 = 1	二分变量
7. 离异	①是 = 0　②否 = 1	二分变量
8. 休学或辍学	①是 = 0　②否 = 1	二分变量
9. 家庭收入很低	①是 = 0　②否 = 1	二分变量

三、早年不幸经历与回归社会程度之间的描述性交叉分析

表5.3.2显示了社区矫正对象在14周岁前是否有一些不幸经历与其回归社会程度之间的交叉关系。从统计数据来看，所有不幸经历在"非常低"与"比较低"两个选项维度上的比例均非常小，基本上可以忽略不计。剩下三个选项"一般""比较高""非常高"中，可以将"一般"作为一个维度，将"比较高"和"非常高"均看作"高"，那么，我们就可以仅仅通过比较"一般"选项维度对应的数据大小，来判断相关社区矫正对象回归社会程度的高低。在"一般"选项上的百分比数字越大，说明在"高"选项上的数字越小，也说明回归社会程度更低。

那么，从表5.3.2中，我们发现，在"一般"这一列中，"有"过相关不幸经历的社区矫正对象与"没有"相关不幸经历的社区矫正对象所对应的比例之间差异较大的自变量有"父母一方去世""父母双方去世""父母一方犯罪""父母双方犯罪""离异"，差距均超过10%。

其中，在"父母一方去世"方面，有过此不幸经历的社区矫正对象自我感觉回归社会程度"一般"的人要比没有此不幸经历的人多12.4%，说明有此经历者回归社会程度比无此经历者要低；在"父母双方去世"方面，有此经历者比无此经历者多29.4%，说明有此经历者回归社会程度比无此经历者要低；在"父母一方犯罪"方面，有此经历者比无此经历者少21.7%，说明有此经历者回归社会程度比无此经历者要高，这一点与常识相悖；在"父母双方犯罪"方面，有此经历者比无此经历者多78.6%，说明有此经历者回归社会程度比无此经历者要低得多；在"离异"方面，有此经历者比无此经历者少15.9%，说明有此经历者回归社会程度比无此经历者要高。

表 5.3.2 社区矫正对象早年不幸经历与回归社会程度交叉分析表

不幸经历	选项	非常低	比较低	一般	比较高	非常高	合计
1. 父母一方长期患病	是	3.4%	0.0%	17.2%	37.9%	41.4%	100.0
	否	1.0%	0.5%	21.9%	28.6%	47.9%	100.0
2. 父母双方长期患病	是	0.0%	0.0%	20.0%	20.0%	60.0%	100.0
	否	1.2%	0.5%	21.6%	29.4%	47.3%	100.0
3. 父母一方去世	是	0.0%	0.0%	33.3%	14.3%	52.4%	100.0
	否	1.3%	0.5%	20.9%	30.1%	47.2%	100.0
4. 父母双方去世	是	0.0%	0.0%	50.0%	35.7%	14.3%	100.0
	否	1.3%	0.5%	20.6%	29.1%	48.6%	100.0
5. 父母一方犯罪	是	0.0%	0.0%	0.0%	50.0%	50.0%	100.0
	否	1.2%	0.5%	21.7%	29.2%	47.4%	100.0
6. 父母双方犯罪	是	0.0%	0.0%	100.0%	0.0%	0.0%	100.0
	否	1.2%	0.5%	21.4%	29.4%	47.6%	100.0
7. 离异	是	0.0%	0.0%	6.3%	37.5%	56.3%	100.0
	否	1.3%	0.5%	22.2%	29.0%	47.1%	100.0
8. 休学或辍学	是	0.0%	0.0%	14.3%	42.9%	42.9%	100.0
	否	1.2%	0.5%	21.7%	29.1%	47.5%	100.0
9. 家庭收入很低	是	2.1%	0.0%	26.0%	28.1%	43.8%	100.0
	否	0.9%	0.6%	20.2%	29.7%	48.6%	100.0

四、早年不幸经历与回归社会程度之间的解释性相关分析

社区矫正对象在早年是否有过不幸经历与他们回归社会程度是否有显著的关联？笔者采用相关分析方法来检验两者之间的关系。在此分析中，自变量是一些不幸经历，因变量是社区矫正对象回归社会程度综合水平的总分。表5.3.3显示，在社区矫正对象是否有过相关不幸经历与回归社会程度之间的相关分析结果中，仅有一个自变量"父母双方去世"对应的 Sig. <0.05，具有统计学上的意义，证明两者之间具有显著的正向关联。具体而言，根据

Pearson's 相关系数分析得知，"父母双方去世"自变量与回归社会程度之间的相关系数为 0.121（$p=0.013$），达到显著水平，表示社区矫正对象在早年有"父母双方去世"的不幸经历与其回归社会程度之间显著正相关，有此不幸经历的社区矫正对象回归社会程度更低，为低度相关。

表 5.3.3　社区矫正对象早年不幸经历与回归社会程度相关系数

不幸经历	相关系数值	Sig.
1. 父母一方长期患病	0.023	0.634
2. 父母双方长期患病	−0.024	0.633
3. 父母一方去世	0.006	0.904
4. 父母双方去世	0.121 *	0.013
5. 父母一方犯罪	−0.023	0.645
6. 父母双方犯罪	0.068	0.168
7. 离异	−0.066	0.184
8. 休学或辍学	−0.011	0.826
9. 家庭收入很低	0.062	0.211
a 因变量：回归社会综合水平　　*$p<0.05$，＊＊$p<0.01$，＊＊＊$p<0.001$		

　　综上所述，在笔者对社区矫正对象早年的不幸经历所对应的自变量与回归社会程度之间的关系的分析中，"父母双方去世"这一自变量与社区矫正对象回归社会程度之间的关系在相关分析中呈现出具有统计学意义的显著关联；其他自变量与社区矫正对象回归社会程度之间的关系在相关分析中未呈现出具有统计学意义的显著关联。所以，仅有"父母双方去世"这一自变量将被纳入后续的社区矫正对象回归社会综合评价体系。

　　从实务意义角度来看，社区矫正工作者需要重点关注在早年经历过"父母双方去世"与"父母双方犯罪"的社区矫正对象。在这些不幸经历中，对于个体而言，最不幸的经历莫过于"父母双方去世"，在个体 14 周岁之前，其尚处于未成年阶段，这意味着个体变成孤儿，失去了所有至亲，所以，有此经历的社区矫正对象选择"一般"的人比无此经历者多 29.4%，差异非常大。这个群体很可能在未成年时期就面临着比大多数人更少的家庭支持与社会资源的情况，导致他们难以适应主流社会，甚至难以在主流社会上生存下去，在此情形下，他们难免跌落边缘社会中。这种缺乏主流社会资源支持的状况可能会一直延续到成年时期乃至社区矫正时期。社区矫正工作者需要重点关注这类群体的基本生存状况与心理状况。

另一个特别不幸的经历是"父母双方犯罪"，这意味着一个家庭里面的成年人都是罪犯，未成年人不仅有可能延续父母的犯罪观念与行为，而且还会被他人贴上负面标签。这种负面标签带来的污名化效应之程度远超家里仅有一个成年人是罪犯的情况，所以，有此经历的社区矫正对象选择"一般"的人比无此经历者多78.6%%，差异极其大。社区矫正工作者同样需要重点关注这类群体的心理状况。

第四节　个人悔罪态度与回归社会

悔罪在刑事法学领域具有重要地位与重要意义。社区矫正对象的悔罪研究关系到刑罚执行领域的教育改造质量以及他们回归社会的成效。笔者使用西方犯罪学的中立化理论及其测量工具分析了上海市社区矫正对象的悔罪相关指标以及悔罪相关指标与其回归社会程度之间的关系。

一、文献回顾与研究假设

关于罪犯悔罪的社会学研究，最具有代表性的研究是关于犯罪的中立化理论的研究。该理论实质是论述犯罪人如何将犯罪行为合理化的一种理论。美国犯罪学与社会学家马扎和塞克斯在1957年发表的文章中总结了青少年犯将越轨和犯罪行为"中性化"或"合理化"的五类理由。第一，否认越轨或犯罪行为的责任。马扎和塞克斯认为，越轨和犯罪行为都可分有意和无意两类。当它们是无意时，越轨者或犯罪者的责任就会小一些。青少年在解释他们的越轨或犯罪行为时不是将其行为看作有意的，而是将其看作是超出自我控制的外在因素所造成。这些因素包括缺乏关爱他们的父母、贫穷以及坏的伙伴等。在这方面，越轨或犯罪青少年常用的托词包括"他们迫使我这样做""我没有其他选择"。第二，否认越轨或犯罪行为对他人、群体或社区的伤害。在作这类解释时，越轨或犯罪青少年并不否认行为本身，而是辩称该行为没有真正伤害任何人。比如，偷车可能被看作只是暂时的"借用"；帮伙殴打可能被看作仅仅是参与者双方的私人冲突，不危及社区或社会；某人的财产被损坏可能被解释为"受害者足够的富裕"。第三，诋毁受害者。在这种"合理化"解释中，越轨或犯罪行为被看作是受害者应得的。例如，对同性恋或少数民族的攻击被解释为这类人做了他们不应该做的事或到了他们不应该到的地方。常用的辩词包括"他态度不好""他先发起进攻"。第四，责备责备者或执法人。持这种理由的越轨或犯罪者认为，责备他们行为的人本身是越轨者或因私愤而报复者。比如，他们把警察看作是受贿者、愚蠢或蛮横无理的人；把教师看作是常有偏爱而不公正的人。第五，忠实于帮伙。这意味着，越轨或犯罪者把对帮伙的忠诚看作高于对家庭、社区以及社会主流价值观的承诺。因此，当其群体或帮伙要求进行越轨或犯罪行为时，青少年将越轨或犯罪行为看作一种更高的忠诚。"我必须保护我的哥们"是这类"合理化"的常用托词。[1]

中立化理论认为，未成年犯罪人其实了解并认同传统规范和价值。为了减少自己犯罪后的羞愧或罪恶感，便会采用中立化的五种技巧来改变自己的认知。[2]这五种中立化技巧分别是：否认自己的责任（我不是故意的，我只是忍不住）；否认造成伤害（我没有伤害任何人）；否认有被害人（他们是自找的！谁叫他们要在那里出现？谁叫他们要戴珠宝？谁叫他们要穿那么少？）；责备掌权者（大家都只盯着我，其实人人都在犯罪）；诉诸更高情操或权威（我这样做，不是为了自己；在友谊与法律间挣扎——我讲义气、我不能出卖朋友）。[3]

在犯罪过程中采取中立化技巧是否合理，学者就此产生了分歧。中立化理论认为，中立化技巧是未成年人犯罪时所必需的，是用来保护自己，暂时改变自己的内在价值，免于违法后受罪恶感、羞愧心之困的方法。塞克斯发现"个人会潜意识地扭曲事实真相，来为自己的犯罪行为辩护。如此一来，便可以使自我形象免受损害，或使其免受摧残于自责之中"。既然大多数未成年犯罪人都没有表现出对犯罪价值的认同，也不觉得自己是犯罪人，所以他们犯罪时，就必须中立化自己的行为，以减轻内心的罪恶感。[4]"中和技术理

---

〔1〕　参见江山河：《犯罪学理论》，格致出版社、上海人民出版社2008年版，第25页。
〔2〕　参见曹立群、周愫娴：《犯罪学理论与实证》，群众出版社2007年版，第92页。
〔3〕　参见曹立群、周愫娴：《犯罪学理论与实证》，群众出版社2007年版，第92页。
〔4〕　参见曹立群、周愫娴：《犯罪学理论与实证》，群众出版社2007年版，第91页。

论"认为少年犯罪人的犯罪行为就是通过中和技术将其非法行为进行合理化，从而使自己摆脱从童年起就习惯了的道德的结果。[1]但赛克斯和马茨阿认为，这些中立化技巧实际上是法律上可接受的犯罪借口的延伸。赛克斯和卡伦认为，这些技巧不仅助长了未成年人犯罪，对成人犯罪也有一样的影响。在论述他们的理论时，赛克斯和马茨阿十分清楚地表明，中立化技巧是"赞成犯罪的定义"的一个类型，和萨瑟兰论述的差别接触理论所说的一样。但是他们不认同犯罪来自亚文化的主张。亚文化理论认为，青少年成长于含有反对主流文化、反对守法价值的亚文化中，他们很自然地接受了这些价值观，把犯罪当作是一件正当的事情。[2]

赛克斯和马茨阿对未成年犯罪人与未犯罪人在价值观上究竟有无不同方面进行了数据调查，这些数据来自监狱服刑的未成年犯罪人。这些人在接受研究人员访问时，可能想树立"好人"的形象，会尽量表现自己认同传统道德价值的一面，至于是不是真的认同，无从得知。Hin-delang 的研究就发现，未成年犯罪人与未犯罪人在道德价值上的确有差异。他的研究结果显示，未成年犯罪人没有真的罪恶感，因此，他们犯罪也不需要使用任何技巧来中立化自己的犯罪行为。但 Buffalo 和 Rogers 以及 Regoli 和 Poole 的两项研究却发现，受访犯罪人通常宣称自己认同传统的道德价值，在价值观上无异于其他守法者。另外，Yochelson 和 Samenow 的研究发现，无论是多么罪大恶极的犯罪人，他们不会承认自己是犯罪人，却能够轻易地辨认他人的罪行。其他学者曾测试中立化理论的有效性，并找到了支持中立化理论的某些证据。[3]赛克斯和马茨阿在他们合写的《少年犯罪与秘密价值观念》中阐明了地下价值观念体系对少年犯罪行为的促进作用，认为这种价值观念体系有助于青少年将其犯罪行为进行中和。与认为信奉少年犯罪的价值观念引起少年犯罪的社会学观点不同的是，"中和技术理论"主要分析了少年犯罪人在认为少年犯罪行为是错误的和不道德的前提下，如何运用中和技术为自己的行为进行辩护，他们认为自己的少年犯罪活动是"无罪过的"。[4]"在将常规价值观念与犯罪价值

〔1〕 参见刘广三、咸丰刚：《"中和技术理论"与青少年犯罪研究》，载《烟台大学学报（哲学社会科学版）》2005 年第 4 期。

〔2〕 参见曹立群、周愫娴：《犯罪学理论与实证》，群众出版社 2007 年版，第 92 页。

〔3〕 参见曹立群、周愫娴：《犯罪学理论与实证》，群众出版社 2007 年版，第 93 页。

〔4〕 参见吴宗宪：《西方犯罪学史》，警官教育出版社 1997 年版，第 590 页。

观念中和之后，他们便在合法与犯罪行为之间来漂荡，他们也上学，也作为家庭成员参加家庭的正常活动。"[1]美国著名犯罪学家艾伯特·科恩在其著名的少年犯罪亚文化群理论中指出，下层阶级青少年的犯罪行为是对美国中产阶级主流文化中的规范和价值观的一种反抗。[2]这种理论能够解释下层阶级青少年的犯罪行为，却难以解释中上层阶级青少年犯罪的存在。

国内关于悔罪的社会学研究非常少见，但"悔罪"在我国刑事法律制度中占有重要地位，它是每个刑事案件都会涉及的情节。根据《刑法》的规定，悔罪表现、悔改表现是决定是否适用缓刑、假释的实质条件，在司法实践中，悔罪表现是一个量刑的重要酌定情节。[3]何为悔罪，不同的学者有不同的界定。虽然表述上有差异，但是其所要表达的内容是一致的。其主要有以下几个方面：第一，悔罪的主体是实施了犯罪行为的人；第二，悔罪的时间是在实施犯罪行为后；第三，悔罪的内容是认罪并悔改、忏悔，行为人认罪是认定其悔罪的前提条件。[4]在刑法语境里，悔罪包括强制性悔罪与自愿性悔罪两类。强制性悔罪是指在刑事诉讼领域，法院裁定或判决行为人赔礼道歉。《刑法》第37条规定，对于犯罪情节轻微不需要判处刑罚的，可以责令赔礼道歉。自愿性悔罪是指犯罪人在犯罪后或者监禁期间主动认罪悔过。其核心要素在于犯罪人的自愿性悔罪。只有犯罪人真诚、自愿悔罪，才能使被害人因犯罪而遭受的精神损害得到补偿，犯罪人才有可能重新回归社会，被破坏的社会关系才能得到修补。[5]

目前，国内学界对于悔罪的研究，主要集中在刑法学领域，也有少量成果散见于犯罪学与刑罚学领域。在刑法学领域，研究者主要关注定罪量刑之前的悔罪以及两者之间的关系，而犯罪学与刑罚学研究者的关注点并不在此，他们聚焦于犯罪人进入刑罚执行环节后的悔罪心理状态。他们希望直接测量犯罪人的悔罪心理状态以及悔罪程度，赋予犯罪人的悔罪程度对其在行刑过程中的教育改造以及对其未来回归社会的意义。如陈娜在研究社区服刑人员

---

[1] 郭建安：《美国犯罪学的几个基本问题》，中国人民公安大学出版社1992年版，第62页。

[2] 参见吴宗宪：《西方犯罪学史》，警官教育出版社1997年版，第658页。

[3] 参见陈娜：《社区服刑人员悔罪程度及影响因素实证研究——基于上海的问卷调查》，载《法学论坛》2016年第5期。

[4] 参见胥献文：《悔罪影响量刑问题研究》，载《天水行政学院学报》2016年第2期。

[5] 参见王立峰：《论悔罪》，载《中国刑事法杂志》2006年第3期。

（矫正对象）悔罪程度时将社区服刑人员（矫正对象）悔罪意愿具体化为若干指标，利用多元线性回归分析方法对影响社区服刑人员（矫正对象）悔罪程度的相关因素进行了检验，并指出这种思路对于真诚悔罪的司法认定有借鉴意义。[1]又如李光勇以犯罪学的中立化理论对监狱服刑人员的悔罪程度及其影响因素开展了深入的分析。[2]陈卓生等人采用了"中国罪犯个性分测验"分别对第一次入狱和重复犯罪的罪犯开展测量，发现重复犯罪罪犯在犯罪思维模式方面的得分显著高于第一次入狱罪犯，表明重复犯罪罪犯的犯罪思想在前一次服刑中未被改造过来，反而更为强烈，其主观恶性更深，更难以改造。[3]陈伟民则运用质性研究方法对正在监狱服刑的暴力罪犯的认罪悔罪态度开展了研究。通过深度访谈，他发现这些暴力罪犯中有一部分人并不认罪悔罪。具体表现为有的罪犯认为判决过重，甚至认为是被冤枉的；也有的罪犯对判决持无所谓的态度，不为自己的犯罪行为感到后悔；还有的罪犯将原因归结为被害人、"对法律不太懂"。陈伟民进一步指出，如果罪犯将犯罪归因于生活所迫、他人挑衅，虽然很可能也是客观事实，但是，却无助于个人的教育改造和出狱后的社会适应，而良好的认罪悔罪态度、积极的改造态度、服刑期间出现积极变化是服刑期间主要的保护性因素，也可能预示着出狱后重新犯罪风险的降低。[4]

立足于以上文献回顾，笔者认为，社区矫正对象悔罪态度与其回归社会程度存在联系。从已有研究成果来看，罪犯是否悔罪，实质是他们究竟是承认还是否认自己的犯罪行为以及这种行为导致的后果及其产生的需要其承担的责任。笔者在实地调查中，的确遇到一些中立化自己罪行的社区矫正对象，有的人员认为自己只不过是自卫导致了犯罪；有的对象认为别人都这样做，如偷税漏税，自己被抓住了是自己运气不好；有的人认为是别人有错在先，自己是为了捍卫自己的合法权益，如当事人将他人拘禁起来索要欠款；有的人认为自己是被冤枉的，但是说出来的理由却不合法且不合情理。虽然这些

〔1〕 参见陈娜：《社区服刑人员悔罪程度及影响因素实证研究——基于上海的问卷调查》，载《法学论坛》2016年第5期。

〔2〕 参见李光勇：《监狱罪犯悔罪程度与影响因素实证研究——以犯罪学的中立化理论为框架》，载《中国监狱学刊》2022年第4期。

〔3〕 参见陈卓生等：《重复犯罪罪犯人格特征分析》，载《中国心理卫生杂志》2005年第3期。

〔4〕 参见陈伟民：《暴力罪犯认罪悔罪问题研究》，载《犯罪与改造研究》2016年第2期。

社区矫正对象被判刑的原因各不相同，但是都有同样的态度，即不认罪、不悔罪，中立化自己的罪行。笔者推论，不悔罪的社区矫正对象应该对判刑持不满态度，其回归社会程度应该会比较低。两者之间应该存在关联。鉴于此，笔者将社区矫正对象的悔罪态度作为本研究的自变量，将社区矫正对象回归社会程度的总分作为因变量，提出如下研究假设：

研究假设：社区矫正对象的悔罪态度与其回归社会程度之间显著相关。

二、悔罪态度变量设置与测量方法

根据笔者对以往研究成果所作的分析，笔者将社区矫正对象回归社会程度的总分作为因变量，将社区矫正对象的悔罪态度作为自变量。接下来，笔者将悔罪态度操作为 8 个自变量，每个自变量都被设置成符合相关分析的二分变量，具体变量设置方法如下表所示。

表 5.4.1 悔罪态度自变量设置表

悔罪态度	选项或取值	变量层次
1. 不懂法律而犯罪，应该被原谅。	①同意＝0 ②不同意＝1	二分变量
2. 只要无人受害，犯罪也没关系。	①同意＝0 ②不同意＝1	二分变量
3. 被害人是坏人，犯罪应该被原谅。	①同意＝0 ②不同意＝1	二分变量
4. 社会不公正，犯罪是逼不得已。	①同意＝0 ②不同意＝1	二分变量
5. 为了帮朋友，可以犯罪。	①同意＝0 ②不同意＝1	二分变量
6. 平常守法的人如果犯罪，可以被原谅。	①同意＝0 ②不同意＝1	二分变量
7. 从不撒谎的人犯罪，可以被原谅。	①同意＝0 ②不同意＝1	二分变量
8. 要想过上好日子，可以犯罪。	①同意＝0 ②不同意＝1	二分变量

三、悔罪态度与回归社会程度之间的描述性交叉分析

表 5.4.2 显示了社区矫正对象在社区矫正期间的悔罪态度各个指标与其回归社会程度之间的交叉关系。从统计数据来看，所有悔罪态度对应的指标在"非常低"与"比较低"两个选项维度上的比例均非常小，基本上可以忽

略不计。剩下三个选项"一般""比较高""非常高"中，可以将"一般"作为一个维度，将"比较高"和"非常高"均看作"高"，那么，我们就可以仅仅通过比较"一般"选项维度对应的数据大小，来判断相关社区矫正对象回归社会程度的高低。在"一般"选项上的百分比数字越大，说明在"高"选项上的数字越小，也说明回归社会程度更低。

那么，从表5.4.2中，我们发现，在"一般"这一列中，"同意"相关悔罪态度指标的社区矫正对象与"不同意"相关悔罪态度指标的社区矫正对象所对应的比例之间差异较大的自变量有"只要无人受害，犯罪也没关系""从不撒谎的人犯罪，可以被原谅"，差异均超过10%。

其中，在"只要无人受害，犯罪也没关系"方面，"同意"此悔罪态度指标的社区矫正对象自我感觉回归社会程度"一般"的人要比"不同意"此悔罪态度指标的社区矫正对象多21.3%，差异比较大，说明"同意"此悔罪态度指标的社区矫正对象自我感觉的回归社会程度要比"不同意"此悔罪态度指标的社区矫正对象更低。在"从不撒谎的人犯罪，可以被原谅"方面，"同意"此悔罪态度指标的社区矫正对象自我感觉回归社会程度"一般"的人要比"不同意"此悔罪态度指标的社区矫正对象少10.3%，差异明显，说明"同意"此悔罪态度指标的社区矫正对象自我感觉的回归社会程度要比"不同意"此悔罪态度指标的社区矫正对象更高，与常识相悖。

表5.4.2　社区矫正对象早年不幸经历与回归社会程度交叉分析表

悔罪态度	选项	非常低	比较低	一般	比较高	非常高	合计
1. 不懂法律而犯罪，应该被原谅。	同意	0.6%	0.0%	26.3%	28.1%	45.0%	100.0
	不同意	1.3%	0.6%	21.2%	28.2%	48.7%	100.0
2. 只要无人受害，犯罪也没关系。	同意	0.0%	0.0%	44.4%	11.1%	44.4%	100.0
	不同意	1.0%	0.3%	23.1%	28.7%	46.9%	100.0
3. 被害人是坏人，犯罪应该被原谅。	同意	1.8%	0.0%	26.3%	28.1%	43.9%	100.0
	不同意	0.8%	0.4%	23.2%	28.2%	47.5%	100.0
4. 社会不公正，犯罪是逼不得已。	同意	3.6%	0.0%	25.0%	28.6%	42.9%	100.0
	不同意	0.7%	0.3%	23.6%	28.1%	47.2%	100.0

续表

悔罪态度	选项	非常低	比较低	一般	比较高	非常高	合计
5. 为了帮朋友，可以犯罪。	同意	0.0%	0.0%	20.0%	40.0%	40.0%	100.0
	不同意	1.0%	0.3%	23.8%	28.0%	46.9%	100.0
6. 平常守法的人犯罪，可以被原谅。	同意	0.0%	0.0%	26.5%	25.0%	48.5%	100.0
	不同意	1.2%	0.4%	23.0%	29.0%	46.4%	100.0
7. 从不撒谎的人犯罪，可以被原谅。	同意	1.4%	1.4%	15.7%	28.6%	52.9%	100.0
	不同意	0.8%		26.0%	28.0%	45.1%	100.0
8. 要想过上好日子，可以犯罪。	同意	0.0%	0.0%	28.6%	42.9%	28.6%	100.0
	不同意	1.0%	0.3%	23.6%	27.8%	47.2%	100.0

四、悔罪态度与回归社会程度之间的解释性相关分析

社区矫正对象在社区矫正期间的悔罪态度各个指标与其回归社会程度之间是否有显著的关联？笔者采用相关分析方法来检验两者之间的关系。在此分析中，自变量是一些与悔罪态度直接相关的指标，因变量是社区矫正对象回归社会程度综合水平的总分。表 5.4.3 显示，在社区矫正期间的悔罪态度的各个指标与回归社会程度之间的相关分析结果中，所有自变量对应的 Sig. 均大于 0.05，都没有统计学上的意义，证明两者之间没有显著的关联。

表 5.4.3　社区矫正对象悔罪态度与回归社会程度相关系数

悔罪态度	相关系数值	Sig.
1. 不懂法律而犯罪，应该被原谅。	0.032	0.574
2. 只要无人受害，犯罪也没关系。	0.038	0.496
3. 被害人是坏人，犯罪应该被原谅。	0.039	0.486
4. 社会不公正，犯罪是逼不得已。	0.044	0.431
5. 为了帮朋友，可以犯罪。	−0.001	0.992
6. 平常守法的人如果犯罪，可以被原谅。	−0.015	0.796
7. 从不撒谎的人犯罪，可以被原谅。	−0.063	0.262

悔罪态度	相关系数值	Sig.
8. 要想过上好日子，可以犯罪。	0.034	0.550
a 因变量：回归社会综合水平　*p<0.05，**p<0.01，***p<0.001		

综上所述，在笔者对社区矫正对象悔罪态度变量与回归社会程度之间的关系的分析中，所有自变量与社区矫正对象回归社会程度之间的关系在相关分析中未呈现出具有统计学意义的显著关联。所有自变量都将不被纳入后续的社区矫正对象回归社会综合评价体系。

从实务意义角度来看，社区矫正工作者需要加强对相关社区矫正对象悔罪意识的教育工作。从交叉分析的结果来看，依然有一部分社区矫正对象并未充分认识到自己所犯罪行对他人以及社会造成的危害，依然存在否认罪行的情形。在实地调查中，笔者发现诈骗类社区矫正对象的悔罪意识尤其薄弱。诈骗类社区矫正对象被认为，他们虽然表面上认罪，但是内心的悔罪意识比较淡薄，更加难说他们有悔改的意识。原因主要有：有的诈骗类社区矫正对象在矫正期间很难改变好逸恶劳的习惯，当他们需要金钱的时候，很容易再次实施诈骗行为；有的诈骗类社区矫正对象在矫正期间依然认为，自己能够将其他人的钱财骗到手能够证明自己头脑聪明，即不以为耻反以为荣；有的诈骗类社区矫正对象在矫正期间依然觉得自己不是存心实施诈骗行为，而是自己在不知情的情况下受到牵连，自己是无辜的；有的诈骗类社区矫正对象故意隐瞒自己个人信息；有的诈骗类社区矫正对象会想方设法请假达到不参加社区矫正规定的社区服务与集中教育的目的，他们总是绞尽脑汁地找各种理由，能逃掉一次活动就尽量逃掉。可见这些诈骗类社区矫正对象实际上在内心深处并未悔罪。

虽然"每个人都会改变，每个人都可以变得更好"是社会工作的重要价值观之一，但是，社区矫正工作者还是认为诈骗类社区矫正对象难以矫正。这些社区矫正对象这样做的目的可能的确是像中立化理论指出的一样，是推卸责任，减轻自己的心理压力；或者他们认为没有进监狱服刑就意味着即便违反社区矫正规定也什么大不了的，但是，只要社区矫正对象不能从内心真正承担起因自己犯罪而造成的危害所对应的责任，他们的观念和行为就难以得到真正的矫正，也难以实现真正意义上的回归社会。

社区矫正对象回归社会的中观影响因素

从社会学的角度来看，中观因素是指介于微观层面与宏观层面的因素，微观层面的因素涉及个人自身的各种特征。宏观层面的因素则是指社会整体因素，如社会经济发展水平、文化因素、规范与制度因素。中观层面的因素就是家庭、朋友圈、学校、就业单位以及由就业引申出的个人的经济条件或经济环境这些由不同的群体或组织组成的聚合体。人是社会性的个体，是所有社会交往和社会关系的总和，个人的行为、态度离不开这些聚合体，否则个体难以获得生存与发展的资源。在以往的诸多研究成果中，这些中观因素被认为是生活环境因素，这些个人赖以生存的生活环境通常被划分为家庭环境、学校环境、朋友圈环境以及就业状况。就业状况很少被称为就业环境，虽然就业实际上很大程度也是一种工作环境。笔者认为，个人在就业环境中主要依据自己的人力资源获取经济收入，以此维持或提升自己的经济条件，而就业单位中的人际关系并不是重要因素，也少有人关注就业机构或组织中人与人之间的关系质量，因此，笔者将就业环境变换成"经济条件"。经济条件不属于个人层面的微观因素，也不是制度、文化层面的宏观因素，应该能够被归于中观因素。因此，笔者认为，在本研究中，在社区矫正对象回归社会的过程中，家庭、学校、朋友圈、经济条件都可能对其回归社会有所影响。

第一节 早年家庭环境与回归社会

家庭是一个人成长、获取知识以及性格养成的起点，家庭对一个人的人格养成有着至关重要的作用。在家庭中，不仅是家庭成员间互相产生影响，家庭的经济状况、周边环境等，也都影响着家庭成员的人格发展。在社会学话语体系中，家庭是个人早年即 14 周岁前的成长经历中的第一个社会化场所。个人能否顺利适应未来的社会生活，家庭对其的影响或作用至关重要。

一、文献回顾与研究假设

国外的犯罪学者一直都非常重视个体在其生命历程早期即 14 周岁之前的生活环境对其犯罪的影响。个体早期的生活环境通常被划分为家庭环境、学校环境、伙伴环境以及经济条件。这些环境基本上涵盖了个体 14 周岁之前的主要生活环境。在家庭环境方面，犯罪学者重点关注父母对儿童违法犯罪的影响。在过去的二十多年中，犯罪学者非常重视从家庭角度解释儿童违法犯罪问题。其中，赫希在他的著作《少年犯罪原因探讨》一书中提出了社会控制理论。他的这一理论的完整性超越了各种控制理论的分支。赫希立足于对问卷数据资料的分析，指出了青少年偏差行为或犯罪行为与家庭、学校、伙伴之间的关系。赫希的基本主张可以简单地用一句话来概述其精髓："未成年人犯罪是天生的，循规蹈矩却是后天塑造出来的。"从此之后，赫希的社会控制理论成为犯罪学的主要理论之一。赫希的社会控制理论中的四大要素的第一个约束的就是依附，依附是指个人对家人、亲友、师长等"重要他人"所产生的感情联系，其中对父母的情感依附最为重要，即使父母分居或离婚，只要孩子依然深爱父母一方或双方，只要孩子对父母的情感依附度高，就不容易犯罪。[1]

除此之外，还有罗伯特·桑普森与约翰·劳布的非正式家庭社会控制理论。他们提出的非正式家庭社会控制理论认为，家庭过程变量与青少年违法犯罪状况有着非常强的直接关联。他们的研究模型吸收了社会控制理论、强制理论与"再融入蒙羞"理论的核心思想。他们的研究模型着眼于纪律、看护和依恋三个维度，在他们提出这个多维度研究模型之前，几乎没有人在研究中同时提及这些维度。因此，他们的研究模型有助于评估家庭过程中的各种变量对青少年违法犯罪与否的解释力。他们指出，要理解非正式家庭社会控制理论的纪律、看护和依恋这三个组成部分，关键在于理解这三个因素在多大程度上将孩子与家庭、社会联系了起来。这些联系的纽带有情感依恋、

---

〔1〕 参见曹立群、周愫娴：《犯罪学理论与实证》，群众出版社 2007 年版，第 187~189 页。

看护、直接控制与惩罚等。为了理解孩子与家庭、社会的这些联系，他们提出了四个研究假设：第一，来自父母的偏执的、严苛的、威胁性的和惩罚性的管教会增加青少年违法犯罪的可能性；第二，父母管教程度很低会增加青少年违法犯罪的可能性；第三，父母对孩子的拒斥会增加青少年违法犯罪的可能性；第四，孩子对父母的情感依恋程度低会增加青少年违法犯罪的可能性。罗伯特·桑普森与约翰·劳布使用哈佛大学犯罪学家谢尔登·格鲁克与伊琳娜·格鲁克夫妇在 1939 年到 1948 年间对美国马萨诸塞州 500 名违法犯罪男孩和 500 名非违法犯罪男孩所进行的从儿童至成年时期的跟踪研究所收集到的数据资料证实了他们提出的假设。比如，偏执的培养方式、威胁的培养方式在孩子的养育过程中出现频率很低的时候，孩子报告的对父母的依恋指数就高（r=-0.29 和-0.24，p<0.05）。母亲的看护和孩子对父母的依恋呈正相关关系（r=0.38，p<0.05），但和父母的偏执、威胁性的教育方式呈负相关关系（r=-0.047，p<0.05）。在某一家庭里，如果母亲对孩子的培育不负责任，并且呈现出严苛的、威胁性的教育方式，那么父亲也呈现出了相同的倾向（r=0.52，p<0.05）。在官方记载的违法犯罪中，83% 的处于低监管状态的儿童有违法犯罪行为，而对于高监管状态的儿童，这个比例是 10%，前者是后者的 8 倍（gamma=-0.84）；在非官方记载的违法犯罪数据中，这个比例达到了 10 倍。父母对孩子的拒斥如不闻不问或敌意以及孩子对父母的缺乏依恋，既与官方记载的违法犯罪紧密相关，也与非官方记载的违法犯罪紧密相关。[1]这些检验结果都符合罗伯特·桑普森与约翰·劳布的理论预期。

国内也有很多学者对家庭与未成年人犯罪的关系开展了研究。根据心理学中的"社会控制理论"可知，父母的管教和约束是未成年人与家庭社会建立正常关系不可缺少的纽带。作为未成年人生活和成长的最主要场所，健康的家庭环境可以帮助他们形成健康的人格，而不良的家庭环境会影响未成年人的身心健康，导致孩子误入歧途，最终诱发其犯罪。[2]

杨江澜和王鹏飞通过问卷调查发现普通未成年人与未成年犯在亲子关系方面存在显著差异，在父母亲主动性沟通方面，普通未成年人比未成年犯所

---

〔1〕　See Robert J. Sampson, John H. Laub, *Crime in the Making: Pathways and Turning Points through Life*, Harvard University Press, 1993, pp. 66-79.

〔2〕　参见 ［美］特拉维斯·赫希：《少年犯罪原因探讨》，吴宗宪等译，中国国际广播出版社 1997 年版，第 47 页。

处家庭关系要好，父母对孩子的主动性沟通更加积极，孩子对父母的评价更高。普通未成年人和未成年犯在家庭功能方面具有显著差异，未成年犯在成长过程中面临着家庭功能的巨大缺失。良好的亲子关系是预防未成年人犯罪的重要因素，完善的家庭功能可以预防未成年人犯罪行为的发生，适度的父母监护和家庭支持是预防未成年人犯罪的重要因素。[1]

国内另一位犯罪学者孔一的研究也具有典型意义。孔一指出，他的研究目的是测量刑满释放人员的重新犯罪风险，他在研究中设置了实验组与对照组，其中实验组是2005年1月1日至2005年12月31日期间出狱的5年内重新犯罪的313名浙江籍刑释人员；对照组是同一时期出狱的5年内未重新犯罪的288名浙江籍刑释人员。孔一使用SPSS统计软件检验再犯组与未再犯组之间是否存在显著性差异。检验的方式为对定类、定序变量进行卡方（X^2）检验，对定距、定比变量进行平均数方差分析。研究发现，重新犯罪人与未重新犯罪人在14周岁之前，其父母关系存在显著差异；父亲教育方式存在显著差异；母亲教育方式存在显著差异。[2]

上述文献表明，不管是国外还是国内，研究者们得到了高度一致的研究结论，即不良家庭环境因素对个人在未成年时期以及成年后的越轨犯罪都具有重要的影响。由此，笔者推论，社区矫正对象个人早年的家庭环境与他们社区矫正期间的回归社会程度有重要关联。既有的研究成果充分展示了父母对孩子的不追踪、不关心，对孩子不恰当的教育方式尤其是暴力与冷漠等不良管教方式容易导致孩子走上偏差与越轨之路。那么，社区矫正对象早年家庭环境因素究竟对他们成年之后的回归社会程度有无显著关联？由于暂无这方面的研究成果，笔者将在下文进行分析。鉴于此，笔者将社区矫正对象的14周岁前的家庭环境因素作为本研究的自变量，将社区矫正对象回归社会程度的总分作为因变量，提出如下研究假设：

研究假设：社区矫正对象的14周岁前的家庭环境与其回归社会程度之间显著相关。

---

〔1〕 参见杨江澜、王鹏飞：《未成年人犯罪的家庭影响因素分析》，载《中国青年研究》2017年第3期。

〔2〕 参见孔一：《犯罪及其治理实证研究》，法律出版社2012年版，第208~209页。

二、早年家庭环境变量设置与测量方法

根据笔者对以往研究成果所作的分析，笔者将社区矫正对象回归社会程度的总分作为因变量，将社区矫正对象的 14 周岁前的家庭环境因素作为自变量。接下来，笔者将此家庭环境因素操作为 3 个自变量，每个自变量都被设置成符合相关分析的二分变量或连续变量，具体变量设置方法如下表所示。

表 6.1.1　社区矫正对象早年家庭环境自变量设置表

家庭环境	选项或取值		变量层次
1. 家长教育方式是否恰当	①不恰当 = 0	②恰当 = 1	二分变量
2. 家长通常是否知道子女交友情况	①通常不知道 = 0	②通常知道 1	二分变量
3. 家长是否认为自己是好孩子	①不认为 = 0	②认为 = 1	二分变量

三、早年家庭环境与回归社会程度之间的描述性交叉分析

表 6.1.2 显示了社区矫正对象早年的家庭环境因素与其回归社会程度之间的交叉关系。从统计数据来看，所有家庭环境对应的指标在"非常低"与"比较低"两个选项维度上的比例均非常小，基本上可以忽略不计。剩下三个选项"一般""比较高""非常高"中，可以将"一般"作为一个维度，将"比较高"和"非常高"均看作"高"，那么，我们就可以仅仅通过比较"一般"选项维度对应的数据大小，来判断相关社区矫正对象回归社会程度的高低。在"一般"选项上的百分比数字越大，说明在"高"选项上的数字越小，也说明回归社会程度更低。

那么，我们从表 6.1.2 中可以发现，在"一般"这一列中，三个早年家庭环境指标对应的问题中，作否定回答的社区矫正对象的比例均要明显大于作肯定回答的社区矫正对象。如从"家庭教育方式是否恰当"这一问题来看，认为"不恰当"的社区矫正对象要比认为"恰当"社区矫正对象对应的比例高出 20.6 个百分点。从"家长通常是否知道子女交友情况"这一问题来看，认为"不知道"的社区矫正对象要比认为"知道"社区矫正对象对应的比例高出 17.5 个百分点。从"家长是否认为自己是好孩子"这一问题来看，认为

"不认为"的社区矫正对象要比认为"认为"的社区矫正对象对应的比例高出 17.7 个百分点。这些统计结果均与常识一致。

表 6.1.2　社区矫正对象早年家庭环境与回归社会程度交叉分析表

家庭环境	选项	非常低	比较低	一般	比较高	非常高	合计
1. 家长教育方式是否恰当	不恰当	2.7%	1.4%	39.2%	23.0%	33.8%	100.0
	恰当	0.9%	0.3%	18.6%	30.6%	49.7%	100.0
2. 家长通常是否知道子女交友情况	不知道	2.3%	1.2%	36.0%	30.2%	30.2%	100.0
	知道	0.9%	0.3%	18.5%	28.9%	51.5%	100.0
3. 家长是否认为自己是好孩子	不认为	0.0%	0.0%	38.1%	28.6%	33.3%	100.0
	认为	0.8%	0.5%	20.4%	28.6%	49.6%	100.0

四、早年家庭环境与回归社会程度之间的解释性相关

社区矫正对象早年家庭环境的各个指标与其回归社会程度之间是否有显著的关联？笔者采用相关分析方法来检验两者之间的关系。在此分析中，自变量是一些与早年家庭环境直接相关的指标，因变量是社区矫正对象回归社会程度综合水平的总分。表 6.1.3 显示，在社区矫正对象早年的家庭环境对应的各个指标与回归社会程度之间的相关分析结果中，自变量"家长教育方式是否恰当"与"家长通常是否知道子女交友情况"对应的 Sig. <0.05，具有统计学上的意义，证明两者之间具有显著关联。具体而言，根据 Pearson's 相关系数分析得知，"家长教育方式是否恰当"这一自变量与回归社会程度之间的相关系数为 0.191（$p = 0.000$），达到显著水平，表示社区矫正对象如果认为在其早年时期"家长教育方式恰当"的话，他们的回归社会程度会更高。"家长通常是否知道子女交友情况"这一自变量与回归社会程度之间的相关系数为 0.205（$p = 0.000$），达到显著水平，表示社区矫正对象如果认为在其早年时期"家长通常知道自己交友情况"的话，他们的回归社会程度会更高。其他的自变量与回归社会程度之间的相关程度不具有统计学上的意义。

表 6.1.3　社区矫正对象早年家庭环境与回归社会程度相关系数

家庭环境	相关系数值	Sig.
1. 家长教育方式是否恰当	0.191＊＊＊	0.000
2. 家长通常是否知道子女交友情况	0.205＊＊＊	0.000
3. 家长是否认为自己是好孩子	0.080	0.088
a 因变量：回归社会综合水平　＊p<0.05，＊＊p<0.01，＊＊＊p<0.001		

综上所述，在笔者对社区矫正对象早年家庭环境与回归社会程度之间的关系的分析中，自变量“家长教育方式是否恰当”与“家长通常是否知道子女交友情况”与社区矫正对象回归社会程度之间的关系在相关分析中呈现出具有统计学意义的显著关联。这两个自变量将被纳入后续的社区矫正对象回归社会综合评价体系。

从实务意义角度来看，社区矫正工作者在开展工作的过程中需要询问社区矫正对象在早年时期的家长教育方式与家长通常是否知晓其交友情况等问题。家长的教育方式有民主型、专制型、溺爱型、忽略型、温和型、霸道型等，其中，民主型与温和型是良好的、恰当的教育方式。实际上，家长教育方式也从某个角度反映了家庭中的亲子关系融洽度。在良好而恰当的家庭教育模式对应的家庭环境中，亲子关系往往比较融洽，亲子之间的沟通往往比较顺畅。当子女被判刑后，父母也能够对孩子更加包容，科学地看待此事，并帮助孩子走出人生的至暗时刻。而在不良的家庭环境中，亲子关系往往比较紧张，冲突不断。在孩子被判刑后，难以良性沟通，往往会对孩子倍加斥责，这种不恰当的教育方式会延缓孩子回归社会的进程。在社区矫正对象早年时期就非常关注孩子交友情况的家长，往往属于具有高度责任心的家长。这种类型的家长，愿意在孩子身上投入时间和精力。虽然孩子误入犯罪歧途，但是这种类型的家长往往会愿意在帮助孩子回归社会方面花更多时间和精力。这种类型的家长会促进孩子尽早回归社会。

第二节　社区矫正期间家庭环境与回归社会

家庭是一个人成长、获取知识以及性格养成的起点，家庭对一个人的人格养成有着至关重要的作用。在家庭中，不仅是家庭成员间互相产生影响，家庭的经济状况、周边环境等，也都影响着家庭成员的人格发展。在社会学话语体系中，家庭不仅是个人成长经历中的第一个社会化场所，而且是个人成年之后最为重要的生活场所。个人能否顺利适应当前和未来的社会生活，家庭对其的影响或作用至关重要。

一、文献回顾与研究假设

本部分的文献回顾与上文中的 14 周岁前家庭环境的文献回顾基本一致，即上文中已经回顾赫希在他的著作《少年犯罪原因探讨》一书中提出的社会控制理论。他认为子女对父母的情感依附最为重要，即使父母分居或离婚，只要孩子依然深爱父母一方或双方，只要孩子对父母的情感依附度高，就不容易犯罪。[1] 同样，罗伯特·桑普森与约翰·劳布的非正式家庭社会控制理论认为，家庭过程变量与青少年违法犯罪状况有着非常强的直接关联。[2]

人是一切社会关系的总和，社会关系是社会的根本特征，任何人都不能离开社会关系而单独生存。而家庭是基于血亲关系而自然形成的个人人际联系最为紧密的小组织，是社会最小的细胞。家庭既然是联系最为紧密的组织，那么家庭中的人与人之间充分了解，非常熟悉，彼此之间的互相依赖程度与互相支持程度自然最为深刻。

我国著名社会学家费孝通先生曾经对中国人的社会交往与人际关系进行过深入研究，并且提出了著名的"差序格局"理论。他认为，中国人的人际关系的实质可以用这样一幅图景呈现：将一颗石子扔进平静的水面，水面就会泛起一圈一圈的波纹。这些波纹都以这颗石子为圆心，形成数个同心圆。在这样一幅图景中，每个人都是圆心，离圆心最近的那一个圆圈就是家庭，家庭中有祖父祖母、父母和亲兄弟姐妹这些家人，第二圈是亲戚，包括伯伯叔叔舅舅姑妈姨妈以及堂兄弟姐妹与表兄弟姐妹，第三圈可能是朋友，如此类推，构成了中国人人际交往的图景。联结这些同心圆的根本因素就是血缘关系。血缘关系越近，圆圈离圆心越近，圆圈越小。血缘关系越远，圆圈离圆心越远，圆圈越大。即血缘关系决定了人际关系的亲疏远近。很显然，家

---

〔1〕 参见曹立群、周愫娴：《犯罪学理论与实证》，群众出版社 2007 年版，第 187~189 页。

〔2〕 See Robert J. Sampson, John H. Laub, *Crime in the Making: Pathways and Turning Points through Life*, Harvard University Press, 1993, pp. 66-79.

庭是每个人最亲密的人际圈子，也是血缘关系最浓的亲属圈子。从物质资源与精神资源方面来看，在同心圆中，越靠近圆心的圆圈涉及的人群，越会提供给同心圆即自己更多的资源和支持，包括物质资源或支持与精神资源或支持。

正因为家庭不管是对未成年人还是对成年人的生活都具有非常重要的影响，笔者推论，社区矫正对象社区矫正期间的家庭环境与他们社区矫正期间的回归社会程度有重要关联。一些被适用社区矫正的对象是否被家人接纳对他们回归社会理应具有重要的促进或者阻碍作用。那么，社区矫正对象社区矫正期间的家庭环境因素究竟与他们在社区矫正期间的回归社会程度有无显著关联？由于暂无这方面的实证研究成果，笔者将在下文进行分析。鉴于此，笔者将社区矫正对象社区矫正期间的家庭环境因素作为本研究的自变量，将社区矫正对象回归社会程度的总分作为因变量，提出如下研究假设：

研究假设：社区矫正对象社区矫正期间的家庭环境与其回归社会程度之间显著相关。

二、社区矫正期间家庭环境变量设置与测量方法

根据笔者对以往研究成果所作的分析，笔者将社区矫正对象回归社会程度的总分作为因变量，将社区矫正对象社区矫正期间的家庭环境作为自变量。接下来，笔者将此家庭环境因素操作为 6 个自变量，每个自变量都被设置成符合相关分析的二分变量或连续变量，具体变量设置方法如下表所示。

表 6.2.1　社区矫正期间家庭环境自变量设置表

家庭环境	选项或取值	变量层次
1. 总体上与父母的关系	①不好 = 0　②好 = 1	二分变量
2. 父亲在您生命中的重要程度	①不重要 = 0　②重要 = 1	二分变量
3. 母亲在您生命中的重要程度	①不重要 = 0　②重要 = 1	二分变量
4. 父亲是否认为您是坏人	①认为 = 0　②不认为 = 1	二分变量
5. 母亲是否认为您是坏人	①认为 = 0　②不认为 = 1	二分变量
6. 家人中有几人有过犯罪经历	数值	连续变量

三、社区矫正期间家庭环境与回归社会程度之间的描述性交叉分析

表6.2.2显示了社区矫正对象在社区矫正期间的家庭环境因素与其回归社会程度之间的交叉关系。从统计数据来看，社区矫正期间家庭环境对应的指标在"非常低"这一列中有四个指标对应的肯定回答与否定回答之间的差异非常明显，分别是"总体上与父母的关系""父亲在您生命中的重要程度""母亲在您生命中的重要程度""父亲是否认为您是坏人"。

从"总体上与父母的关系"这一指标来看，认为自己在社区矫正期间与父母关系不好的社区矫正对象，有12.5%的人认为自己回归社会的程度非常低，比认为自己在社区矫正期间与父母关系好的社区矫正对象对应的比例要高出11.7个百分点，差异明显。

从"父亲在您生命中的重要程度"这一指标来看，在社区矫正期间认为父亲在自己生命中的重要程度比较低的社区矫正对象，有20.0%的人认为自己回归社会的程度非常低，比在社区矫正期间认为父亲在自己生命中的重要程度比较高的社区矫正对象对应的比例高出19.2个百分点，差异明显。

从"母亲在您生命中的重要程度"这一指标来看，在社区矫正期间认为母亲在自己生命中的重要程度比较低的社区矫正对象，有14.3%的人认为自己回归社会的程度非常低，比在社区矫正期间认为母亲在自己生命中的重要程度比较高的社区矫正对象对应的比例高出13.5个百分点，差异明显。

从"父亲是否认为您是坏人"这一指标来看，在社区矫正期间认为父亲认为自己是坏人的社区矫正对象，有9.1%的人认为自己回归社会的程度非常低，比在社区矫正期间认为父亲不认为自己是坏人的社区矫正对象对应的比例高出8.2个百分点，差异明显。

表6.2.2　社区矫正对象矫正期间家庭环境与回归社会程度交叉分析表

家庭环境	选项	非常低	比较低	一般	比较高	非常高	合计
1. 总体上与父母的关系	不好	12.5%	0.0%	37.5%	37.5%	12.5%	100.0
	好	0.8%	0.3%	18.1%	29.5%	51.4%	100.0

家庭环境	选项	非常低	比较低	一般	比较高	非常高	合计
2. 父亲在您生命中的重要程度	不重要	20.0%	0.0%	20.0%	20.0%	40.0%	100.0
	重要	0.8%	0.3%	20.8%	29.6%	48.6%	100.0
3. 母亲在您生命中的重要程度	不重要	14.3%	0.0%	42.9%	28.6%	14.3%	100.0
	重要	0.8%	0.3%	20.5%	29.4%	49.1%	100.0
4. 父亲是否认为您是坏人	认为	9.1%	0.0%	27.3%	18.2%	45.5%	100.0
	不认为	0.9%	0.3%	18.5%	29.9%	50.4%	100.0
5. 母亲是否认为您是坏人	认为	0.0%	0.0%	33.3%	50.0%	16.7%	100.0
	不认为	0.8%	0.3%	18.5%	29.3%	50.8%	100.0
6. 家人中是否有人有过犯罪经历	有	0.0%	4.2%	16.7%	29.2%	50.0%	100.0
	无	1.2%	.2%	22.5%	29.1%	46.9%	100.0

四、社区矫正期间家庭环境与回归社会程度之间的解释性相关分析

社区矫正对象在社区矫正期间其家庭环境的各个指标与其回归社会程度之间是否有显著的关联？笔者采用相关分析方法来检验两者之间的关系。在此分析中，自变量是一些与社区矫正期间家庭环境直接相关的指标，因变量是社区矫正对象回归社会程度综合水平的总分。

表6.2.3显示，在社区矫正对象社区矫正期间家庭环境对应的各个指标与回归社会程度之间的相关分析结果中，自变量"总体上与父母的关系"与"母亲在您生命中的重要程度"对应的 Sig. <0.05，具有统计学上的意义，证明两者之间具有显著关联。具体而言，根据 Pearson's 相关系数分析得知，"总体上与父母的关系"这一自变量与回归社会程度之间的相关系数为 0.158（p = 0.002），达到显著水平，表示社区矫正对象如果认为自己"总体上与父母的关系"好的话，他们的回归社会程度会更高。"母亲在您生命中的重要程度"这一自变量与回归社会程度之间的相关系数为 0.149（p = 0.003），达到显著水平，表示社区矫正对象如果认为"母亲在自己生命中的重要程度"高的话，他们的回归社会程度会更高。其他的自变量与回归社会程度之间的相

关程度不具有统计学上的意义。

表 6.2.3　社区矫正期间家庭环境与回归社会程度相关系数

家庭环境	相关系数值	Sig.
1. 总体上与父母的关系	0.158＊＊	0.002
2. 父亲在您生命中的重要程度	0.085	0.093
3. 母亲在您生命中的重要程度	0.149＊＊	0.003
4. 父亲是否认为您是坏人	0.076	0.147
5. 母亲是否认为您是坏人	0.069	0.183
6. 家人中是否有人有过犯罪经历	0.012	0.798

a 因变量：回归社会综合水平　　＊$p<0.05$，　＊＊$p<0.01$，　＊＊＊$p<0.001$

　　综上所述，在笔者对社区矫正对象社区矫正期间家庭环境与回归社会程度之间的关系的分析中，自变量"总体上与父母的关系""母亲在您生命中的重要程度"与社区矫正对象回归社会程度之间的关系在相关分析中呈现出具有统计学意义的显著关联。这两个自变量将被纳入后续的社区矫正对象回归社会综合评价体系。

　　从实务意义角度来看，社区矫正工作者在开展工作的过程中需要询问社区矫正对象与父母的关系、父亲在其生命中的重要程度、母亲在其生命中的重要程度、父亲是否认为其是坏人等问题。无论社区矫正对象是否成年，家庭都是其最为重要的社会支持来源。对于父母依然在世的社区矫正对象而言，无论自己是否因为结婚而组建了新的小家庭，父母都会是自己社会支持的重要提供者。这些社会支持包括物质支持与精神支持。即便有的父母自己经济条件不佳，他们也可以为子女提供精神支持。当然，也不排除有的父母会歧视和排斥犯了罪的子女，但是这是极少数情况，属于极端现象，不能说明整体。也有可能有的父母与子女之间的沟通方式存在问题，缺乏教育子女的技巧，这就需要社区矫正工作者开展相应的家庭治疗。总之，社区矫正工作者需要高度重视社区矫正对象父母在矫正工作中的地位，帮助他们的父母充分发挥正向的、积极的、促进社区矫正对象回归社会的作用。

第三节　早年学校环境与回归社会

社会学与犯罪学的观点均认为学校是个体在早年时期接受教育与实现初步社会化的主要场所。这个场所对于 14 周岁以下学生社会化的作用尤为重要。因为 14 周岁以下的学生，绝大多数正处于小学阶段与初中阶段，他们正值青少年时期，是长身体、学知识以及形成某种人生观、世界观、价值观的主要场所。学校教育是否科学、合理将会很大程度上影响他们是否能够形成正确的"三观"。学校教育的目的在于按照社会的要求培养出合格的社会成员，因此，学校是个体直接生活环境中较为特殊的组成部分，它的特殊性主要体现在具有目的性、计划性和组织性的特征。对于个体在早年的学校生涯中是否能够顺利地完成学业，实现教育目标，顺利实现社会化，学校环境至关重要，有着家庭无法替代的功能。虽然小学生与初中生的家庭环境非常重要，但是，这些学生的大部分时间都在学校度过，学业成败、师生关系、学校内同辈群体之间的关系成为继家庭之后又一个重要的、不同的场域。他们处于人生观、世界观、价值观最重要的塑造与培养时期，此场域环境的优劣对于他们今后的发展至关重要。

一、文献回顾与研究假设

国外社会学与犯罪学研究者赫希从社会控制角度来看学校的作用，他认为学校和家庭一样，是一个非常重要的预防青少年违法犯罪的社会化机构。赫希指出，如果青少年愿意追求"高学历"这样的传统活动，那么他们就不容易犯罪，这是因为从事犯罪会有碍于他们想获取的"功名利禄"。如果青少年愿意将时间花费在正当活动中，如阅读、做功课等，并且他们花在这些活动上的时间越多，就越不会有额外时间去胡思乱想、去犯罪。因此，天天去上学可以减少犯罪的诱惑。[1]

戈特弗雷德森和赫希认为，与家庭相比，学校更有条件来实施社会控制。第一，从整体上说，学校比家庭的看管更有效率，因为老师可以同时监督许多孩子。第二，与许多父母相比，老师更容易辨认出孩子的偏离和不良行为。

---

〔1〕　参见曹立群、周愫娴：《犯罪学理论与实证》，群众出版社 2007 年版，第 189 页。

第三，与家庭相比，学校更加强调秩序与纪律，因此学校会采取一切可能的措施来控制孩子的不良行为。第四，与家庭一样，当孩子因不能自律而出现偏离行为时，学校有足够的权威和手段来实施惩罚。[1]

对于学校教育与犯罪关系的研究，国内有如下一些典型研究。例如石国兴等人通过采取半结构方式访谈研究方法，从某未成年犯管教所在押的学员中随机抽取了 10 名男性未成年人作为访谈对象。研究发现表征未成年人与学校联系紧密度的"学校联结"对"犯罪程度"的作用系数值非常高（-0.384）。具体而言，在接受访谈的 10 人中，有 7 人是初中未毕业就辍学的。辍学原因多为贪玩、成绩不好、不想念书。其余 3 人是因为家庭原因无法继续读书，过早地离开学校进入社会。这使得这些未成年人脱离了学校监管，增加了他们受到不良社会风气影响并最终走上犯罪道路的风险。石国兴等人进一步指出影响未成年人犯罪的学校原因也许包括教育制度、校园环境等诸多方面，但是就他们的研究来看，最重要的原因是学校没能留住这些未成年学生，而让他们过早地，甚至在没有完成九年义务教育的情形下就离开了学校。其中既有学校的责任，也有教育监管部门的责任。如果学校能够充分发挥教育职能，及时采取恰当的措施来防止学生的流失；学校老师能够对学生给予足够的爱和关怀，让学生愿意上学；相关教育监管部门能够充分履行职责，确保九年义务教育的实施，或许可以成为阻止未成年人犯罪的第二道有力防线。[2]

肖登辉与张立波则指出学校本应成为未成年人的"温暖港湾"，但实际却不尽其然。长期以来，学校一直把追求教育与管理的现代化作为学校治理的主要内容，而忽略了对未成年人的权益保护。根据 2010 年教育部发布的《国家中长期教育改革和发展规划纲要（2010-2020 年）》中"基本实现教育现代化"的战略目标，学校基于工具理性往往自然而然将提高教育教学水平摆在了各项工作的首要位置，以致忽视了学生成长的内在价值以及对其发展的人文关怀，忽略了《中华人民共和国未成年人保护法》所要求的学校保护义务。[3]

---

〔1〕 参见曹立群、周愫娴：《犯罪学理论与实证》，群众出版社 2007 年版，第 189 页。

〔2〕 参见石国兴等：《未成年人犯罪成因及服刑期间心理状态》，载《当代青年研究》2014 年第 5 期。

〔3〕 参见肖登辉、张立波：《学校视角下侵害未成年人犯罪的治理——以强制报告制度为例》，载《预防青少年犯罪研究》2021 年第 3 期。

曹丽君指出学校是青少年长期活动交友的生态环境，近年来"校园暴力"逐渐成为社会热点问题，其原因就在于青少年在学校的群居属性下，模仿能力强、拉帮结派情况多发、环境煽动力强，导致其冲动暴力犯罪多发于学校范围内。而学校是预防青少年犯罪的主阵地。学校是青少年社会化的主要场所，不仅承担着教导青少年运用语言文字的职能，更承担着提高青少年道德水平、培养正确"三观"的责任。因而在研究预防青少年犯罪问题时，要把握住学校生态这一关键环境因素，通过对学校德育课程设计、生态建设、评价标准的研究，以期对提高青少年道德水平及犯罪预防有所裨益。[1]

上述许多研究者都开展了关于学校与犯罪之间的关系的论证，他们的观点大同小异，其中对学生学业的重视具有很强的一致性，如"学业表现和非法行为之间联系通常最为密切""糟糕的学业表现以及成绩的不及格与违法犯罪行为之间有紧密且持久的联系"。也有研究者提出社区矫正对象重新犯罪人与未重新犯罪人在 14 周岁之前，其学校时期的学习成绩、在学校遭遇处罚情况都存在显著差异。监狱罪犯个体早年依恋学习程度与重新犯罪负相关；学校拒斥强度与重新犯罪正相关。种种研究成果表明，学业表现、学校老师对学生的评价不仅对个体在早年时期是否越轨产生重要影响，而且对个体在成年时期是否再次越轨产生重要影响。那么，社区矫正对象早期的学业表现、学校老师对其早期的评价是否会影响他们在社区矫正期间的回归社会程度？笔者拟在下文中对此问题加以分析。鉴于此，笔者将社区矫正对象早年所处的学校环境作为本研究的自变量，将社区矫正对象回归社会程度的总分作为因变量，提出如下研究假设：

研究假设：社区矫正对象早年学校环境与其回归社会程度之间有显著关联。

二、早年学校环境变量设置与测量方法

根据笔者对以往研究成果所作的分析，笔者将社区矫正对象回归社会程度的总分作为因变量，将社区矫正对象早年学校环境作为自变量。接下来，笔者将此学校环境因素操作为 2 个自变量，每个自变量都被设置成符合相关

---

〔1〕 参见曹丽君：《学校生态下的青少年道德教育与犯罪预防研究》，载《预防青少年犯罪研究》2021 年第 6 期。

分析的二分变量，具体变量设置方法如下表所示。

表 6.3.1　早年学校环境自变量设置表

学校环境	选项或取值	变量层次
1. 总体学习成绩	①不好=0　②好=1	二分变量
2. 有老师认为自己"常惹麻烦"	①有=0　②没有=1	二分变量

三、早年学校环境与回归社会程度之间的描述性交叉分析

表 6.3.2 显示了社区矫正对象早年学校环境因素与其回归社会程度之间的交叉关系。从统计数据来看，两个学校环境对应的指标在"非常低"与"比较低"两个选项维度上的比例均非常小，基本上可以忽略不计。剩下三个选项"一般""比较高""非常高"中，可以将"一般"作为一个维度，将"比较高"和"非常高"整合起来看作一个维度，即"高"，那么，我们就可以仅仅通过比较"一般"选项维度对应的数据大小，来判断相关社区矫正对象回归社会程度的高低。在"一般"选项上的百分比数字越大，说明在"高"选项上的数字越小，也说明回归社会程度更低。

那么，我们从表 6.3.2 中可以发现，在"一般"这一列中，从"总体学习成绩"这一指标来看，作否定回答的社区矫正对象的比例要明显大于作肯定回答的社区矫正对象，前者比后者比例高出 14.5 个百分点。可见，从整体来看，早年总体学习成绩不好的社区矫正对象自我感觉的回归社会的程度更低。另外，从"有老师认为自己'常惹麻烦'"这一指标来看，作否定回答的社区矫正对象的比例与作肯定回答的社区矫正对象的比例基本相等。

表 6.3.2　社区矫正对象早年学校环境与回归社会程度交叉分析表

学校环境	选项	非常低	比较低	一般	比较高	非常高	合计
1. 总体学习成绩	不好	3.2%	0.0%	35.5%	25.8%	35.5%	100.0
	好	0.8%	0.5%	21.0%	29.5%	48.2%	100.0

学校环境	选项	非常低	比较低	一般	比较高	非常高	合计
2. 有老师认为自己"常惹麻烦"	有	1.4%	0.0%	22.5%	31.0%	45.1%	100.0
	没有	0.8%	0.6%	22.1%	28.9%	47.6%	100.0

四、早年学校环境与回归社会程度之间的解释性相关分析

与社区矫正对象早年学校环境有关的两个指标与其回归社会程度之间是否有显著的关联？笔者采用相关分析方法来检验两者之间的关系。在此分析中，自变量是一些与早年学校环境直接相关的指标，因变量是社区矫正对象回归社会程度综合水平的总分。表 6.3.3 显示，在早年学校环境的两个指标与回归社会程度之间的相关分析结果中，自变量"总体学习成绩"对应的 Sig. 均小于 0.05，有统计学上的意义，证明该自变量与因变量之间有显著的关联。另外一个自变量与因变量之间没有显著的关联。

表 6.3.3　早年学校环境与回归社会程度相关系数

学校环境	相关系数值	Sig.
1. 总体学习成绩	0.101 *	0.038
2. 有老师认为自己"常惹麻烦"	0.015	0.757
a. 因变量：回归社会综合水平　　 $*p<0.05$, $**p<0.01$, $***p<0.001$		

综上所述，在笔者对与社区矫正对象早年学校环境相关的自变量与其回归社会程度之间的关系的分析中发现，自变量"总体学习成绩"与社区矫正对象回归社会程度之间的关系在相关分析中呈现出具有统计学意义的显著关联，该自变量将被纳入后续的社区矫正对象回归社会综合评价体系。

从实务意义角度来看，社区矫正工作者需要更多关注在早年时期学习成绩不好且自我感觉回归社会程度较低或者一般的社区矫正对象。这类社区矫正对象在小学和初中阶段学习成绩不好，很可能文化程度较低，可能缺乏就业市场需要的文凭或技能。社区矫正工作者可依此制定具体的教育与帮扶工作方案，促进他们实现回归社会的目标。

第四节　早年朋辈环境与回归社会

朋辈群体也可以被称为同龄群体，是指由那些在年龄、兴趣爱好、家庭背景等方面比较接近的人们自发结成的社会群体。朋辈群体也是个人社会化的一个重要的环境因素。朋辈群体对个人有较强的吸引力和影响力，它的群体规范和价值往往被个人作为社会化过程中的重要参照系，从而成为个人社会化的一个重要环境因素。首先，朋辈群体中的大多数活动不是由某种权威事先为他安排好的，他可以以一种独立的姿态，在平等的基础上和他人交往，建立或中断某种人际关系。这种活动可以使儿童大大提高自身的独立意识，学会灵活地扮演多种社会角色，提高人际交往和解决人际冲突的能力。其次，个体在朋辈群体中接受大量亚文化的影响。在由年轻人组成的朋辈群体中，往往有着独特的亚文化，包括共同的思想观念、价值标准、兴趣爱好、服饰发型、隐语、符号等。这些都构成了对个体社会化发生重大影响的环境因素。[1]因此，社区矫正对象在早年的朋辈群体中的人际交往可能对他们的思想和行为产生影响。

美国著名社会学与犯罪学家萨瑟兰提出的差异交往理论很早就揭示了犯罪的本质是一个学习过程，即个体通过社会交往的方式从其他个体处习得包括犯罪在内的所有行为的思想、观念和信念。[2]美国社会学家与犯罪学家安德森提出的暴力亚文化理论，不仅在一定程度上有力证实了萨瑟兰的差异交往理论，更揭示了良性行为的思想、观念和信念也可以在社会交往过程中从正派的交往对象处习得。[3]社会交往对象的不同，会导致正向功能和负向功能两种不同的作用。那么，社区矫正对象早年的朋辈环境或者说朋友圈环境与他们在社区矫正期间的回归社会程度究竟有无明显的关联？这是本节拟探讨的问题。

---

〔1〕　参见郑杭生主编：《社会学概论新修》，中国人民大学出版社 2019 年版，第 127~128 页。

〔2〕　参见曹立群、周愫娴：《犯罪学理论与实证》，群众出版社 2007 年版，第 143 页。

〔3〕　参见［美］乔治·B·沃尔德等：《理论犯罪学》，方鹏译，中国政法大学出版社 2005 年版，第 211~213 页。

一、文献回顾与研究假设

社区矫正对象早年的朋辈交往环境与其回归社会程度之间的关联的相关研究成果主要聚焦于重新犯罪议题。这个议题可以作为本研究的重要参考资料。个体早年，特别是 14 周岁之前的伙伴交往环境与其犯罪行为存在关联，这个观点已经被大量研究证实，而且这些研究在基本事实上都是一致的。

美国犯罪学家特拉维斯·赫希认为，人类是动物，犯罪是每个人的本能，人人都有犯罪的自然倾向，因此，当把文明的外衣拿掉时，人人都会犯罪。所以，"人为什么要犯罪？"不应是犯罪社会学研究的问题；相反地，"人为什么不犯罪？"才是犯罪社会学家所要探讨的问题。赫希进一步指出，大多数人之所以从未犯罪，是由于有外在的社会控制机制将其抑制。外在社会控制是指诸如学校、家庭、教会等社会力量的作用。如果一个社会中这种控制机制削弱或消失，犯罪就会不受约束地成为一种普遍现象。赫希强调，个人和社会所建立起的"社会纽带"可以解释人何以不犯罪的问题。他认为"社会纽带"是一个人在社会化过程中形成的一种情感，是人们正常人格中的一部分。这种纽带具有防止青少年犯罪的作用，因为这种纽带会使青少年增强社会责任感，顺从社会传统规范。当一个人认识到他的家庭或社会上多数人对他的期望值越大，社会道德与社会秩序对他越重要，就表明"社会纽带"的作用越强烈，这个人相较而言就不会犯罪；反之，如果一个人反对传统社会的价值观与信仰，任由其本能做事，完全不在意别人对他的看法，就表明缺少了"社会纽带"的作用，这种人就较容易实施犯罪。赫希认为"社会纽带"由下列四个要素构成：一是依恋（Attachment）。依恋是指与他人，特别是与家庭和学校的感情联结。二是追寻（Commitment）。追寻意指将个人时间和精力投入到对传统目标的追求和对未来成功的期盼。追求成功，是青少年的重要理想，也是整体社会价值观的反映。志向越高，投入程度越高，越不会从事犯罪活动，因为其会考虑由此而引起的代价。三是参与（Involvement）。参与是指对社会传统活动的参加，参加程度的不同直接影响青少年的行为方式。赫希认为，较深入地参与传统活动，就会缺少从事越轨行为的时间和精力，就会将个人从犯罪行为的潜在诱惑中隔离开来，使个人没有时间和精力感知诱惑，考虑和从事犯罪活动。四是信仰（Belief）。信仰是指对传统价值观念和道德法制观念的态度或者接受意愿。[1]可见，赫希的社会控制理论详细论述了青少年成长过程中家庭、学校、朋友圈与信仰对于青少年成长的影响，其中，青少年与不良同伴一起从事的非传统活动，如吸烟、酗酒、游手好闲等活动会导致犯罪行为。

美国著名社会学家与犯罪学家萨瑟兰提出的有关犯罪和不良社会交往之间具体关系的理论——差异交往理论包括了9个要点：（1）犯罪行为是习得的。（2）犯罪行为是在社会交往的沟通互动过程中习得的。（3）习得犯罪行为的主要部分于亲密人群中完成。（4）习得犯罪行为的内容包括：犯罪技巧、犯罪动机、犯罪内驱力、犯罪合理化的理由、犯罪态度等。（5）犯罪动机的取舍主要通过（周遭人群）对法律的赞同或不赞同的观念习得，即在某些社会之中，周遭群体会将法律视为应被遵守的规范；然而在另一些社会之中，周遭群体却赞成违反法律。（6）一个人之所以犯罪，是因为过度膨胀的违法观念超过了守法观念。这是不同交往理论的核心原理。（7）"差异交往"取决于和罪犯接触的频率、持续时间、优先性和强度方面。（8）犯罪习得过程与其他一般行为的习得机制或学习过程没有区别。（9）虽然犯罪行为是人的一般需要和价值的体现，但它却不能用那些一般需要的价值来解释，因为非犯罪行为也是同样的一般需要和价值的体现。也就是说，一般人面对这些问题不会随意以违法来表达这些需要。[2]

在萨瑟兰发表的差异交往理论揭示了不良社会交往对犯罪的影响以后，许多研究者用自己的实证研究来验证差异交往理论的同时，也提出了新的理论。其中，利亚·安德森提出了美国黑人暴力亚文化理论。他认为街头法则指的是要求贫民区的居民必须一再通过微妙和公开的方式，向他人表明他人无法从自己这里占到好处，即自己拥有照看好自己的能力。核心是得到他人的敬意——得到他人的公正对待或得到他人对自己的"正当利益"（正当的应得物或权利）的承认。街头孩子往往早早地走上街头，并在与其他孩子的交往中被社会化，磨练街头生存的技巧。其中，学会如何使用暴力，以及暴力对街头生活的重要意义。安德森的美国黑人暴力亚文化理论揭示了在同一环

---

〔1〕 参见［德］汉斯·约阿希姆·施奈德：《犯罪学》，吴鑫涛、马君玉译，中国人民公安大学出版社1990年版，第558页。

〔2〕 参见曹立群、周愫娴：《犯罪学理论与实证》，群众出版社2007年版，第143页。

境下，影响着人犯罪的因素便是与人的社会交往有关。贫民区的社会交往普遍会接触到不良的交往对象，在不良交往对象的影响下，必然会使得人习得不良行为来保护自己。[1]

安德森的美国黑人暴力亚文化理论，不仅在一定程度上证实了萨瑟兰的差异交往理论，更揭示了守法行为的思想、观念和信念也可以在社会交往过程中从良性交往对象处习得。该理论也论证了良性对象对社区矫正对象实现回归社会有着正向功能，对于研究社会交往对社区矫正对象回归社会的影响具有指导作用。

国内的很多研究者也非常重视个体早期的不良社会交往与犯罪之间的关系。如孙春霞等人通过实证研究发现，与不良伙伴交往是少年犯罪的主要危险因素之一。在其研究的样本中显示研究组与不良伙伴交往的占 34.3%，对照组与不良伙伴交往的仅占 2.0%。[2]孙炜红等人基于 2019 年司法部开展的"重新犯罪问题调查"相关数据，探讨留守经历、不良同伴交往对未成年人暴力犯罪的影响，他们发现，留守经历与未成年暴力犯罪显著正相关。由于不在子女身边，父母对子女缺少有效监督、对子女越轨行为不能及时干预，子女对父母的依恋降低甚至断裂，直接增加犯罪风险；父母监督缺失加剧不良同伴交往，通过不良同伴交往间接影响未成年人暴力犯罪。[3]其他研究者也得到了相似的研究结论，王爽、刘善槐指出长期缺乏来自父母的"社会纽带"，未成年人更易受不良同伴的影响而误入歧途。[4]陆继霞、叶敬忠指出留守未成年人更重视同伴交往，更倾向从同伴中获得陪伴与"存在感"。[5]如果发生不良同伴交往，留守未成年人的社交网络可能形成消极的亚文化。[6]

---

〔1〕　参见〔美〕乔治·B·沃尔德等：《理论犯罪学》，方鹏译，中国政法大学出版社 2005 年版，第 211~213 页。

〔2〕　参见孙春霞等：《少年犯罪相关因素的综合性研究》，载《中国心理卫生杂志》1993 年第 3 期。

〔3〕　参见孙炜红等：《留守经历、不良同伴交往与未成年人暴力犯罪》，载《青年研究》2023 年第 3 期。

〔4〕　参见王爽、刘善槐：《农村留守儿童越轨行为风险与防范体系构建》，载《教育科学研究》2020 年第 9 期。

〔5〕　参见陆继霞、叶敬忠：《我国农村地区同辈群体对留守儿童的影响研究》，载《农村经济》2009 年第 12 期。

〔6〕　参见许弘智等：《同辈社会网络与农民工子女的文化再生产——基于 Q 市流动儿童与留守儿童的比较研究》，载《青年研究》2019 年第 5 期。

林毓敏在对青少年犯同伴关系调查中发现，虽然青少年犯对于"朋友义气"具有高度的认同感，36.2%的未成年犯出于"朋友义气"而犯罪，36.4%的未成年犯认为"为朋友两肋插刀，值得"。但与此形成鲜明对比的是，青少年犯对同伴的信任程度却明显低于普通学生，虽有50%左右的青少年犯认为"当我需要帮助时，我相信我的朋友一定会帮助我""在我的生活中，有很多关心我的朋友"，但仍有近40%的青少年犯认为"我缺乏分辨好朋友和坏朋友的能力"，普通学生中这两者的比例则分别为80%和30%。有1/4的青少年犯认为"我没有什么真正的朋友"。在这种悲观的氛围下，近40%的青少年犯将交友需求诉诸虚拟网络，"喜欢在网上交友，与网友聊天"，近20%的青少年犯经常与网友会面。未成年犯中相应的比例高达57.8%与26.2%，普通学生的对应比例则为13.09%与5.18%。[1]

很显然，国内外的很多研究者认为与不良朋友之间的交往会对青少年越轨行为产生显著影响。这些研究成果有的强调了青少年异常行为来自不同的交往、同伴群体规则和同伴行为的作用；有的强调了通过学习得来的犯罪行为较容易在那些能够强化个人行为的团体中发生，因为人际关系的强化作用对个体极其具有影响力；有的则强调了犯罪动机的取舍主要通过同伴对法律的赞同或不赞同的观念习得，在某些社会中，同伴会将法律视为应被遵守的规范，然而在另一些社会之中，同伴却赞成违反法律。这些观点的一个核心思想就是如果青少年个体有赞同自己违法犯罪的朋友，那么，他就会慢慢习得相关的犯罪行为，可能以同伴群体的越轨规则作为行事准则，在这种情况下，他们将会离正常社会越来越远。那么，社区矫正对象这样的成年人，其14周岁之前如果受到类似群体的不良影响，这种不良影响是否会延续到其成年阶段？笔者将对此议题开展分析。

笔者根据对以往研究成果的分析，将社区矫正对象早年的朋辈交往经历作为本研究的自变量，将社区矫正对象回归社会程度的总分作为因变量。据此，本研究提出如下几个研究假设：

研究假设：社区矫正对象早年的不良交往经历与其回归社会程度之间存在显著关联。

---

〔1〕　参见林毓敏：《中国当代青少年犯罪状况调查》，载《福建警察学院学报》2017年第2期。

二、早年朋友圈环境变量设置与测量方法

根据笔者对以往研究成果所作的分析，笔者将社区矫正对象回归社会程度的总分作为因变量，将社区矫正对象早年朋友圈环境作为自变量。接下来，笔者将此朋友圈环境因素操作为 1 个自变量，这个自变量被设置成符合相关分析的二分变量，具体变量设置方法如下表所示。

表 6.4.1　早年朋友圈环境自变量设置表

朋友圈环境	选项或取值	变量层次
是否有朋友鼓励自己实施不良行为	①有 = 0　②没有 = 1	二分变量

三、早年朋友圈环境与回归社会程度之间的描述性交叉分析

表 6.4.2 显示了社区矫正对象早年朋友圈环境因素与其回归社会程度之间的交叉关系。因为"非常低"和"比较低"这两个等级对应的百分数都非常小，基本可以忽略不计，所以，我们可以通过比较"一般"选项维度对应的数据大小，来判断相关社区矫正对象回归社会程度的高低。在"一般"选项上的百分比数字越大，说明在"比较高"和"非常高"选项上的数字越小，也说明回归社会程度更低。

那么，我们从表 6.4.2 中可以发现，在"一般"这一列中，从"是否有鼓励自己违法犯罪的朋友"这一指标来看，作肯定回答的社区矫正对象的比例要明显大于作否定回答的社区矫正对象，前者比后者比例高出 28.6 个百分点。可见，从整体来看，早年有鼓励自己违法犯罪的朋友的社区矫正对象自我感觉的回归社会的程度更低。

表 6.4.2　社区矫正对象早年朋友圈环境与回归社会程度交叉分析表

朋友圈环境	选项	非常低	比较低	一般	比较高	非常高	合计
是否有鼓励自己违法犯罪的朋友	有	0.0%	0.0%	50.0%	0.0%	50.0%	100.0
	没有	1.2%	0.5%	21.4%	29.9%	47.1%	100.0

四、早年朋友圈环境与回归社会程度之间的解释性相关分析

与社区矫正对象早年朋友圈环境有关的指标与其回归社会程度之间是否有显著的关联？笔者采用相关分析方法来检验两者之间的关系。在此分析中，自变量是"是否有鼓励自己违法犯罪的朋友"，因变量是社区矫正对象回归社会程度综合水平的总分。表 6.4.3 显示，该自变量对应的 Sig. 大于 0.05，没有统计学上的意义，证明该自变量与因变量之间没有显著的关联。

表 6.4.3　社区矫正对象早年朋友圈环境与回归社会程度相关系数

朋友圈环境	相关系数值	Sig.
是否有鼓励自己违法犯罪的朋友	0.036	0.455
a 因变量：回归社会综合水平　$*p<0.05$，$**p<0.01$，$***p<0.001$		

综上所述，在笔者对与社区矫正对象早年朋友圈环境相关的自变量与其回归社会程度之间的关系的分析中发现，自变量与社区矫正对象回归社会程度之间的关系在相关分析中未呈现出具有统计学意义的显著关联。因此，自变量将不被纳入后续的社区矫正对象回归社会综合评价体系。

从实务意义角度来看，社区矫正工作者需要更多关注在早年时期有鼓励其违法犯罪朋友的社区矫正对象。很多研究成果已经证明早年违法犯罪行为可能会延续到成年时期。那么，早年与经常实施越轨行为的朋友交往的这种社会行为也可能会延续到成年时期。社区矫正工作者可依此制定具体的教育与帮扶工作方案，关注他们的朋友圈，尤其是看是否有不良朋友，以帮助他们脱离不良朋友圈，促进他们回归社会。

第五节　社区矫正期间朋辈环境与回归社会

我国探究社区矫正的运行模式的过程中，社会交往与社区矫正对象回归社会的关系一直备受关注。美国著名犯罪学家萨瑟兰的差异交往理论的观点很早就直接揭示了犯罪的本质是正常学习过程，即个体通过社会交往的方式从其他个体处习得包括犯罪在内的所有行为的思想、观念和信念。安德森的美国黑人暴力亚文化理论，不仅在一定程度上证实了萨瑟兰的差异交往理论，

更揭示了良性行为的思想、观念和信念也可以在社会交往过程中从良性的交往对象处习得。社会交往虽然对社区矫正对象总体上是良性作用，但由于交往对象的不同，存在正向功能和负向功能两种不同的作用。那么，社区矫正对象在社区矫正期间的朋辈环境或者说朋友圈环境与他们回归社会的程度究竟有无显著关联？这是本节拟探讨的问题。

一、文献回顾与研究假设

本部分的文献回顾与上文中 14 周岁前朋辈环境的文献回顾基本一致，即上文中已经回顾的艾克斯的社会学习理论、赫希的社会控制理论、萨瑟兰的差异交往理论以及国内研究者对不良朋友交往经历对犯罪与重新犯罪的影响的研究成果均可以作为本部分的文献回顾资料。因此，笔者在此不再赘述。笔者根据对以往研究成果的分析，将社区矫正对象在社区矫正期间的不良交往经历作为自变量，将社区矫正对象回归社会程度的总分作为因变量。据此，本研究提出如下研究假设：

研究假设：社区矫正对象在社区矫正期间的不良交往经历与其回归社会程度之间存在显著关联。

二、社区矫正期间朋友圈环境变量设置与测量方法

笔者根据对以往研究成果所作的分析，将社区矫正对象回归社会程度的总分作为因变量，将社区矫正对象在社区矫正期间的不良交往经历作为本研究的自变量。接下来，笔者将此朋友圈环境因素操作为 1 个自变量，这个自变量被设置成符合相关分析的二分变量，具体变量设置方法如下表所示。

表 6.5.1　社区矫正期间朋友圈环境自变量设置表

朋友圈环境	选项或取值		变量层次
是否有鼓励自己违法犯罪的朋友	①有 = 0	②没有 = 1	二分变量

三、社区矫正期间朋友圈环境与回归社会程度之间的描述性交叉分析

表 6.5.2 显示了社区矫正对象社区矫正期间朋友圈环境因素与其回归社

会程度之间的交叉关系。因为"非常低"这个等级对应的两个百分数差异较为明显，而且"一般"这个等级对应的百分数基本相等，所以，不宜通过"一般"等级来判断两类社区矫正对象之间回归社会程度的差异。

那么，我们从表6.5.2中可以发现，在社区矫正期间有鼓励自己违法犯罪的朋友的社区矫正对象认为自己回归社会程度为"非常低"的比重要比没有鼓励自己违法犯罪的朋友的社区矫正对象的比重高7个百分点，并且没有鼓励自己违法犯罪朋友的社区矫正对象基本上可以说没有认为自己回归社会程度非常低的情况。另外，在社区矫正期间没有鼓励自己违法犯罪的朋友的社区矫正对象认为自己回归社会程度为"非常高"的比重要比有鼓励自己违法犯罪的朋友的社区矫正对象的比重高17.1个百分点。

表6.5.2 社区矫正对象矫正期间朋友圈环境与回归社会程度交叉分析表

朋友圈环境	选项	非常低	比较低	一般	比较高	非常高	合计
是否有鼓励自己违法犯罪的朋友	有	7.7%	0.0%	23.1%	38.5%	30.8%	100.0
	没有	0.7%	0.5%	22.2%	28.6%	47.9%	100.0

四、社区矫正期间朋友圈环境与回归社会程度之间的解释性相关分析

与社区矫正对象社区矫正期间朋友圈环境有关的指标与其回归社会程度之间是否有显著的关联？笔者采用相关分析方法来检验两者之间的关系。在此分析中，自变量是"是否有鼓励自己违法犯罪的朋友"，因变量是社区矫正对象回归社会程度综合水平的总分。表6.5.3显示，该自变量对应的Sig.大于0.05，没有统计学上的意义，证明该自变量与因变量之间没有显著的关联。

表6.5.3 社区矫正对象矫正期间朋友圈环境与回归社会程度相关系数

朋友圈环境	相关系数值	Sig.
是否有鼓励自己违法犯罪的朋友	0.075	0.122

a 因变量：回归社会综合水平　　$*p<0.05$，$**p<0.01$，$***p<0.001$

综上所述，在笔者对与社区矫正对象社区矫正期间朋友圈环境相关的自

变量与其回归社会程度之间的关系的分析中发现，自变量与社区矫正对象回归社会程度之间的关系在相关分析中未呈现出具有统计学意义的显著关联。因此，该自变量将不被纳入后续的社区矫正对象回归社会综合评价体系。

从实务意义角度来看，虽然社区矫正对象在社区矫正期间的朋友圈环境与其回归社会程度之间的关系不具有统计学意义上的显著关联，但是，社区矫正工作者关注在社区矫正期间有鼓励其违法犯罪朋友的社区矫正对象依然有着非常重要的意义。这类社区矫正对象依然与不良朋友互相来往，这很显然是违背《社区矫正法》相关规定的现象。

在本研究中，笔者通过实地调查发现，有些诈骗类社区矫正对象和社会上的不良人员依然有交往，这些不良人员主要是指有犯罪经历的人，有不良嗜好如酗酒、吸毒、赌博等恶习的人或者游手好闲、好逸恶劳的人。这些不良人员长期游走在违法犯罪的边缘，俗话说，"常在河边走，哪有不湿鞋"，本身就是不良人员的诈骗类社区矫正对象在社区矫正期间却继续与此类不良人员频繁来往，他们重新违法犯罪的风险将会叠加起来变得更大。美国著名社会学家与犯罪学家萨瑟兰提出的差异交往理论也揭示了犯罪的本质是正常学习过程，即个体通过社会交往的方式从其他个体处习得包括犯罪在内的所有行为的思想、观念和信念。该理论强有力地指出个体在不良朋友圈子中能够学习与不断强化各种违法犯罪观念与行为。有的诈骗类社区矫正对象正是因为之前结识了一些不良人员或朋友，走上了犯罪道路，他们在社区矫正期间依然与一些不良朋友保持交往，尤其是与赌博的人继续交往，赌博导致欠下巨额赌债的后果可能会促使他们继续实施诈骗行为。反之，脱离这种不良朋友朋友圈子是弱化个体违法犯罪观念与行为的必要条件之一。所以，社区矫正社会工作者需要密切关注他们的交友情况，通过与他们及其家人、社区民警、居委或村委工作者之间的足够频次的联系与询问以及核对，判断他们是否继续与不良人员在一起活动，及早劝阻他们的这种不良社会交往。

另外，有些涉毒类社区矫正对象的工作环境比较复杂，这种环境与其社会交往紧密相连，这种社会交往圈子中有吸毒的朋友，导致这些涉毒类社区矫正对象继续接触毒品吸食毒品的风险比较高。如果社区矫正社会工作者建议这些涉毒类社区矫正对象离开此工作环境，换一份环境比较简单的工作，这些涉毒类社区矫正对象就会以无法找到其他工作，而找不到工作就无法生存为理由拒绝改变工作环境。面对这种情形，社区矫正社会工作者很难进一步劝解和干预。总体来看，涉毒类社区矫正对象难以脱离吸毒朋友圈。

还有一些未成年社区矫正对象的社会交往比较复杂，朋友圈里面的人员基本上长期游走在违法犯罪边缘。这类圈子推崇"江湖义气""兄弟之间互相给面子""今朝有酒今朝醉"的帮派文化与享乐主义人生观。因此，这些未成年社区矫正对象的社会交往不改变，回归社会将难以实现，重新犯罪将是大概率事件。

第六节　社区矫正期间经济条件与回归社会

从古至今，经济条件对犯罪的影响从来不可小觑，因此，经济条件对社区矫正对象回归社会的影响是不可忽视的重要方面。犯罪的主要原因和动机是经济状况的不良，这一现象已受到犯罪学界广泛的关注。既有的绝大多数研究显示，经济状况是人生存发展的首要条件和根基。同样，对于社区矫正对象而言，经济状况的好坏是衡量其回归社会程度的重要标准。那么，对于本研究的对象，即社区矫正对象而言，他们在社区矫正期间的经济条件与回归社会程度这个结果之间的关系呈现出什么样的状态？他们在社区矫正期间的经济条件与其回归社会程度之间存在什么样的关联？本研究尝试通过调查研究回答这些问题。

一、文献回顾与研究假设

在国外，犯罪学家非常重视经济状况对个体回归社会的影响，并且做了大量的研究工作，取得了比较明显的成效。虽然这些研究大多是关于刑满释放人员的议题，但是，对于与刑满释放人员有相似特征的社区矫正对象研究来讲，应该也有很重要的参考价值。例如，欧美国家的多项研究显示，刑满释放人员难以就业不仅是他们犯罪的重要原因，而且会增加其重新犯罪几率。

奥尔多·齐里克斯通过研究发现，相对于暴力犯罪而言，财产犯罪，尤其是入室盗窃罪和盗窃罪，与失业之间存在正比关系。在地理范围比较小的区域内取得的数据也表明在失业与街头犯罪之间更有可能具有正相关关系。齐里克斯指出，在一个特定的小区或一个城镇中的某个区域，高失业率会促使失业者甚至那些没有直接失去工作的人（如少年或其他尚未被列入劳动力市场的人）形成道德沦丧、信仰准则泯灭、一切毫无希望的社会氛围。[1]赫尔曼·施万丁格与朱丽亚·施万丁格认为，政府为了预防犯罪而进行的就业项目方面的投资，不仅能够直接帮助这一项目的直接受益者，而且还可以帮助社区中的其他人。[2]特伦斯·肖恩波利与 R. L. 克里斯汀森指出，失业对于犯罪活动的增多具有即时的或短期性刺激效果，两者之间具有互相作用、互相强化的关系。他们对 1000 名 1945 年生于费城的男子所进行的纵贯研究发现，失业对于犯罪活动的增多具有即时的或短期性刺激效果；从长远来看，犯罪也会增加失业的可能性。[3]约翰·哈干进一步指出，早年涉足少年犯罪的人日后很可能真的成为失业者，如果一个人从小便参与犯罪，尤其是那些城区中的贫困青少年，他们很小就开始与各种犯罪组织网络（包括帮派）联系在一起，同时也与"开始并持续从事合法职业生涯的那些工作联系网络拉开了距离"。这样，这些青少年想要脱离其自年少时期便建立的关系纽带就更加困难了。他们在变成十足的犯罪人之前，找到工作的可能性也很小。失业使这些青少年从孩童变成成年人的过程问题重重，早年间成为惯习的犯罪行为更有可能保留下来。[4]罗伯特·桑普森与约翰·劳布通过数据检验发现，工作的稳定性对犯罪和违法行为具有持续的消极的影响，即工作越稳定，违法犯罪行为次数越少，并且指出，增加一个单位的工作稳定性就可以使成年后期的违法与犯罪行为的对数至少降低 0.18。[5]

　　在国内，犯罪学研究者们同样非常关注经济状况对犯罪与重新犯罪的影响。如李子联和朱江丽指出，中国的收入差距与刑事犯罪存在着内在的逻辑关系，且前者对后者的影响具有非线性特征。从刑事案件的规模来看，收入差距对刑事犯罪的影响具有"U"型曲线特征，即适度的收入差距能够有效

---

〔1〕　参见［美］罗纳德·J. 博格等：《犯罪学导论——犯罪、司法与社会》，刘仁文等译，清华大学出版社 2009 年版，第 278~279 页。

〔2〕　参见［美］罗纳德·J. 博格等：《犯罪学导论——犯罪、司法与社会》，刘仁文等译，清华大学出版社 2009 年版，第 279 页。

〔3〕　参见［美］罗纳德·J. 博格等：《犯罪学导论——犯罪、司法与社会》，刘仁文等译，清华大学出版社 2009 年版，第 280 页。

〔4〕　参见［美］罗纳德·J. 博格等：《犯罪学导论——犯罪、司法与社会》，刘仁文等译，清华大学出版社 2009 年版，第 280~281 页。

〔5〕　参见［美］罗伯特·J. 桑普森、约翰·H. 劳布：《犯罪之形成——人生道路及其转折点》，汪明亮等译，北京大学出版社 2006 年版，第 143 页。

地激励人们的生产积极性，使其对"绝对平均主义"所产生的"不公平"和"抵触"情绪转化为"生产激情"，将降低刑事犯罪率，有利于社会和谐稳定；而其进一步扩大则带来后者的攀升，其引起的社会矛盾也会越来越突出，对经济的可持续发展极为不利。从刑事案件结构来看，收入差距显著地诱发了暴力型犯罪中的凶杀罪和伤害罪，以及财产型案件中的盗窃罪，且尤以盗窃案件所受到的影响最为明显。[1]

谢宇通过问卷调查发现，农民工是否实施侵财型犯罪的行为与该群体的年龄关系不大，农民工年轻并不意味着他们犯罪的可能性就比他们的父辈要高；农民工是否实施侵财型犯罪与农民工的婚姻状况显著相关；农民工侵财型犯罪行为与农民工收入之间的关系不显著；农民工长期失业或无业将大大增加农民工群体犯罪的概率。各地政府，特别是农民工主要流入地的政府采取对于农民工更加严格的歧视性就业政策以更多地保护本地城镇居民的就业，这就使得大部分农民工长期以来都只能在城市的"次级劳动力"市场就业，甚至在城市无法正常就业，长期处于半失业或失业状态。[2]

章友德和李光勇认为经济发展程度高使得非政府组织发育较为成熟，形成在政府主导下的多元化服务体系，并且政府能够对社区矫正对象进行经济援助。他们认为对社区矫正对象的社会支持系统的考察应当从微观、中观、宏观角度着手，并于2013年至2014年深入到上海市社区矫正社会支持服务第一线，进行了为期一年的实地调研。他们认为可以从社会层面、社区层面、家庭层面以及个人层面对上海市社区矫正对象的社会支持系统进行分析。从章友德和李光勇的社会支持系统的研究成果来看，对社区矫正对象的经济支持体现于较高的经济发展程度下孕育的较成熟的多元化服务体系，由此可以得知经济发展程度较高的地区对社区矫正对象回归社会的支持程度较高；同时由于采取"政府购买服务"方式资助非政府组织实施具体服务，此种资助方式将会比其他地区更有助于社区矫正对象回归社会。[3]

---

〔1〕 参见李子联、朱江丽：《中国的收入差距与刑事犯罪》，载《法律科学（西北政法大学学报）》2015年第1期。

〔2〕 参见谢宇：《就业与职业对农民工侵财型犯罪的影响分析——基于G省1590位农民工的调查》，载《农林经济管理学报》2014年第4期。

〔3〕 参见章友德、李光勇：《社区服刑人员社会支持系统调查研究——以上海为例》，载《华东理工大学学报（社会科学版）》2015年第2期。

陈娜研究了社区服刑人员（矫正对象）悔罪程度及其影响因素，她认为是否就业、收入是否满足基本生活等变量对社区矫正对象的悔罪程度有着显著的影响。可以说，社区服刑人员（矫正对象）悔罪程度是其回归社会程度的一种主观体现。[1]康德柱等人认为流动人口类社区矫正对象中租住者较多，普遍经济收入水平低，多数是青壮年。他们认为应加强对流动人口类社区矫正对象的管理，给予流动人口类社区矫正对象追求收入增加、住房改善等经济因素方面的支持。[2]

通过对以上文献的回顾，笔者发现：经济状况对社区矫正对象回归社会的影响聚集于居住状况、收入、就业方面。围绕这些因素，笔者将社区矫正对象在社区矫正期间的经济条件作为本研究的自变量，将社区矫正对象回归社会程度的总分作为因变量。据此，本研究提出如下研究假设：

研究假设：社区矫正对象在社区矫正期间的经济条件与其回归社会程度之间存在显著关联。

二、社区矫正期间经济条件变量设置与测量方法

笔者根据对以往研究成果所作的分析，将社区矫正对象回归社会程度的总分作为因变量，将社区矫正对象在社区矫正期间的经济条件作为本研究的自变量。接下来，笔者将经济条件操作为 5 个自变量，这 5 个自变量被设置成符合相关分析的二分变量。

笔者在此需要特别指出的是，（1）经济状况中的居住环境、工作环境、收入情况，可以被大致地归于社区矫正对象的经济条件，归于外在环境因素中。（2）在经济状况中，包含了一些与收入、工作、居住相关的主观满意度指标，严格来说，这些主观满意度指标可以被归属于个人的态度特征之中，但是，由于他们与经济状况指标的联系比个人态度特征更加直接与紧密，是经济状况指标的衍生物，与经济状况分开会显得这些指标非常零散。因此，

---

〔1〕 参见陈娜：《社区服刑人员悔罪程度及影响因素实证研究——基于上海的问卷调查》，载《法学论坛》2016 年第 5 期。

〔2〕 参见康德柱等：《关于流动人口社区服刑人员社区矫正的实践与思考——以北京市昌平区为例》，载《中国司法》2017 年第 1 期。

作者依然将他们放在经济状况之中，而没有放在个人的态度特征指标之中。具体变量设置方法如下表所示。

表 6.6.1　社区矫正期间经济条件自变量设置表

经济条件	选项或取值		变量层次
1. 是否有自己的房子	①没有 = 0	②有 = 1	二分变量
2. 社区矫正期间是否有工作	①没有 = 0	②有 = 1	二分变量
3. 基本生活需求能否被满足	①不能 = 0	②能 = 1	二分变量
4. 是否过度花钱	①是 = 0	②否 = 1	二分变量
5. 是否因犯罪被原单位辞退	①是 = 0	②否 = 1	二分变量

三、社区矫正期间经济条件与回归社会程度之间的描述性交叉分析

表 6.6.2 显示了社区矫正对象社区矫正期间经济条件因素与其回归社会程度之间的交叉关系。

因为"非常低"和"比较低"这两个等级对应的百分数都非常小，基本可以忽略不计，所以，我们可以通过比较"一般"选项维度对应的数据大小，来判断相关社区矫正对象回归社会程度的高低。在"一般"选项上的百分比数字越大，说明在"比较高"和"非常高"选项上的数字越小，也说明回归社会程度更低。

那么，我们从表 6.6.2 中可以发现，在"一般"这一列中，从"是否有自己的房子"这一指标来看，作肯定回答的社区矫正对象的比例要明显大于作否定回答的社区矫正对象，前者比后者比例高出 8.2 个百分点。可见，从整体来看，在社区矫正期间有自己的房子的社区矫正对象自我感觉的回归社会的程度更低，这一点与常识相悖。

从"社区矫正期间是否有工作"这一指标来看，作肯定回答的社区矫正对象的比例要明显小于作否定回答的社区矫正对象，前者比后者比例低 21.7 个百分点，差异非常明显。可见，从整体来看，在社区矫正期间有工作的社区矫正对象自我感觉的回归社会的程度比没有工作的社区矫正对象高很多。也体现出就业对社区矫正对象回归社会的重要价值。

从"基本生活需求能否被满足"这一指标来看，作否定回答的社区矫正

对象的比例要明显小于作肯定回答的社区矫正对象，前者比后者比例低 17.8 个百分点，差异非常明显。可见，从整体来看，在社区矫正期间基本生活需求能被满足的社区矫正对象自我感觉的回归社会的程度比基本生活需求不能被满足的社区矫正对象高很多。

从"是否因犯罪被原单位辞退"这一指标来看，作肯定回答的社区矫正对象的比例要明显大于作否定回答的社区矫正对象，前者比后者比例高 12.7 个百分点，差异比较明显。可见，从整体来看，在社区矫正期间因犯罪被原单位辞退的社区矫正对象自我感觉的回归社会的程度比未因犯罪被原单位辞退的社区矫正对象低很多。

表 6.6.2　社区矫正对象矫正期间经济条件与回归社会程度交叉分析表

经济条件	选项	非常低	比较低	一般	比较高	非常高	合计
1. 是否有自己的房子	没有	2.3%	0.8%	16.5%	26.3%	54.1%	100.0
	有	0.7%	0.3%	24.7%	30.4%	43.9%	100.0
2. 社区矫正期间是否有工作	没有	2.2%	0.6%	34.8%	34.3%	28.1%	100.0
	有	0.4%	0.4%	13.1%	25.5%	60.6%	100.0
3. 基本生活需求能否被满足	不能	4.1%	0.0%	35.7%	30.6%	29.6%	100.0
	能	0.3%	0.6%	17.9%	28.8%	52.4%	100.0
4. 是否过度花钱	是	2.0%	0.0%	26.5%	24.5%	46.9%	100.0
	否	1.1%	0.5%	21.6%	29.7%	47.1%	100.0
5. 是否因犯罪被原单位辞退	是	2.2%	1.1%	32.2%	26.7%	37.8%	100.0
	否	0.9%	0.3%	19.5%	29.8%	49.6%	100.0

四、社区矫正期间经济条件与回归社会程度之间的解释性相关分析

社区矫正对象在社区矫正期间经济条件的各个指标与其回归社会程度之间是否有显著的关联？笔者采用相关分析方法来检验两者之间的关系。在此分析中，自变量是一些与社区矫正期间经济条件直接相关的指标，因变量是社区矫正对象回归社会程度综合水平的总分。

表 6.6.3 显示，在社区矫正对象社区矫正期间经济条件各对应的各个指

标与回归社会程度之间的相关分析结果中，自变量"社区矫正期间是否有工作""基本生活需求能够被满足""是否因犯罪被原单位辞退"这三个指标对应的 Sig. <0.05，具有统计学上的意义，证明这三个指标与回归社会程度之间具有显著关联。

具体而言，根据 Pearson's 相关系数分析得知，"社区矫正期间是否有工作"这一自变量与回归社会程度之间的相关系数为 0.336（$p = 0.000$），达到显著水平，表示社区矫正对象如果"社区矫正期间有工作"的话，他们的回归社会程度会更高。"基本生活需求能否被满足"这一自变量与回归社会程度之间的相关系数为 0.159（$p = 0.001$），达到显著水平，表示社区矫正对象如果在社区矫正期间基本生活需求能够被满足的话，他们回归社会的程度会更高。"是否因犯罪被原单位辞退"这一自变量与回归社会程度之间的相关系数为 0.140（$p = 0.004$），达到显著水平，表示社区矫正对象如果在社区矫正期间未因犯罪被原单位辞退的话，他们回归社会的程度会更高。其他的自变量与回归社会程度之间的相关程度不具有统计学上的意义。

表 6.6.3　社区矫正对象矫正期间经济条件与回归社会程度相关系数

经济条件	相关系数值	Sig.
1. 是否有自己的房子	−0.067	0.165
2. 社区矫正期间是否有工作	0.336 * * *	0.000
3. 基本生活需求能否被满足	0.159 * * *	0.001
4. 是否过度花钱	0.025	0.600
5. 是否因犯罪被原单位辞退	0.140 * *	0.004
a 因变量：回归社会综合水平　 * $p<0.05$, * * $p<0.01$, * * * $p<0.001$		

综上所述，在笔者对与社区矫正对象社区矫正期间经济条件相关的自变量与其回归社会程度之间的关系的分析中发现"社区矫正期间是否有工作""基本生活需求能否被满足""是否因犯罪被原单位辞退"这三个指标与社区矫正对象回归社会程度之间的关系在相关分析呈现出具有统计意义的显著关联。因此，相应的三个自变量将被纳入后续的社区矫正对象回归社会综合评价体系。

从实务意义角度来看，社区矫正工作者除了需要更多关注在社区矫正期间没有工作、基本生活需求不能够被满足以及因犯罪被原单位辞退的社区矫正对象之外，也要关注那些在社区矫正期间没有自己住房的社区矫正对象。上海市是全国经济最发达的城市之一，其住房非常昂贵，对于一些没有自己住房的犯过罪的人而言，他们要想实现拥有自己的住房可能是一件非常困难的事情。有些社区矫正对象需要租房，有些社区矫正对象可能会借宿在亲戚或朋友家，总之，他们居无定所。这种不稳定的居住状态也会对社区矫正工作造成挑战。社区矫正工作者应依此制定具体的教育与帮扶工作方案，关注他们的住房条件以及其他经济条件，帮助他们面对困境，解决困难，促进他们回归社会。

笔者通过访谈得知暴力类社区矫正对象再就业工作相对于其他类型社区矫正对象而言更加困难。在社区矫正领域，暴力类犯罪的罪名主要包括聚众斗殴、故意伤害、寻衅滋事等。在促进暴力类社区矫正对象再就业方面，笔者认为可以建立以创建专门的社区矫正对象就业基地为主要方法，以鼓励其他就业机构吸纳暴力类社区矫正对象为补充方法的就业促进机制。一方面，我们需要承认与接受社会上的就业机构对暴力类犯罪人的恐惧与担忧，这是人们的共识，也是客观事实，即便我们想改变也很难在短期内加以改变。因此，创建专门的社区矫正对象就业基地，为他们开辟谋生的出路，提供稳定的就业岗位，避免他们陷入生活困境而诱发再犯罪。另一方面，也不排除有些就业机构愿意吸纳暴力类犯罪人就业的情形，政府可以对这样的就业机构采取鼓励措施如给予适当的税收减免优惠。比如，对吸纳暴力类社区矫正对象就业的机构，对其为该罪犯缴纳的社会保险费予以减免，或者直接给予一定金额的补贴，以此提高暴力类社区矫正对象的就业率。[1]

在未成年社区矫正对象就业方面，笔者通过实地访谈发现，有些未成年社区矫正对象已经年满 16 周岁，可以就业，但是他们因为犯罪导致失业。在进入社区矫正场域之后，他们中有人因为犯罪而情绪低落，闭门不出，赋闲在家，这类未成年社区矫正对象不就业的原因是心理压力。从未成年人自身的发展来看，未成年人初犯时尚未成年，由于犯罪而导致的处罚甚至刑罚干扰甚至中断了他们正常社会化的进程。这种干扰与中断尤其表现在未成年人

---

〔1〕　参见阎鸿泰、孙华磊：《暴力型假释罪犯社区矫正问题研究》，载《中国司法》2015 年第 2 期。

从被处罚或刑罚状态中回归社会后，难以实现就业，从整体上看难以被社会接纳。有的未成年社区矫正对象难以回归社会可能不是因为犯罪经历的影响，而是他们在犯罪前后都过着"月光族"或者"今朝有酒今朝醉"的不稳定生活。他们也不想去改变这种不稳定的生活状态。这种生活价值观与不稳定的生活状况正是其当初走上犯罪道路的原因，也是他们难以回归社会的主要原因。

另外，笔者也发现，有些未成年犯罪人成为社区矫正对象之后，普遍因为各种原因而不想再读书。但是当今社会，文化程度高低与是否能够顺利就业之间的关系非常紧密，从整体层面来看，文化程度越高的人收入越高，就业机会越多已经成为社会大众的共识。未成年社区矫正对象文化程度不高，不愿继续提升自己的学历，进一步导致就业能力不足，难以获得就业机会，这种情形不利于他们重新回归社会，不利于预防他们再犯罪。

笔者还发现，多数未成年社区矫正对象都对重新上学提升自身文化程度持消极态度。如他们不想上学，对读书不感兴趣。未成年社区矫正对象的这些消极态度亟待改变，由于他们自身资源缺乏，所以应该强调外界对他们的帮助。例如，社区矫正机构可以帮助未成年社区矫正对象及其父母树立正确的观念，鼓励未成年社区矫正对象继续进入学校读书。社区矫正机构应多方筹款，在资金上给予他们求学方面的适当支持。社区矫正机构在开展矫正工作时应注意考虑未成年社区矫正对象上课时间与社区矫正工作时间之间的合理安排。社区矫正机构还应指导他们采取多种形式的保护他们自尊心的方式让他们提升学历，例如帮助他们到网上的函授班学习并参加国家认可的学历考试。

在非本地户籍社区矫正对象就业方面，笔者通过实地访谈发现，很多非本地户籍社区矫正对象来自农村，非常能够吃苦，那些上海市最低工资水平的工作他们也愿意去做。有的非本地户籍社区矫正对象缺乏面试技巧，社区矫正社会工作者会给他们提供建议；有的非本地户籍社区矫正对象缺乏就业信心，社区矫正工作会给他们讲道理摆事实，增强他们的就业信心；有的非本地户籍社区矫正对象因为失业而心灰意冷，社区矫正工作者会安慰和鼓励他们，增强他们的抗逆力。总体而言，社区矫正机构从提供就业机会、增强就业信心、开展情绪调节、提供心理咨询服务、指导面试技巧等多个方面帮助非本地户籍社区矫正对象求职。对于本地户籍社区矫正对象而言，社区矫正工作者则主要从心理上鼓励他们适应社区矫正期间的生活，减轻他们的心理压力，促进他们回归社会。

社区矫正对象回归社会的宏观影响因素

从社会学的角度来看，宏观影响因素是指在结构上高于微观层面与中观层面的影响因素。微观层面的影响因素聚焦于个人或个体的各种人口统计学特征、行为特征与态度特征，中观层面的影响因素聚焦于家庭、学校、朋友圈、就业机构等由不同个体组成的聚合体，宏观层面的影响因素则是指文化因素、经济因素与政治因素。众所周知，人是社会性的个体，人是所有社会关系的总和，个人的行为、态度、福利、待遇、遭遇离不开中观层面群体因素，也同样离不开宏观层面因素，否则个体难以在社会中生存与发展。在本研究中，笔者假设社区矫正对象回归社会受到宏观层面的经济、政治与文化因素的影响。从社会学的研究视角来看，经济、政治与社会文化是个体社会化的不可回避的重要的环境。因此，笔者认为，社区矫正对象在回归社会的过程中，各种政治、经济与文化因素应该与其回归社会有关联。

但是，笔者在宏观因素具体指标的选择上存在一定的困难，原因在于，笔者在回顾很多回归社会的研究文献时，发现很少有研究者将宏观因素作为影响因素加以测量。笔者推测，可能是因为宏观因素过于宏大，很难被操作化为具体的指标，而且这些指标也难以转化为问卷中的问题，以及难以去询问调查对象。具体分析如下：

（1）经济环境。这个包含的因素太多，至少包括经济收入、福利救助、就业资源等方面的因素，但是有些因素本书已经使用个人经济收入、个人就业状况指标加以分析，这些指标在本书中属于微观因素，也就是说，宏观经济发展水平许多要素如果要进行研究，需要被操作化、具体化为微观指标，这样的话，宏观因素就被分解为微观因素了，这就直接导致本书中涉及的宏观因素数量很少。

（2）政治环境。在既有的文献中，很少有人单独去研究影响社区矫正对象回归社会或者重新犯罪的政治因素，但是本书依然开展了政治环境因素的讨论，例如本书将社区矫正对象回归社会的政治环境操作为相关的政治制度或规范，如《社区矫正法》中规定的社区矫正对象的会客权利、迁居权利、接受帮扶和救助的权利。同时，本书将《社区矫正法》规定的监督管理制度、教育帮扶制度也作为中观层面的政治环境中的部分加以分析。这是因为从监督管理制度来看，这是对社区矫正对象人身自由的一种限制性制度安排，即社区矫正对象有享受和承担《中华人民共和国宪法》规定的与自由相关的权利和义务，这些权利与义务都属于人民的政治权利。从教育帮助制度来看，这是社区矫正对象的福利权利方面的制度安排，即社区矫正对象有接受教育与救助的政治权利。

（3）文化环境。文化环境概念比较宏大且包含的要素繁多，纷繁复杂，难以穷尽，笔者暂且采取分析与社区矫正对象回归社会直接相联系的包容性文化环境的对策。包容性文化环境可以在问卷调查中转化为"社会歧视"这个社会学常用专业术语，并可以被转化为社区矫正对象是否感受到来自他人的歧视。这些他人可以被操作化为家人、亲戚、朋友、上司、社区矫正工作者等。

综上所述，笔者在本章中，将首先开展社区矫正制度、社会歧视与社区矫正对象回归社会之间的关联分析。其次，笔者将尝试从上海市社区矫正发展总体水平这个宏观环境角度对社区矫正对象回归社会展开分析，不过，由于社区矫正发展总体水平方面的资料比较少，笔者的分析只能算作一次尝试，期望以后有机会进一步深入开展此方面的研究。

第一节　社区矫正制度与回归社会

我国社区矫正工作方式的主要内容是监督管理、教育矫正和帮扶工作，目的是帮助社区矫正对象重新成为合法公民。我国颁布了许多关于社区矫正工作的法律法规，这些法律法规对社区矫正工作作出了制度性安排。在实际操作中，社区矫正机构工作人员会将这些社区矫正制度与社会学、社会工作、心理学、教育学等方面的知识结合起来去管理与帮助社区矫正对象，从而协助他们度过社区矫正期。社区矫正的各项制度对社区矫正对象回归社会理应有重要作用，但尚缺乏具体的实证研究。基于此，笔者拟深入分析这些社区矫正制度与社区矫正对象回归社会程度之间的关联。

一、文献回顾与研究假设

（一）社区矫正监督管理制度

社区矫正监督管理工作是社区矫正的基础工作，是对社区矫正对象实施处罚的工作，是彰显刑罚正义、维护社会公正的必要工作。社区矫正监督管理工作的质量、效果理应与社区矫正对象回归社会有所关联。如科学与合理的奖惩制度会让社区矫正对象认同社区矫正监督管理工作，服从社区矫正的监督管理；而不公正的奖惩制度则会让社区矫正对象否定社区矫正监督管理工作，不服从社区矫正的监督管理，进而影响他们顺利回归社会。

《社区矫正法》第 23 条规定，社区矫正对象在社区矫正期间应当遵守法律、行政法规，履行判决、裁定、暂予监外执行决定等法律文书确定的义务，遵守国务院司法行政部门关于报告、会客、外出、迁居、保外就医等监督管理规定，服从社区矫正机构的管理。这些是社区矫正监督管理制度的主要内容。社区矫正管理制度还包括制定有针对性的矫正方案，实现分类管理、个别化矫正；社区矫正机构应当根据社区矫正对象的情况，为其确定矫正小组，负责落实相应的矫正方案；社区矫正机构应当了解掌握社区矫正对象的活动情况和行为表现；社区矫正对象离开所居住的市、县或者迁居，应当报经社区矫正机构批准；因社区矫正对象迁居等原因需要变更执行地的，社区矫正机构应当按照有关规定作出变更决定；社区矫正机构根据社区矫正对象的表现，依照有关规定对其实施考核奖惩；在特殊情形下使用电子定位装置，加强监督管理；社区矫正对象失去联系的，社区矫正机构应当立即组织查找，公安机关等有关单位和人员应当予以配合协助；社区矫正对象符合刑法规定的减刑条件的，社区矫正机构应当向社区矫正执行地的中级以上人民法院提出减刑建议，并将减刑建议书抄送同级人民检察院；开展社区矫正工作，应当保障社区矫正对象的合法权益；社区矫正对象认为其合法权益受到侵害的，有权向人民检察院或者有关机关申诉、控告和检举。在本研究中，笔者将这些社区矫正监督管理规定与社区矫正实际工作相结合，将社区矫正监督管理制度操作化为七项制度：定期思想汇报制度、定期走访制度、请销假制度、迁居制度、会客制度、奖励制度、惩罚制度。

笔者通过回顾既往研究发现，目前的社区矫正监督管理工作正在向更加精细的分类管理推进，研究者们纷纷将研究目标投向了社区矫正分类管理制度并且取得了一些比较重要的成果。总体而言，虽然社区矫正分类监督管理制度至关重要，但也存在一些明显的问题，这些问题可能会对社区矫正对象回归社会造成不利的影响。如万昌文指出目前的社区矫正分类管理存在着一些明显的问题。一是只考虑纵向分类或分级，在各级管理措施中不能体现出各类社区矫正对象的横向差别。二是从逻辑上看，在同一层面上同时存在两种分类，造成了管理措施的叠加混乱。三是从管理措施内容上看，不同等级的社区矫正对象的处遇差异力度不大，难以发挥分级管理制度对社区矫正对象的激励功能。他指出产生这些问题的原因在于：其一，现行法律及有关文件对四类社区矫正对象规定的监督管理措施基本相同，同时社区矫正机构对管理措施可以自由裁量的空间又非常有限，客观上导致无论横向分类还是纵向分类，不同对象的处遇差别都难以充分体现，主观上也导致社区矫正机构缺乏探索分类管理的动力。其二，社区矫正分类管理是一项需要在实践中不断探索、积累经验的复杂工作，而目前我国社区矫正机构及司法所人少事多的矛盾非常突出，工作人员业务素质也有待提升，导致工作人员客观上没有精力、能力去探索、完善分类管理制度。[1]

刘毅通过对部分基层社区矫正分类管理实践的实地调查，分析出了社区矫正分类管理在实践中所面临的困惑，并对社区矫正立法意图与立法价值进行了深度解读。她指出各地社区矫正分类管理存在如下困境：一是分类方法简单化。如河南省将社区矫正对象分为重点管理和普通管理等级；湖北省将社区矫正对象分为严管、普管、宽管三个类别。这些分类管理的方式过于简单，不能达到个别化矫正的目的。其原因是许多接受社区矫正机构委托的基层司法所无法做到社区矫正专人专职，并且社区矫正机构工作人员的专业性程度不高。二是分类标准不统一。如天津市各辖区对社区矫正对象采用了诸多分类标准。三是专业化程度较低。除了经济比较发达的地方的社区矫正机构工作人员是专人专职外，大部分地方的工作人员身兼数职，因而有些地方

〔1〕 参见万昌文：《对社区矫正分类管理的思考》，载《中国司法》2020年第12期。

将社区矫正工作交由薪水待遇较低、流动性较强、工作队伍稳定性差的司法社工来承担。[1]

广西壮族自治区司法社区矫正管理局课题组指出目前的分类管理运行中存在一些问题。一是对"人身危险性"存在一定程度的认知错误。《中华人民共和国社区矫正法释义》指出，需要强调的是，四类社区矫正对象都是社区矫正决定机关认为没有再犯罪的危险，对所居住的社区没有重大不良影响，才决定适用社区矫正的，因此，严格依法开展社区矫正工作，不会引发公共安全问题。此处实际上明确了社区矫正对象刚入矫时并无再犯罪危险，并且没有排除社区矫正对象在正常状态下由社会开放环境激发不良人格再次犯罪的风险。二是社区矫正分类依据适用不系统、不明确。就管理的分类方式来看，存在年龄、受刑类型、犯罪类型、人身危险性、监管难易程度等标准，这些具有不同向度的价值标准为分类管理提供了依据。社区矫正机构应该制定一张分类管理的"整体图"，但是现实情况却是大多仅仅根据人身危险性开展分类，没有直接反映适用不同管理等级的人员数量与名单、某一类犯罪人员与名单、未成年社区矫正对象名单等。各个应该采取的分类向度情况无法一目了然。三是缺乏可量化的再犯罪评估体系。实践中，评估社区矫正对象再犯罪危险程度主要依赖于社区矫正对象的"犯罪原因""主观恶性"与矫正期间的"一贯表现"，很大程度上依赖于社区矫正工作者的个人经验与走访获知的情况，存在一定程度的盲目性与随意性。[2]

胡聪和徐晓燕指出浙江省社区矫正对象分类管理制度存在如下问题：一是没有设置宽松管理等级，从而不能体现出完整的层次性。在社区矫正实践中，社区矫正对象具有较大的差异性，有的人不需要再进行矫正教育，也不会再违法犯罪，矫正期间也会积极服从监督管理，有的则是较难管理和矫正的"刺头"。前者对应的是普通管理，后者对应的是严格管理。对于那些积极服从与配合、也不会再违法犯罪的矫正对象，却没有设置对应的宽松管理等级，在实际工作中只能混同于普通管理类的矫正对象，这不利于社区矫正分类管理的精准化。二是不同管理等级之间的处遇差别不大，起不到有效的引

---

〔1〕 参见刘毅：《构建"三位一体"的社区矫正分类管理体系》，载《司法警官职业教育研究》2021 年第 4 期。

〔2〕 参见广西壮族自治区司法厅社区矫正管理局课题组：《论社区矫正分类管理的执行与适用——以广西壮族自治区社区矫正管理实践为视角》，载《社区矫正理论与实践》2023 年第 2 期。

导与震慑作用，尤其是对"刺头"不仅不起作用，反而在事实上造成对"刺头"的纵容，致使其进一步降低了对"制度"的敬畏。此情况还容易产生"刺头"将不良习气传染给其他人的现象，降低了社区矫正工作的整体效率。三是分类管理制度没有同其他制度有机结合。首先是分类管理制度没有同考核奖惩制度有机结合。表扬既不能兑换成物质，也不能提升处遇，更没有提高减刑的可能性，整体而言缺乏激励作用。行政处罚包括训诫、警告和提请治安管理处罚，对社区矫正对象均无明显震慑作用。其次，分类管理制度没有同教育矫正制度有机结合，没有实施分类集中教育。很多地方将集中教育外包给社会组织，社会组织安排集中教育时没有调查与考虑分类管理的情况，内容安排较为随意，造成大量资源的浪费。这些集中教育内容如法律解读、点赞十九大等爱国主义教育、环境保护和健康讲座、国学经典、情绪及压力管理、手工制作课堂、《浙江省民营企业发展促进条例》解读等。[1]

（二）社区矫正教育帮扶制度

社区矫正教育帮扶分为教育矫正与帮困救助两个部分，这两个部分是社区矫正具有强烈社会福利色彩的工作，也是促进社区矫正对象回归社会的关键工作。仅仅对社区矫正对象实施惩罚无法帮助他们回归社会，只有对他们开展科学与恰当的教育帮扶工作才能改变他们的犯罪思想与观念。只有他们的思想与观念得以改变，其行为才会改变。社区矫正帮困救助工作是社区矫正教育工作的补充部分，因为有的社区矫正对象经济条件好、生活压力小、心理压力也可以忽略不计，他们基本上不怎么需要保障基本生活性质的帮困救助，只有那些经济条件差、生活压力大、心理压力大的社区矫正对象才需要社区矫正帮困救助。社区矫正机构首先应该开展科学与合适的社区矫正教育工作，其次应该对那些遭遇生活困境的社区矫正对象提供制度规定范围内的帮扶工作。

社区矫正教育帮扶工作是社区矫正对象回归社会的必由之路，是更好地发挥其维护和保障社会稳定的重要方法。实际上，我国自 2003 年开展社区矫正试点工作以来，至今已经走过二十一个年头，在此期间社区矫正教育帮扶工作一直都受到重视。我国社区矫正已经走过了从全面铺开到追求覆盖率的

---

[1] 参见胡聪、徐晓燕：《浙江省社区矫正对象分类管理制度存在的问题及对策》，载《犯罪与改造研究》2022 年第 3 期。

阶段，目前正在朝精细化方向发展。在此背景下，社区矫正教育帮扶工作越来越受到重视，相关要求也越来越细化。

在社区矫正教育帮扶工作发展历程中，相关部门陆续出台了相关通知、办法与法律，这些法规与政策性文件对社区矫正教育帮扶工作提出了越来越明确的要求。2004 年司法部颁布的《司法行政机关社区矫正工作暂行办法》第 6 条规定，司法行政机关应当对社区服刑人员实施分类管理、个性化教育。可见该办法将"个性化教育"作为社区矫正工作体系中的重要环节。2005 年"两高两部"颁布了《关于扩大社区矫正试点范围的通知》，继续强调，"社区矫正根据社区服刑人员的不同特点，实施分类管理和教育，矫正其不良心理和行为，突出教育改造的针对性和实际效果……"该通知第一次对教育工作提出更细化的要求。2012 年"两高两部"颁布的《社区矫正实施办法》第 21 条指出，"司法所应当及时记录社区矫正人员接受监督管理、参加教育学习和社区服务等情况，定期对其接受矫正的表现进行考核，并根据考核结果，对社区矫正人员实施分类管理。"该办法进一步提出，要将社区矫正人员教育学习情况与分类管理结合起来。

2019 年年底正式公布的《社区矫正法》第 3 条规定，"社区矫正工作坚持监督管理与教育帮扶相结合，专门机关与社会力量相结合，采取分类管理、个别化矫正，有针对性地消除社区矫正对象可能重新犯罪的因素，帮助其成为守法公民。"该法第 24 条再次强调，"社区矫正机构应当根据裁判内容和社区矫正对象的性别、年龄、心理特点、健康状况、犯罪原因、犯罪类型、犯罪情节、悔罪表现等情况，制定有针对性的矫正方案，实现分类管理、个别化矫正。矫正方案应当根据社区矫正对象的表现等情况相应调整。"该法第 35 条又规定，县级以上地方人民政府及其有关部门应当通过多种形式为教育帮扶社区矫正对象提供必要的场所和条件，组织动员社会力量参与教育帮扶工作。有关人民团体应当依法协助社区矫正机构做好教育帮扶工作。这些是社区矫正监督管理制度的总体要求。社区矫正教育帮扶制度还包括：社区矫正机构根据需要，对社区矫正对象进行法治、道德等教育，增强其法治观念，提高其道德素质和悔罪意识；社区矫正机构可以协调有关部门和单位，依法对就业困难的社区矫正对象开展职业技能培训、就业指导，帮助社区矫正对象中的在校学生完成学业；社区矫正机构可以通过公开择优购买社区矫正社会工作服务或者其他社会服务，为社区矫正对象在教育、心理辅导、职业技能培训、社会关系改善等方面提供必要的帮扶；社区矫正机构可以根据社区矫正对象的个人特长，组织其参加公益活动，修复社会关系，培养社会责任感；社区矫正对象可以按照国家有关规定申请社会救助、参加社会保险、获得法律援助，社区矫正机构应当给予必要的协助。

可见，社区矫正教育帮扶工作一直都是社区矫正工作中的中心内容，重中之重。在本研究中，笔者将这些社区矫正教育帮扶制度与社区矫正实际工作相结合，将社区矫正教育制度操作化为如下五项教育工作：法治教育、道德教育、职业技能教育、心理健康教育、社会交往技能教育。

笔者通过回顾既往研究发现，目前的社区矫正教育工作正处于初级阶段，很多研究者认为应该采取与分类监督管理一样的方式大力推进分类教育工作。如庄乾龙在分类集中教育研究中探讨了社区矫正对象的分类标准。他建议以社区矫正对象实施的犯罪性质为主，兼采年龄与性别等标准。比如，可以将社区矫正对象的集中教育工作区分为涉毒类集中教育、涉财类集中教育、滋扰类集中教育、交通肇事类集中教育、未成年人集中教育、女性集中教育等。此外，为满足扩大假释的现实需要，还可以针对假释犯单设假释犯集中教育。解矫前集中教育则以社区矫正对象踏入社会急需了解与掌握的社会知识为准，可以区分为形势政策教育、法治教育、心理辅导教育、就业救助教育等。他进一步指出，不同类型的罪犯具有不同的再犯风险，针对类型化的矫正对象制定有针对性的教育改造措施，实施具体、个别化的教育，则可有效"消除"社区矫正对象的致罪因素。分类集中教育让不同类型的社区矫正对象认识到自己所触及的犯罪行为的共同性，有利于矫正对象群体性地纠正认知偏差，避免其再次成为违法犯罪人员。社区矫正对象具有不同的群体特征，如以年龄为准，可以区分为未成年人、老年人及其他年龄段社区矫正对象。以性别为准，可以区分为女性社区矫正对象与男性社区矫正对象。未成年犯犯罪动机简单，共同犯罪较多，有低龄化发展趋势。女性社区矫正对象则具有情感细腻等特征，因家庭纠纷引发矛盾乃至犯罪的情形较多。他进一步指出对不同犯罪性质的社区矫正对象宜开展不同的社区矫正集中教育。如以盗窃罪、诈骗罪、抢劫罪等为代表的侵犯财产类犯罪的社区矫正对象，他们往往具有好逸恶劳、贪图享受等特点，对该类矫正对象就有必要进行思想道德教育、劳动意识和价值观培养教育、奉献教育、高尚人格教育、爱岗敬业、认真履行职责的职业道德教育，矫正其出现偏差的道德体系。对滋扰型社区矫正对象宜重视沟通能力教育，使其具备正确认知纠纷、解决纠纷的能力。对涉毒类社区矫正对象需要开展毒品危害性教育与职业技能培养教育。[1]

另外，由于社区矫正教育工作是固定的，基本上每个社区矫正对象接受的教育都有很大一部分是大致相同的，当然有些社区矫正对象需要接受个别教育。而社区矫正帮扶工作相比社区矫正教育工作而言个性化非常强，每个社区矫正对象所遭遇的生活困难很可能不一样，那么，社区矫正机构提供给每个社区矫正对象的帮扶也不一样，因此，社区矫正帮扶工作不宜采取与社区矫正教育工作一样的操作化模式，即不宜将社区矫正帮扶工作操作为几种截然不同的帮扶工作，而应该获取社区矫正对象对帮扶主体提供的帮扶工作的满意度的评价信息。因此，笔者将请社区矫正对象回答他们对司法所、社区矫正社会工作者、村居委会工作者以及社会帮教志愿者开展的帮扶工作的满意度，以此来分析社区矫正帮扶制度及其与社区矫正对象回归社会程度之间的关联度。

笔者通过回顾既往研究发现，目前的社区矫正帮扶工作与教育工作相似，也正处于初级阶段，研究者们认为应该采取与分类监督管理一样的方式大力推进分类帮扶工作。如张磊等人采用调查统计、深度访谈及非参与式观察等方法，对某区成年女性社区矫正对象的基本状况与社会支持状况开展了调查统计分析。他们发现从年龄上看，女性社区矫正对象以中青年为主，中老年罪犯呈上升趋势；从受教育程度上看，女性社区矫正对象的学历程度偏低，高学历犯罪呈增长态势；从婚姻家庭状况上看，已婚、有子女的女性矫正对象居多；从犯罪类型上看，女性社区矫正对象犯罪类型多元化，但以非暴力犯罪为主，侵犯财产类犯罪居多；从就业状况上看，女性社区矫正对象的就业率比较低，就业意愿呈现两极分化状态。他们发现某区女性社区矫正对象社会支持呈现如下状态：一是社区矫正体系基本完备，再犯率为零；二是支持方式多元化，客观支持常态化。女性社区矫正对象回归社会也存在一些困境：一是自我认同危机引发多重排斥困境；二是无业是女性回归社会的重要障碍；三是受教育程度低、不良价值观及法律意识淡薄等是影响女性回归社会的重要因素；四是正式支持中的政策性支持多，实操性支持少，缺乏针对性、持续性和有效性；五是非正式支持中的家庭支持多，其他支持少，缺乏

---

〔1〕　参见庄乾龙：《论社区矫正分类集中教育》，载《犯罪与改造研究》2021 年第 10 期。

有效引导。他们提出了重建女性社区矫正对象社会支持系统的具体路径：一是创造以权利保障为主的社会文化氛围；二是构建以情感支持为主的心理帮扶体系；三是完善以就业支持为主的社会保障制度；四是健全以教育帮扶为主的社会参与体系。[1]

张蕾与夏苗指出目前老年社区矫正对象帮困扶助工作存在如下几个问题：一是社会认知与老年社区矫正对象真实需求错位。这是指社会公众认为老年人应该处于被照顾的状态，属于弱势群体，但事实上老年人脑力并没有明显的衰退，老年人的价值需求比我们传统认知中的更加积极进取；二是被边缘化导致老年社区矫正对象较难获得支持。由于社区矫正工作机构经费与人手有限等原因，对老年社区矫正对象的关注重点多集中在"监督管理"，以不出问题为追求目标。三是对老年社区矫正对象帮困扶助的层次较低且不成体系。对老年社区矫正对象的帮扶措施多集中在解决"燃眉之急"，如各种临时救助，而更高层次的帮困扶助措施，或因未意识到，或因有心无力，则较少实施。最后作者提出了在"积极老龄观"背景下中国老年社区矫正帮困扶助工作的路径：一是正确认识老年社区矫正对象真实需求；二是为老年社区矫正对象提供更多支持；三是提高帮扶层次，建立帮扶体系，包括生存性帮困扶助、支持性帮困扶助和发展性帮困扶助。[2]

阎鸿泰与孙华磊对暴力型假释罪犯社区矫正问题开展了研究。他们指出暴力型假释罪犯，相对于非暴力假释罪犯和管制、缓刑、暂予监外执行罪犯，一般认为其具有更大的主观恶性和社会危害性，融入社会的难度也更大，研究此群体对完善社区矫正工作具有重要价值。他们指出应该激发形成更加多元的帮扶网络，包括依托社区矫正中心或帮扶基地打造中国特色的"中途之家"；大力推进财政补贴企业促进就业机制；积极推进政府购买服务，促进暴力型假释社区矫正对象回归社会。[3]

---

〔1〕 参见张磊等：《女性社区矫正对象回归社会的困境与出路——以某区社会支持系统的构建为例》，载《犯罪与改造研究》2021年第10期。

〔2〕 参见张蕾、夏苗：《"积极老龄观"背景下对老年社区矫正对象帮困扶助工作研究》，载《社区矫正理论与实践》2023年第2期。

〔3〕 参见阎鸿泰、孙华磊：《暴力型假释罪犯社区矫正问题研究》，载《中国司法》2015年第2期。

（三）研究假设

通过分析上述文献资料，笔者认为社区矫正监督管理与教育帮扶制度以及相应的工作方式理应会对社区矫正对象回归社会程度造成影响。可以合理地推测社区矫正监督管理中的相关规定可能会与社区矫正对象的日常工作与生活之间存在一定的冲突，社区矫正对象需要调整自己的工作与生活以适应这些监督管理方式，如果难以调整，则显然会影响他们的矫正效果与回归社会的进程。而社区矫正中的教育矫正的教育内容、教育方式等是否与社区矫正对象的需求相吻合，是否能够得到社区矫正对象的接受与好评，也应该与其回归社会程度高低相关。社区矫正中的帮扶工作属于福利救济性质的工作，当社区矫正对象遭遇生活困境的时候，如果能够获得法律、法规、政策框架内许可的救助，显然会促进他们回归社会的进程，反之，则会对他们回归社会造成负面影响。根据这些推测，笔者拟在下文中进一步分析社区矫正工作方式对社区矫正对象回归社会的影响。

根据以上分析，笔者将社区矫正对象对相关社区矫正监督管理制度的合理性的评价与社区矫正对象对相关社区矫正教育帮扶工作的满意度作为本研究的自变量，将社区矫正对象回归社会程度的总分作为因变量，提出如下研究假设：

研究假设：社区矫正对象对社区矫正监督管理制度合理性的评价与其回归社会程度之间存在显著关联；社区矫正对象对社区矫正教育帮扶工作满意度的评价与其回归社会程度之间存在显著关联。

二、社区矫正制度相关变量设置与测量方法

根据笔者所作的分析，笔者将社区矫正对象回归社会程度的总分作为因变量，将社区矫正制度因素作为自变量。接下来，笔者将此社区矫正制度因素操作为 16 个自变量，每个自变量都被设置成符合相关分析的二分变量，具体变量设置方法如下表所示。

表 7.1.1 社区矫正制度自变量设置表

社区矫正制度变量	选项或取值		变量层次
1. 思想汇报制度	①不合理=0	②合理=1	二分变量
2. 走访制度	①不合理=0	②合理=1	二分变量
3. 请销假制度	①不合理=0	②合理=1	二分变量
4. 迁居制度	①不合理=0	②合理=1	二分变量
5. 会客制度	①不合理=0	②合理=1	二分变量
6. 奖励制度	①不合理=0	②合理=1	二分变量
7. 惩罚制度	①不合理=0	②合理=1	二分变量
8. 法治教育	①不满意=0	②满意=1	二分变量
9. 道德教育	①不满意=0	②满意=1	二分变量
10. 职业技能培训	①不满意=0	②满意=1	二分变量
11. 社会交往技能教育	①不满意=0	②满意=1	二分变量
12. 心理健康教育	①不满意=0	②满意=1	二分变量
13. 对司法所矫正干部的帮扶工作的评价	①不满意=0	②满意=1	二分变量
14. 对矫正社会工作者的帮扶工作的评价	①不满意=0	②满意=1	二分变量
15. 对村居委会工作者的帮扶工作的评价	①不满意=0	②满意=1	二分变量
16. 对社会帮教志愿者的帮扶工作的评价	①不满意=0	②满意=1	二分变量

三、社区矫正制度与回归社会程度之间的描述性交叉分析

（一）社区矫正监督管理制度与回归社会程度

表 7.1.2 显示了社区矫正监督管理制度与社区矫正对象回归社会程度之间的交叉关系。因为"非常低"和"比较低"这两个等级对应的百分数都非常小，基本可以忽略不计，所以，我们可以通过比较"一般"选项维度对应的数据大小，来判断相关社区矫正对象回归社会程度的高低。在"一般"选项上的百分比数字越大，说明在"比较高""非常高"选项上的数字越小，也说明回归社会程度更低。

接下来，我们以"一般"回归社会程度角度来分析表 7.1.2 中的数据。

在本研究中，一般水平属于负面评价，因此，实施过该行为的人所占比重越大，回归社会程度越低。

　　从"思想汇报制度"这一项来看，认为"不合理"的社区矫正对象比认为"合理"的社区矫正对象多 20.4%；从"走访制度"这一项来看，认为"不合理"的社区矫正对象比认为"合理"的社区矫正对象多 4.5%；从"请销假制度"这一项来看，认为"不合理"的社区矫正对象比认为"合理"的社区矫正对象多 5.1%；从"迁居制度"这一项来看，认为"不合理"的社区矫正对象比认为"合理"的社区矫正对象多 4.7%；从"会客制度"这一项来看，认为"不合理"的社区矫正对象比认为"合理"的社区矫正对象多 3.0%；从"奖励制度"这一项来看，认为"不合理"的社区矫正对象比认为"合理"的社区矫正对象多 12.6%；从"惩罚制度"这一项来看，认为"不合理"的社区矫正对象比认为"合理"的社区矫正对象多 5.1%。可见差距较大的自变量有"思想汇报制度"和"奖励制度"。

表 7.1.2　社区矫正监督管理制度与回归社会程度交叉分析表

监督管理制度	选项	非常低	比较低	一般	比较高	非常高	合计
1. 思想汇报制度	不合理	1.2%	0.0%	38.1%	20.2%	40.5%	100.0
	合理	0.6%	0.6%	17.7%	30.6%	50.5%	100.0
2. 走访制度	不合理	0.8%	0.0%	23.5%	30.3%	45.5%	100.0
	合理	0.7%	1.4%	19.0%	25.2%	53.7%	100.0
3. 请销假制度	不合理	0.9%	0.0%	24.1%	28.4%	46.6%	100.0
	合理	0.6%	1.1%	19.0%	28.5%	50.8%	100.0
4. 迁居制度	不合理	0.9%	0.0%	23.0%	29.2%	46.9%	100.0
	合理	0.9%	2.2%	18.3%	25.8%	53.8%	100.0
5. 会客制度	不合理	0.9%	0.3%	22.5%	31.1%	45.2%	100.0
	合理	0.0%	1.3%	19.5%	16.9%	62.3%	100.0
6. 奖励制度	不合理	0.8%	0.0%	26.5%	28.5%	44.2%	100.0
	合理	0.7%	1.3%	13.9%	28.5%	55.6%	100.0

监督管理制度	选项	非常低	比较低	一般	比较高	非常高	合计
7. 惩罚制度	不合理	1.0%	0.0%	23.2%	31.0%	44.8%	100.0
	合理	0.0%	1.9%	18.1%	21.0%	59.0%	100.0

（二）社区矫正教育制度与回归社会程度

表7.1.3显示了社区矫正对象在社区矫正期间对社区矫正教育工作的评价与其回归社会程度之间的交叉关系。因为"非常低"和"比较低"这两个等级对应的百分数都非常小，基本可以忽略不计，所以，我们可以通过比较"一般"选项维度对应的数据大小，来判断相关社区矫正对象回归社会程度的高低。在"一般"选项上的百分比数字越大，说明在"比较高""非常高"选项上的数字越小，也说明回归社会程度更低。

接下来，我们从表7.1.3中可以发现，在"一般"这一列中，"法治教育""道德教育""职业技能培训""社会交往技能教育""心理健康教育"这五个指标对应的否定评价所占比重与肯定评价所占比重的差距均比较明显。从"法治教育"这一指标来看，差距为8.4个百分点；从"道德教育"这一指标来看，差距为14.6个百分点；从"职业技能培训"这一指标来看，差距为10.6个百分点；从"社会交往技能教育"这一指标来看，差距为10.4个百分点；从"心理健康教育"这一指标来看，差距为10.5个百分点。

表7.1.3　社区矫正教育制度与回归社会程度交叉分析表

教育制度	选项	非常低	比较低	一般	比较高	非常高	合计
1. 法治教育	不满意	1.9%	0.0%	28.3%	32.1%	37.7%	100.0
	满意	0.3%	0.7%	19.9%	27.4%	51.8%	100.0
2. 道德教育	不满意	1.1%	0.6%	30.3%	26.4%	41.6%	100.0
	满意	0.4%	0.4%	15.7%	30.2%	53.2%	100.0
3. 职业技能培训	不满意	1.0%	0.3%	24.8%	29.3%	44.6%	100.0
	满意	0.0%	0.9%	14.2%	26.4%	58.5%	100.0

教育制度	选项	非常低	比较低	一般	比较高	非常高	合计
4. 社会交往技能教育	不满意	1.0%	0.3%	24.8%	29.5%	44.4%	100.0
	满意	0.0%	0.9%	14.4%	26.1%	58.6%	100.0
5. 心理健康教育	不满意	1.8%	0.0%	28.3%	26.5%	43.4%	100.0
	满意	0.0%	0.8%	17.8%	30.0%	51.4%	100.0

（三）社区矫正帮扶制度与回归社会程度

表 7.1.4 显示了社区矫正对象在社区矫正期间对社区矫正帮扶工作的评价与其回归社会程度之间的交叉关系。因为"非常低"和"比较低"这两个等级对应的百分数都非常小，基本可以忽略不计，所以，我们可以通过比较"一般"选项维度对应的数据大小，来判断相关社区矫正对象回归社会程度的高低。在"一般"选项上的百分比数字越大，说明在"比较高""非常高"选项上的数字越小，也说明回归社会程度更低。

接下来，我们从表 7.1.4 中可以发现，在"一般"这一列中，"矫正社会工作者""社会帮教志愿者"这两个指标对应的否定评价所占比重与肯定评价所占比重的差距均比较明显。从"矫正社会工作者"这一指标来看，差距为7.6 个百分点；从"社会帮教志愿者"这一指标来看，差距为 8.5 个百分点。

表 7.1.4　社区矫正帮扶制度与回归社会程度交叉分析表

帮扶制度	选项	非常低	比较低	一般	比较高	非常高	合计
1. 司法所矫正干部	不满意	1.4%	0.5%	22.2%	30.1%	45.8%	100.0
	满意	0.5%	0.5%	21.8%	25.9%	51.3%	100.0
2. 矫正社会工作者	不满意	1.1%	0.4%	24.6%	28.3%	45.6%	100.0
	满意	0.7%	0.7%	17.0%	27.7%	53.9%	100.0
3. 村居委会工作者	不满意	1.3%	0.3%	21.2%	29.6%	47.5%	100.0
	满意	0.0%	0.9%	24.1%	24.1%	50.9%	100.0

帮扶制度	选项	非常低	比较低	一般	比较高	非常高	合计
4. 社会帮教志愿者	不满意	1.2%	0.3%	23.8%	28.7%	46.0%	100.0
	满意	0.0%	1.2%	15.3%	25.9%	57.6%	100.0

四、社区矫正制度与回归社会程度之间的解释性相关分析

社区矫正对象对社区矫正制度及工作的评价涉及的各个指标与其回归社会程度之间是否有显著的关联？笔者采用相关分析方法来检验两者之间的关系。在此分析中，自变量是一些与对社区矫正制度及工作的评价直接相关的指标，因变量是社区矫正对象回归社会程度综合水平的总分。

表7.1.5显示，在社区矫正对象在社区矫正期间对社区矫正帮扶工作的评价与其回归社会程度之间的相关分析结果中，自变量"法治教育""道德教育""职业技能培训""社会交往技能教育""心理健康教育""对社会帮教志愿者的帮扶工作的评价"这五个指标对应的 Sig. <0.05，具有统计上的意义，证明这五个指标与回归社会程度之间具有显著关联。

具体而言，根据 Pearson's 相关系数分析得知，"法治教育"这一自变量与回归社会程度之间的相关系数为 0.132（$p=0.007$），达到显著水平，表示社区矫正对象如果对法治教育工作满意的话，他们的回归社会程度会更高。"道德教育"这一自变量与回归社会程度之间的相关系数为 0.165（$p=0.001$），达到显著水平，表示社区矫正对象如果对道德教育工作满意的话，他们回归社会的程度会更高。"职业技能培训"这一自变量与回归社会程度之间的相关系数为 0.133（$p=0.007$），达到显著水平，表示社区矫正对象如果对职业技能教育工作满意的话，他们回归社会的程度会更高。"社会交往技能教育"这一自变量与回归社会程度之间的相关系数为 0.137（$p=0.005$），达到显著水平，表示社区矫正对象如果对社会交往技能教育工作满意的话，他们回归社会的程度会更高。"心理健康教育"这一自变量与回归社会程度之间的相关系数为 0.128（$p=0.009$），达到显著水平，表示社区矫正对象如果对心理健康教育工作满意的话，他们回归社会的程度会更高。"对社会帮教志愿者的帮扶工作的评价"这一自变量与回归社会程度之间的相关系数为 0.102

（$p=0.038$），达到显著水平，表示社区矫正对象如果对社会帮教志愿者的帮扶工作满意的话，他们回归社会的程度会更高。其他的自变量与回归社会程度之间的相关程度不具有统计上的意义。

表7.1.5　社区矫正对象对社区矫正制度的评价与回归社会程度相关系数

社区矫正制度变量	相关系数值	Sig.
1. 思想汇报制度	0.145	0.003
2. 走访制度	0.057	0.247
3. 请销假制度	0.047	0.343
4. 迁居制度	0.049	0.318
5. 会客制度	0.095	0.055
6. 奖励制度	0.122	0.013
7. 惩罚制度	0.094	0.056
8. 法治教育	0.132 * *	0.007
9. 道德教育	0.165 * *	0.001
10. 职业技能培训	0.133 * *	0.007
11. 社会交往技能教育	0.137 * *	0.005
12. 心理健康教育	0.128 * *	0.009
13. 对司法所矫正干部的帮扶工作的评价	0.048	0.330
14. 对矫正社会工作者的帮扶工作的评价	0.089	0.070
15. 对村居委会工作者的帮扶工作的评价	0.018	0.719
16. 对社会帮教志愿者的帮扶工作的评价	0.102 *	0.038

a 因变量：回归社会综合水平　　* $p<0.05$，* * $p<0.01$，* * * $p<0.001$

综上所述，在笔者对社区矫正对象在社区矫正期间对社区矫正监督管理与教育帮扶工作的评价与其回归社会程度之间的相关分析中发现，"法治教育""道德教育""职业技能培训""社会交往技能教育""心理健康教育""对社会帮教志愿者的帮扶工作的评价"这五个指标与社区矫正对象回归社会程度之间在相关分析中呈现出具有统计意义的显著关联。因此，相应的五个自变量将被纳入后续的社区矫正对象回归社会综合评价体系。

在社区矫正监督管理制度方面，从实务意义角度来看，由于社区矫正对象对"思想汇报制度"与"奖励制度"的评价出现了比较大的差异，满意与不满意者之间的回归社会程度差别比较明显，因此，社区矫正工作者需要更多地关注对这两项监督管理制度不满意的原因，进而作出恰当的改进。另外，笔者通过实地访谈调查了解到一些关于社区矫正监督管理存在的问题和困境，这些问题不仅仅涉及"思想汇报制度"与"奖励制度"两个方面，也可以作为社区矫正工作者开展社区矫正工作的参考。这些问题和困境主要包括：

一是有些社区矫正对象的在刑意识较弱。社区矫正社会工作者认为一些社区矫正对象认为自己没有被判处监狱服刑，自己依然在社会上生活，他们依然拥有和其他普通人相似的生活，那么，就不应该被强制安排接受相关社区矫正监督管理措施，不应该被强制要求参与社区矫正教育活动。很显然，这些都体现了他们不认为自己正处在服刑状态，其在刑意识较弱。

二是难以评判社区矫正对象的矫正效果。社区矫正社会工作者普遍认为针对社区矫正对象的社区矫正工作的效果难以评判，进一步说，他们觉得很难说社区矫正对象的犯罪思想和犯罪行为是否得到了矫正，很难说他们是否已经从心理上和行为上回归社会，更实际的说法是相关社区矫正对象只是在社区矫正期间没有重新犯罪，平稳地度过了社区矫正期而已。何况一些成年犯尤其是诈骗类社区矫正对象的诈骗人格或者说相应的人生观和价值观可能很早就形成了，单靠大约一到三年的社区矫正时期以及社区矫正社会工作者对其开展的矫正工作很难改变他们的观念。有的社区矫正社会工作者直言不讳地表示他们只能尽量避免他们在社区矫正期间不重新犯罪。

三是社区矫正刑罚制度缺乏威慑力。一些社区矫正社会工作者认为有的社区矫正对象对社区矫正抱着"无所谓"的态度，丝毫不重视与社区矫正各项监督管理与教育工作相关的各项规定。有的社区矫正对象甚至敢于多次在没有经过社区矫正机构允许的情况下私自拆除电子脚环，逃避社区矫正机构信息平台的电子监管。很显然，让社区矫正对象佩戴电子脚环意味着对该对象实施的是高级别的社区矫正监督管理措施。而社区矫正对象敢于多次私自拆除电子脚环，意味着其丝毫没有将自己看作一名正在服刑的罪犯。

四是有些社区矫正对象会抗拒社区矫正监管工作。虽然"每个人都会改变，每个人都可以变得更好"是社会工作的重要价值观之一，但是，社区矫正工作者还是认为一些社区矫正对象难以矫正，尤其是女性类和诈骗类社区矫正对象。有的女性社区矫正对象存在故意隐瞒自己个人信息的行为。有的女性社区矫正对象会想方设法请假不参加社区矫正规定的社区服务，她们总是绞尽脑汁地找各种理由，能逃掉一次活动就尽量逃掉。

在社区矫正教育帮扶制度方面，从实务意义角度来看，社区矫正工作者需要更多地关注对"法治教育""道德教育""职业技能培训""社会交往技能教育""心理健康教育""对社会帮教志愿者的帮扶工作的评价"这六个指标所对应的工作不满意的社区矫正对象，询问他们对这五种教育工作与对社会帮教志愿者提供的帮扶工作不满意的原因，进而改进相关教育工作与帮扶工作。另外，笔者通过实地访谈调查了解到一些关于社区矫正教育帮扶存在的问题和困境，这些问题不仅仅涉及"法治教育""道德教育""职业技能培训""社会交往技能教育""心理健康教育""对社会帮教志愿者的帮扶工作的评价"这六个方面，也可以作为社区矫正工作者开展社区矫正工作的参考。这些问题和困境主要包括：

一是难以把握诈骗类社区矫正对象的教育内容。社区矫正社会工作者普遍认为难以把握诈骗类社区矫正对象的教育内容。开展诈骗类社区矫正对象教育矫正工作是改造他们的犯罪思想与行为的必要方式。要开展有效的教育矫正工作，首先是要把握诈骗类社区矫正对象的心理状态或者说真实的想法，那么，采取心理测评是一种常用的方法。但是，社区矫正社会工作者认为由于诈骗类社区矫正对象具有很强的掩饰性，他们表面上配合心理测评工作，实际上内心并不配合，这样的话他们提供的信息往往具有很大的欺骗性，让社区矫正社会工作者难以掌握他们真实的想法与心理状态。心理咨询与心理测评工作取得成效的前提是测评与咨询对象真正配合这些工作，但诈骗类社区矫正对象恰恰是不愿意配合这些工作的对象。

二是涉毒类社区矫正对象在刑意识难以通过教育加以增强。笔者认为在描述其他类型社区矫正对象在刑意识的时候，可以使用"比较薄弱"来形容，但是却只能使用"非常差"来形容涉毒类社区矫正对象，这是因为，社区矫正社会工作者普遍认为这个群体对社区矫正的监督管理规定毫不在乎，不仅从语言上公开无视，而且从行为上拒不遵从。社区矫正社会工作者面对涉毒类社区矫正对象开展各项监督管理工作的时候可以说是"低三下四""主动迎合"，根本就不具备教育者的身份，无法顺利扮演教育者的角色。

三是针对未成年社区矫正对象的社区矫正教育工作形式单一导致效果不

佳。社区矫正社会工作者主要使用说服教育方式开展对未成年社区矫正对象的教育工作，可能导致一些规则意识差与在刑意识薄弱的未成年社区矫正对象对违反社区矫正规定之后受到的处罚感受不直观、不深刻与不信任。最终导致这些未成年社区矫正对象严重违反社区矫正规定被收监执行。我们需要思考，这些未成年社区矫正对象为什么会丝毫不畏惧违反社区矫正规定，敢于多次违反社区矫正规定，即便连续两次警告都无法阻止他们继续违反社区矫正规定？笔者推测，社区矫正教育工作形式主要采取单一的说服教育方式可能是其中重要的原因。针对未成年社区矫正对象这种低龄犯罪对象，可能采取直观的、案例式的教育更加有效。

四是许多社区矫正机构没有开展专门针对女性社区矫正对象的教育活动。有的社区矫正社会工作者表示并未对女性社区矫正对象开展以女性为基础的社区矫正工作。无论是在社区服务还是集中教育这两项社区矫正最基本的集中活动中，都没有区分男性和女性，而是将男性和女性集中在一起开展活动。很显然，这种不分性别的工作模式并未回应男女之间客观存在的差异。不过，访谈中也发现有一些街镇的社区矫正机构在公益劳动与集中教育活动中，采取了将男性与女性社区矫正对象分开的方式。可见，单独对女性社区矫正对象群体开展集中型的社区矫正工作尚未成为一种整体模式，但是，有的街镇已经作出了积极的探索。

五是社区矫正对象的再就业比较困难。社会上的大多数工作单位都要求求职者提供公安机关盖章的《无犯罪记录证明》，这是政治审查的一项重要的材料。社区矫正对象是无法拿到这种证明的，这导致他们想要实现就业变得非常困难，进而危及他们在社会上的生存，很显然对社区矫正工作也产生了显著影响，最终导致他们难以顺利回归社会。

六是未成年社区矫正对象文化程度偏低与就业能力不足。未成年人成为社区矫正对象之后，普遍因为各种原因而不想再读书。但是当今社会，文化程度高低与是否能够顺利就业之间的关系非常紧密，从整体层面来看，文化程度越高的人收入越高、就业机会越多已经成为社会大众的共识。未成年社区矫正对象文化程度不高，不愿继续提升自己的学历，进一步导致就业能力不足，难以获得就业机会，这种情形不利于他们重新回归社会，不利于预防他们再犯罪。

七是非本地户籍社区矫正对象在就业方面面临的困难要比本地社区矫正

对象更大。有的社区矫正社会工作者指出，当非本地户籍社区矫正对象在上海失业之后要比本地户籍社区矫正对象失业之后实现再就业的难度更大。如果是本地人的话，政府为其托底，提供一些技术含量特别低的工作，如保洁、保安岗位，并且对本地户籍社区矫正对象每年都会分配给他们固定的名额。但是对非本地户籍社区矫正对象并没有分配这样的名额，这样的话，非本地户籍社区矫正对象在上海市就业的机会更少。在遇到非本地户籍社区矫正对象就业非常困难的情况时，社区矫正社会工作者会非常关注他们的生活状态，鼓励他们积极求职，放低心理预期，先就业后择业。

第二节　社会歧视与回归社会

社区矫正的最终目的是改造罪犯的犯罪心理和犯罪行为，帮助他们回归社会，实现回归社会。我国社区矫正在二十余年的发展历程中，社区矫正对象面临的社会歧视状况如何，基本上很少有研究者关注，但是社会歧视对社区矫正对象回归社会程度应该具有比较重要的影响。社区矫正对象在接受刑罚与社会化的过程中，社会对于他们的包容与接纳是非常关键的一环。然而现实情况究竟如何？他们面临的社会歧视是否严重？目前他们感受到何种程度的社会歧视？这种程度的社会歧视对于他们回归社会有着什么样的影响？这些问题都需要进一步研究，这也正是本研究所期望厘清与解决的关键问题。

一、文献回顾与研究假设

戴维·波普诺在《社会学》中将歧视定义为，"由于某些人是某一群体或类属的成员而对他们施以不公平或不平等的待遇。"吴忠民从社会学的角度把歧视定义为，"不是以能力、贡献、合作等为依据，而是以诸如身份、性别、种族或社会经济资源拥有状况为依据，对社会成员进行'有所区别的对待'，以实现'不合理'的目的，其结果是对某些社会群体、某些社会成员形成一种剥夺，造成一种不公正的社会现象。"[1]黄家亮提出，社会歧视是社会上的某一群体或社会上人们所共有的针对某一弱势群体的不公平、否定性和排斥

---

〔1〕　参见曲凯音：《社会歧视研究综述》，载《西安石油大学学报（社会科学版）》2010年第4期。

性的社会行为或制度安排。[1]由于受到偏见、习俗或者其他因素影响，导致有过犯罪经历的人员与其他社会成员或者社会群体在社会关系方面出现了断裂，无法进入其他群体的社会关系网络中，社会交往和社会关系受到相当大的限制。由于社区矫正对象是正在社区接受刑罚处罚，认罪态度好，经过专业评估不致再危害社会的人群，公众在心理上依然对社区矫正对象存在歧视是不恰当的，是不利于社区矫正对象回归社会的，也是不利于社会长治久安的。

社会歧视的不良后果是显而易见的。姚建龙认为："对有前科犯罪人过度社会排斥的严重后果是：人为地制造一个不断膨胀、恶化、难以消解的社会敌对阶层，其最终后果是构成对社会安全的严重威胁；社会排斥可能存在的社会防卫、预防犯罪等积极作用，也将不复存在。"[2]

在社会歧视研究领域中，标签理论是最负盛名的理论之一。标签理论又名标定理论，是西方犯罪学与社会学的一种理论，持这种观点的学者认为，越轨并不是个人行为的固有性质，是他人运用法律规则惩罚"犯规者"的结果，而所谓越轨者只是一个被贴上犯罪标签的人，越轨行为只不过是被人如此标定的行为。[3]

标签理论认为，社会上存在的越轨行为和犯罪现象是社会互动的必然产物。当某个人一旦被有社会意义的他人或社会机构，如警察、教师、父母或法院、学校等贴上标签，描述为偏差行为者或犯罪者时，他就会逐渐成为偏差行为者或犯罪者。社会上的他人和社会控制机构应该对越轨和犯罪尤其是普通刑事犯罪行为的产生负有重要责任。负面的标签，如认为某人是"傻子""精神病患者""小偷""骗子"等，都是使他人自我形象受到长期损害的主要原因。正如符号互动论的代表人物之一——戈夫曼在《污记》一书中指出，"在我们的头脑中，他从一个正常而完美的人降到了一个有污点而不可信赖的人。"[4]

---

[1] 参见黄家亮：《论社会歧视的社会心理根源及其消除方式——社会心理学视野下的社会歧视》，载《思想战线》2005年第5期。

[2] 姚建龙：《社会排斥理论与未成年人犯罪记录封存制度改革》，载《青年探索》2015年第2期。

[3] 参见谢勇：《犯罪学研究导论》，湖南出版社1992年版，第244页。

[4] 参见［美］克特·W·巴克主编：《社会心理学》，南开大学社会学系译，南开大学出版社1984年版，第211页。

　　标签理论认为，越轨行为的养成是一种被辱的过程。当个人被贴上各种越轨者的标签，如小偷、骗子等污名。身边的人们就会开始根据这一标签对他作出种种的反应，例如歧视、排斥或轻蔑等，时间一长，初级越轨者就会在有意无意之中接受这一标签，形成新的自我概念，甚至对别人的看法予以认同，开始围绕越轨者的角色来认知自己的观念和行为，并做出相应的行为。在这种歧视和排斥的社会环境中，越轨者不得不与其他越轨行为者为伍，形成越轨群体和越轨群体亚文化。群体成员间的相互认同减轻了越轨者因越轨行为造成的内疚和自我悔恨的心理负担，恪守常规的压力减轻了，越轨者的自我形象和群体意识在此过程中均得以加强，群体使越轨行为合理化。所以群体人员更是以越轨者自居，成为典型的不良团伙。照此类标签所意味着的越轨行为模式去扮演角色，导致发展出更多的越轨和违法行为，继而有可能形成持续性越轨的生活方式，由初级越轨者演变成习惯性越轨者或累犯。[1]

　　标签理论独特的研究视野和对传统的大胆挑战，给学术界带来了巨大的冲击。同时它也给社会学和犯罪学的研究带来了一个新的研究视角，对越轨行为的研究具有很大的启发意义，并且为预防犯罪和如何矫正犯罪人回归社会提供了新的思路。它重新分析了越轨行为的社会成因，并把重点从个人移转到整个社会以及社会的反应，由规则的破坏者移转到规则的制定者，由接受社会规范及法律为中立的性质，移转到它们皆是优势团体为了巩固自己既得的利益所制定的产物。它使我们了解到越轨行为是任何社会中都存在的社会现象，而且是具有普遍性的社会现象。往往弱势群体更容易成为越轨者，他们的弱势地位导致他们缺乏磋商能力，他们更易因此而付出代价，这些人更易成为社会的牺牲品，也让更多的人明白社会工作的一个重要任务就是要通过一种重新定义或标定的过程来使那些原来被认为是有问题的人恢复为"正常人"。[2]

　　笔者根据对以往研究成果的分析，将社区矫正对象对社会歧视的感觉作为本研究的自变量，将社区矫正对象回归社会程度的总分作为因变量。据此，本研究提出如下研究假设：

---

　　〔1〕　参见徐玲：《标签理论及其对教育"问题青少年"的启示》，载《社会》2000年第10期。

　　〔2〕　参见曹立群、周愫娴：《犯罪学理论与实证》，群众出版社2007年版，第206~207页。

研究假设：社区矫正对象感知的社会歧视与其回归社会程度之间存在显著关联。

二、社会歧视变量设置与测量方法

根据笔者对以往研究成果所作的分析，笔者将社区矫正对象回归社会程度的总分作为因变量，将社区矫正对象对社会歧视的感觉作为本研究的自变量。接下来，笔者将社会歧视因素操作为 4 个自变量，每个自变量都被设置成符合相关分析的二分变量，具体变量设置方法如下表所示。

表 7.2.1　社会歧视自变量设置表

社会歧视	选项或取值	变量层次
1. 您感觉家人因为您社区矫正而看不起您吗？	①有感觉 = 0 ②没感觉 = 1	二分变量
2. 您感觉亲戚因为您社区矫正而看不起您吗？	①有感觉 = 0 ②没感觉 = 1	二分变量
3. 您感觉朋友因为您社区矫正而看不起您吗？	①有感觉 = 0 ②没感觉 = 1	二分变量
4. 您因为犯罪而感觉自己是坏人吗？	①有感觉 = 0 ②没感觉 = 1	二分变量

三、社会歧视与回归社会程度之间的描述性交叉分析

表 7.2.2 显示了社区矫正对象在社区矫正期间感受到的社会歧视与其回归社会程度之间的交叉关系。虽然"非常低"这个等级对应的两个百分数有差异，但差异并不明显，因此，笔者依然使用"一般"这个等级对应的百分数来比较感受到社会歧视与未感受到社会歧视两个群体之间在回归社会的程度上的区别。

接下来，我们从表 7.2.2 中可以发现，在"一般"这一列中，"家人歧视""亲戚歧视""朋友歧视""自我歧视"这四个指标对应的肯定回答所占比重与否定回答所占比重之间的差距均比较明显。从"家人歧视"这一指标来看，差距为 6.3 个百分点；从"亲戚歧视"这一指标来看，差距为 11.2 个百分点；从"朋友歧视"这一指标来看，差距为 8 个百分点；从"自我歧视"这一指标来看，差距为 17.2 个百分点。其中，差距最为明显的是"自我歧视"维度。

表 7.2.2 社会歧视与回归社会程度交叉分析表

社会歧视	选项	非常低	比较低	一般	比较高	非常高	合计
1. 家人歧视	有感觉	2.9%	0.0%	27.5%	31.9%	37.7%	100.0
	没感觉	0.6%	0.6%	21.2%	28.8%	48.9%	100.0
2. 亲戚歧视	有感觉	2.4%	1.2%	31.3%	30.1%	34.9%	100.0
	没感觉	0.3%	0.3%	20.1%	29.2%	50.1%	100.0
3. 朋友歧视	有感觉	2.4%	1.2%	28.6%	32.1%	35.7%	100.0
	没感觉	0.3%	0.0%	20.6%	28.8%	50.3%	100.0
4. 自我歧视	有感觉	4.2%	0.0%	37.5%	20.8%	37.5%	100.0
	没感觉	1.3%	0.3%	20.3%	30.9%	47.3%	100.0

四、社会歧视与回归社会程度之间的解释性相关分析

社区矫正对象在社区矫正期间感受到的社会歧视与其回归社会程度之间是否有显著的关联？笔者采用相关分析方法来检验两者之间的关系。在此分析中，自变量是一些与社会歧视直接相关的指标，因变量是社区矫正对象回归社会程度综合水平的总分。

表 7.2.3 显示，在社区矫正对象在社区矫正期间感受到的社会歧视与其回归社会程度之间的相关分析结果中，自变量"自我歧视"这个指标对应的 Sig. <0.05，具有统计上的意义，证明这个指标与回归社会程度之间具有显著关联。具体而言，根据 Pearson's 相关系数分析得知，"自我歧视"这一自变量与回归社会程度之间的相关系数为 0.102（$p = 0.043$），达到显著水平，表示社区矫正对象如果自己看不起自己的话，他们回归社会的程度会显著更低。其他的自变量与回归社会程度之间的相关程度不具有统计上的意义。

表 7.2.3 社区矫正对象感觉到歧视与回归社会程度相关系数

社会歧视	相关系数值	Sig.
1. 家人歧视	0.001	0.978
2. 亲戚歧视	0.059	0.227

续表

社会歧视	相关系数值	Sig.
3. 朋友歧视	−0.010	0.841
4. 自我歧视	0.102 *	0.043

a 因变量：回归社会综合水平　　* $p<0.05$，＊＊ $p<0.01$，＊＊＊ $p<0.001$

综上所述，在笔者对社区矫正对象在社区矫正期间感受到的社会歧视与其回归社会程度之间的相关分析中发现，"自我歧视"这一自变量与社区矫正对象回归社会程度之间在相关分析中呈现出具有统计意义的显著关联。因此，这个自变量将被纳入后续的社区矫正对象回归社会综合评价体系。

从实务意义角度来看，虽然"家人歧视""亲戚歧视""朋友歧视"这三个自变量与回归社会程度之间的关联在统计上没有显著意义，但是依然值得社区矫正工作者加以关注，因为"家人歧视""亲戚歧视""朋友歧视"这三个自变量在"一般"等级维度对应的肯定回答所占比重与否定回答所占比重之间的差距均比较明显，说明遭受家人、亲戚和朋友歧视的社区矫正对象其回归社会的程度更有可能受到负面影响。社区矫正工作者需要深入调查与分析家人、亲戚与朋友歧视社区矫正对象的原因与表现，开展协调工作，改变这些人的观念，倡导人文关怀，为社区矫正对象营造一种能够被充分接纳的环境，帮助他们顺利地回归社会。

第三节　社区矫正发展水平与回归社会

笔者在上文中论述过宏观因素是指经济、政治与文化环境因素，这些因素对个人和群体在社会中的行为、态度都有影响。但是经济因素、政治因素、文化因素实际上渗透于微观层面因素与中观层面因素之中。因为，宏观因素是抽象的、宏大的、难以触及的。研究者倘若要研究宏观因素，需要将其操作为更加具体的、可以被直接观察到的因素。因此，这就导致了许多宏观因素被笔者操作成了中观因素与微观因素，例如经济发展水平被笔者操作为经济收入、福利救助、就业资源等方面的因素，这些因素本书已经使用个人经济收入、个人就业状况指标加以分析。又如政治环境在本书中涉及社区矫正对象的会客权利、迁居权利、接受帮扶和救助的权利，这些因素本书转化为社区矫正监督管理制度与教育帮扶制度相关指标加以分析。

很显然，在这种背景下，宏观因素的这些特征使得本书对宏观因素的分析难以非常丰富。即便如此，笔者依然希望能够尽可能多地去寻找相关的可能影响社区矫正对象回归社会的宏观因素。另一个原因是，由于笔者自身研究水平的限制，对宏观因素的把握并不娴熟，因此，笔者在问卷设计过程中，很少涉及宏观因素。不过，笔者在调查中也获得了一些相关信息，笔者将在下文中尽可能地开展分析。实际上，在本书中，笔者对宏观因素的分析只能算作一些尝试，期待以后对宏观因素做深入研究。具体而言，本节的宏观因素可以统称为社区矫正发展水平，这个指标被具体化为四个下一级指标：经济发展程度、社区矫正机构建设、社会救助力度、矫正队伍力量配置。

一、经济发展水平与回归社会

地域间经济发展水平的差异，可能会导致不同地域社区矫正对象回归社会程度的差异。可以推理出，经济发展水平更高的地域，政府财政收入更多，显然，经济总量优势使得这种类型的地方政府可以将更多的资源投入当地的民生领域。反之，经济发展水平更低的地域，政府财政收入更少，地方政府投入民生领域的资源可能会更少。众所周知，上海市多年来的经济发展水平都处于全国前列，是我国最大的国际性都市，虽然，笔者在整个研究过程中，并未将宏观因素作为一个重点加以研究，收集到的资料也非常少，但是，也获得了一些关于经济发展水平对当地社区矫正对象回归社会程度产生影响的信息。例如，在实地调查过程中，上海市社区矫正工作者告知笔者，上海市由于经济发展水平在全国来看非常高，因此，各个街道都有一些资源能够给予生活困窘的社区矫正对象以此帮助他们克服困难。最典型的现象是街道司法所可以给予本街道符合条件的社区矫正对象更多的临时救助，然后就业机会也比较多，有更多的就业资源介绍给相关社区矫正对象，这对促进当地社区矫正对象回归社会应该是起到了一定的作用。而笔者过去曾经在我国中部省份湖北省与西部省份贵州省开展社区矫正调查研究，这些地方的社区矫正机构不像上海可以将充足的资源提供给当地的社区矫正对象，特别是在贵州的社区矫正对象中，从事体力劳动、生活经济状况窘迫的人所占比例很高，他们融入社会的难度更大。当然，回归社会程度既需要依靠客观指标，又需要依靠社区矫正对象的主观评价，社区矫正对象自己感受到的回归社会的程度无法由当地经济发展水平直接决定，本书仅作初步讨论。

二、社区矫正机构建设与回归社会

从笔者开展过的实地调查的情况来看，各地的经济发展水平与各地的社区矫正机构建设之间呈现出正相关关系，即经济发展水平越高的地方，社区矫正机构建设就越完善、越先进，标准越高，机构建设的完善可以与完善的管理、教育与服务联系在一起，从而促进社区矫正对象的回归社会。例如上海市经济发展水平无疑属于全国最高水平，是全国最发达的地区之一，其社区矫正机构建设水平在我们开展实地调查之前就已经在全国属于最高水平。其机构建设最明显的外在体现就是上海市十六个区统一了社区矫正机构办公场所建设标准。每个区至少有一个社区矫正中心，这个社区矫正中心的地位介于上海市司法局社区矫正管理局与各乡镇街道司法所之间，属于集中执法、管理、教育与帮扶机构。每个社区矫正中心都有一栋2~3层高的独立的楼宇，每栋楼宇外墙显眼处都悬挂"中国司法"徽章，以彰显刑罚执行机构的权威性。每栋楼宇都悬挂"××区社区矫正中心"统一式样的牌匾，以彰显刑罚执行的统一性。在每一栋楼宇里面，都设置了多媒体电子监控中心、多媒体集中教育室、个性教育室、心理咨询室、入矫宣告室、违规训诫室、帮扶工作室、社区矫正警察办公室、社区矫正专职干部办公室、社区矫正社会工作者办公室、检察官工作室，可以说，所有与社区矫正工作相关的工作都有相应的硬件配套设施。在心理咨询室里面还配备了沙盘游戏区、音乐放松沙发、宣泄沙包等专业器具。在上海市的各个街道乡镇司法所，也配备了集中教育室、个别教育室、心理咨询室、社区矫正专职干部与社会工作者办公室。可以说，上海市的硬件建设已经居于全国前列。笔者在本次调查的同一年中曾赴贵州省贵阳市与湖北省宜昌市开展社区矫正工作实地调查，发现贵阳市的社区矫正机构设置只有两个层级，第一层级的社区矫正机构是各区县的司法局，社区矫正工作办公室在各区县的司法局内设有办公室，办公室功能布局比较紧凑，可能一个房间既要充当集中教育室，又要充当个别教育室。社区矫正公务员办公室有时候会作为临时心理咨询室。第二层级的社区矫正机构是街道乡镇的司法所，司法所办公条件比较简单，没有专门的社区矫正工作办公室，社区矫正业务与其他司法所业务整合在一起。湖北省宜昌市的社区矫正机构建设水平居于上海与贵阳之间，其社区矫正机构设置与贵阳市相似，但是有单独的社区矫正警察办公室与社区矫正社会工作者办公室。

三、社区矫正队伍配置与回归社会

社区矫正队伍配置，主要包括两个方面的配置情况，一是是否拥有充足的社区矫正工作者队伍配置，二是社区矫正工作者队伍之中，是否有专门的分工。社区矫正队伍配置与社区矫正工作的发展紧密相关，科学与合理的社区矫正队伍配置有利于促进社区矫正对象回归社会。

随着我国社区矫正事业的加速发展，社区矫正对象人数大幅增加，全国各地社区矫正机构新接手的社区矫正对象越来越多，社区矫正工作量越来越大，如果没有充足的社区矫正工作者、社区矫正工作者队伍没有经过专门的分工、社区矫正工作者没有专业技能，这些都将对社区矫正工作造成不利影响，将不利于社区矫正对象回归社会工作的开展。

从充足的社区矫正工作者队伍设置来看，在每个社区矫正中心，都应配备社区矫正警察、社区矫正专职公务员、社区矫正社会工作者、专职或者兼职的心理咨询师。在每个社区矫正中心，至少应该配备社区矫正专职公务员1名，社区矫正社会工作者2~3名。社区矫正警察主要负责刑罚执行工作中带有强制性执法色彩的工作，如社区矫正对象进入矫正期的宣告工作，社区矫正对象违反社区矫正相关规定后的训诫和警告工作，社区矫正对象电子手铐或者电子脚环的佩戴和去除，社区矫正对象GPS定位追踪系统的操作。社区矫正专职公务员则负责社区矫正对象日常管理工作，例如每周、周月收集和检查社区矫正对象的思想汇报；组织与监督社区矫正对象参与集中教育、社区服务；为符合条件的、遭遇生活困难的社区矫正对象提供帮扶。社区矫正社会工作者则协助社区矫正专职公务员开展各项社区矫正工作，尤其是运用社会工作专业方法为社区矫正对象提供教育和帮扶服务。

从笔者实地调查的情况来看，上海市每家社区矫正中心都配备了10~15名社区矫正警察，负责本区的各种刑罚执行强制性工作。中心配备了社区矫正专职公务员2~3名，负责社区矫正管理、教育与帮扶工作的组织与指导。中心还配备了5~6名社区矫正社会工作者，专门负责全区社区矫正社会工作的统筹、组织与协调。上海市每家街道或乡镇司法所都配备了社区矫正专职公务员 1 名，专职负责本街道的社区矫正工作，不承担其他司法所职责。街道乡镇还配备了 3~4 名社区矫正社会工作者，负责协助社区矫正公务员的工作。湖北宜昌在区级司法局配备了社区矫正警察队伍、社区矫正专职干部队伍与社区矫正社会工作者队伍，与上海市的差异主要在于，警察数量比较少，每个区约 6~7 名。社区矫正社会工作者具备专业资质的人很少，来自各行各业，不像上海市的社区矫正社会工作者基本上都有法学、社会学、社会工作的专业背景。贵州贵阳与上海市、武汉市的社区矫正工作者配置有很大的差异，一是司法所没有社区矫正专职干部，司法所工作力量薄弱，很多司法所都是一人所，一个人要承担司法所的 9 项职责，包括法制宣传、维护社会稳定、人民调解、社区矫正、街道下派的各种事务性工作等，可见，社区矫正工作仅仅是其中一个小的组成部分。二是贵阳市没有专门的社区矫正社会工作者，即没有专业人士。为了弥补社区矫正工作人员不足的问题，贵阳在各街道乡镇司法所招聘了编外人员，他们称之为"辅警"，经过我们调查，这些编外人员实际上是属于拿着低薪的辅助人员，年龄偏大，学历不高，不具备社区矫正相关的专业背景，这些辅助人员一个月的工资仅有 1000~1500 元，多数是中老年女性，工作繁重，非常辛苦。

综上所述，因为宏观因素对社区矫正对象回归社会而言，属于宏大的背景因素，前者对后者的影响，应该是一种间接的、难以观察到的影响。但是笔者认为，依然可以尝试着对宏观因素与社区矫正对象回归社会之间的关系进行初步的探讨。按照上文笔者对经济发展水平、社区矫正机构建设、社区矫正队伍配置三个方面的论述，笔者得出的观点是经济发展水平越高，社区矫正机构建设水平越高，社区矫正队伍配置越充足与专业化水平越高，则当地的社区矫正对象回归社会程度更高。当然，这个推论有待进一步的实证研究加以验证。

研究结论与研究不足

　　本研究以社会学与社会工作领域的生态系统理论为分析框架，参考社会学与社会工作领域的社会融合理论及其研究成果分析了社区矫正对象回归社会的状况，得到了基于实证数据与实地访谈的研究结果。在本章中，笔者首先总结了本研究的结论。研究结论的基础是前面章节中的统计分析结果。笔者尝试对这些分析结果作进一步的思考，特别是这些分析结果对促进社区矫正对象回归社会的意义，对开展社区矫正对象回归社会工作的启发。在研究结论的第二部分，笔者尝试回应本研究第一章中提出的社区矫正对象回归社会理论框架，揭示这个理论框架中哪些因素是重要的、被验证了的、需要赋予更大权重的因素；哪些因素是次要的、需要赋予较小权重的因素。在对策建议部分，笔者以研究发现和研究结论为基础，尝试提出促进社区矫正对象回归社会的具体的对策建议。在研究不足与反思部分，笔者对本研究存在的问题、缺陷逐一反思，期望能够在今后的研究工作中加以完善，也为其他研究者展示本研究存在的明显问题，为其他研究者奠定进一步研究的基础。

第一节　研究结论

　　笔者使用相关分析检验所有研究假设，最后从中挑选出了在统计学意义上与社区矫正对象回归社会具有显著关联的因素。这些重要的、与社区矫正对象回归社会具有显著关联的因素，是构建社区矫正对象回归社会综合评价体系的基础。

一、从微观层面来看

社区矫正对象回归社会程度在微观层面上与之紧密关联的、具有统计上的显著性的因素主要包括：本地户籍、涉毒类犯罪、14 周岁前父母双方去世。这些因素与社区矫正对象回归社会程度之间的相关关系为：本地户籍的社区矫正对象回归社会程度更低；涉毒类社区矫正对象回归社会程度更低；14 岁周岁前父母双方去世的社区矫正对象回归社会程度更低。

表8.1　微观层面：与社区矫正对象回归社会有显著关联的因素

维度	指标名称	相关系数
人口统计学特征	本地户籍	−0.141
	涉毒类犯罪	−0.284
早期不幸经历	14 周岁前父母双方去世	0.121

二、从中观层面来看

社区矫正对象回归社会程度在中观层面上与之紧密关联的、具有统计上的显著性的因素主要包括：早年家长教育方式是否恰当、早年家长通常是否知道子女交友情况、总体上与父母的关系、母亲在生命中的重要程度、早年总体学习成绩、社区矫正期间是否有工作、基本生活需求能否被满足、是否因犯罪被原单位辞退。这些因素与社区矫正对象回归社会程度之间的相关关系为：认为早年家长教育方式不恰当的社区矫正对象回归社会程度更低；认为早年家长通常不知道自己交友情况的社区矫正对象回归社会程度更低；社区矫正期间总体上与父母的关系不好的社区矫正对象回归社会程度更低；社区矫正期间认为母亲在自己生命中并不重要的社区矫正对象回归社会程度更低；早年总体学习成绩不好的社区矫正对象回归社会程度更低；社区矫正期间无工作的社区矫正对象回归社会程度更低；社区矫正期间基本生活需求不能被满足的社区矫正对象回归社会程度更低；社区矫正期间因犯罪被原单位辞退的社区矫正对象回归社会程度更低。

表 8.2　中观层面：与社区矫正对象回归社会有显著关联的因素

维度	指标名称	相关系数
早年家庭环境	家长教育方式是否恰当	0.191
	家长通常是否知道子女交友情况	0.205
社区矫正期间家庭环境	总体上与父母的关系	0.158
	母亲在自己生命中是否重要	0.149
早年学校环境	总体学习成绩	0.101
社区矫正期间经济条件	社区矫正期间是否有工作	0.336
	基本生活需求能否被满足	0.159
	是否因犯罪被原单位辞退	0.140

三、从宏观层面来看

社区矫正对象回归社会程度在宏观层面上与之紧密关联的、具有统计上的显著性的因素主要包括："法治教育""道德教育""职业技能培训""社会交往技能教育""心理健康教育""对社会帮教志愿者的帮扶工作的评价""自我歧视"。这些因素与社区矫正对象回归社会程度之间的相关关系为：对社区矫正法治教育表示满意度的社区矫正对象回归社会程度更高；对社区矫正道德教育表示满意度的社区矫正对象回归社会程度更高；对社区矫正职业技能培训表示满意度的社区矫正对象回归社会程度更高；对社区矫正社会交往技能教育表示满意度的社区矫正对象回归社会程度更高；对社区矫正心理健康教育表示满意度的社区矫正对象回归社会程度更高；对社会帮教志愿者开展的帮扶工作表示满意的社区矫正对象回归社会程度更高；不认为自己犯过罪就是坏人的社区矫正对象回归社会程度更高。

表 8.3　宏观层面：与社区矫正对象回归社会有显著关联的因素

维度	指标名称	相关系数
社区矫正教育工作	法治教育	0.132
	道德教育	0.165

维度	指标名称	相关系数
社区矫正教育工作	职业技能培训	0.133
	社会交往技能教育	0.137
	心理健康教育	0.128
社区矫正帮扶工作	对社会帮教志愿者的帮扶工作的评价	0.102
社会歧视	自我歧视	0.102

第二节　对策建议

　　笔者依据上面的研究结论以及关于微观层面、中观层面与宏观层面的分析结果，分别从微观、中观与宏观角度提出促进上海市社区矫正对象回归社会的对策建议。

一、从微观层面促进社区矫正对象回归社会的对策建议

　　笔者认为，从微观层面来看，可以从如下几个方面促进上海市社区矫正对象回归社会。

　　（1）密切关注上海市户籍社区矫正对象。笔者在调查中，发现上海市户籍社区矫正对象无论是从家庭资源还是社会福利资源方面来看，他们获得的资源都明显多于外省（市）户籍的社区矫正对象，但是，上海市户籍社区矫正对象自认为的回归社会程度却明显低于外省（市）户籍的社区矫正对象。笔者通过进一步的调查发现，当外省（市）户籍社区矫正对象在上海失业之后要比本地社区矫正对象失业之后实现再就业的难度更大。如果是本地人的话，政府会为其托底，提供一些技术含量特别低的工作，如保洁、保安岗位，并且每年都会分配给本地社区矫正对象固定的名额。但是外省（市）户籍社区矫正对象并没有这样的名额。这个状况很难被评价为不公平，因为本地社区矫正对象的所有社会关系与社会资源都在本地，在外地没有社会关系与社会资源，而外省（市）户籍社区矫正对象在家乡还有社会关系和社会资源，当然，从总体上来看，实际上也造成了本地户籍社区矫正对象在本地获得的

资源更多，外省（市）户籍社区矫正对象获得的资源更少的结果。即便如此，外省（市）社区矫正对象依然认为能够被上海市社区矫正机构接纳，留在上海接受社区矫正已经属于非常幸运的事。这是因为外省（市）户籍社区矫正对象普遍希望或者愿意在上海长期生活和发展，即便他们在此地的生存条件不太好，也依然如此选择。一是因为他们回到家乡之后生活条件会更加不好，家乡的经济发展水平相较上海而言明显更低，就业机会将更少，即便成功就业，其收入也比在上海的更低。二是因为他们在这边生活的时间长了，各方面都能适应了，而且有一定的生存基础了，继续生活也不是特别难。所以，这些情况造成了外省（市）社区矫正对象自认为的回归社会的程度比上海户籍的社区矫正对象更高的结果。因此，笔者认为上海户籍的社区矫正对象的资源比外省（市）更加丰富，相对于外省（市）户籍社区矫正对象而言，他们可能很少会因为物质方面的原因自认为回归社会程度较低，更多的则是因为心理方面的原因。那么，社区矫正工作者应该更多地关注上海市户籍社区矫正对象的心理状况，采取专业的心理干预技术减轻他们的心理压力，解决他们的心理问题。

（2）密切关注涉毒类社区矫正对象，统计分析发现他们回归社会的程度相对于非涉毒类社区矫正对象显著偏低。这是因为在社区矫正对象中，涉毒类人员往往是通过贩毒来获取毒品，贩卖毒品的资金用于下一次购买毒品，他们因为贩毒而被判刑，又因为吸毒成瘾导致经济条件非常困窘，进而导致他们重新走上犯罪道路。他们难以回归社会的原因主要有两个，一是再次贩毒；二是因为贫困链而走险，实施抢劫、偷盗等行为。相关研究者也指出暴力犯罪者、吸毒犯罪者比经济犯罪者更加可能重新犯罪。[1]因此，社区矫正工作者应该通过多种途径缓解他们的生活困难，满足他们的基本生活需求，然后持续性地向他们宣传毒品的危害，贩毒的严重后果，帮助他们适应社会，预防他们陷入生活困境并重新走上贩毒与吸毒之路。

（3）关注早年父母双方去世的社区矫正对象，帮助他们更好适应社会。统计分析发现早年有这些不幸经历的社区矫正对象回归社会程度相对于没有这些不幸经历者显著偏低。笔者认为，虽然童年创伤因素看上去距离社区矫

---

〔1〕 参见［美］罗纳德·J. 博格等：《犯罪学导论——犯罪、司法与社会》，刘仁文等译，清华大学出版社 2009 年版，第 50~51 页。

正对象当前的生活可能已经很久远了，但是，它们对社区矫正对象适应当前社会生活，回归社会依然有很重要的意义。例如父母在其儿童时期去世意味着他从小到大都经常处于缺少援助的状态，家庭已经不复存在，他变成了孤儿，这些因素可能会导致他不擅长构建与维系与家人之间的良好关系。社区矫正工作者需要在工作中逐步掌握社区矫正对象是否有此不幸经历并帮助社区矫正对象解决相关问题。

（4）关注短刑期的社区矫正对象。统计分析发现符合此特征的社区矫正对象回归社会程度相对于无此特征者显著偏低。被判刑期越长的社区矫正对象回归社会程度更高，这点有点不易理解，可能是因为罪行相对而言比较重，相关罪犯是从监狱里面假释出来的，所以对罪行认识非常深刻，从监狱里面失去自由，假释后到社区服刑，获得了很大程度上的自由，所以更加珍惜自由。另外，在笔者实地调查过程中发现，社区矫正对象群体中，有很多人都没有进过监狱，没有尝到失去自由的痛苦，认为自己没有进监狱就证明自己没有犯什么大错，反倒认为自己不应该在社区矫正期间受到各种监管和教育，不甘心、不情愿地参加与各种社区矫正相关的活动，这可能导致其感知的回归社会程度较低，因此，社区矫正工作者，特别是社区矫正警察需要对这部分人加强认罪伏法教育，树立刑罚威严。

（5）关注悔罪态度不正确的社区矫正对象。认为在某些特定的情境下（不包括需要采取正当防卫措施的情境）犯罪应该被原谅的社区矫正对象实际上是在为自己开脱，或者降低外界对自身的责备，试图逃避责任和处罚。正如中立化理论指出，犯罪者会责备受害者来试图将其行为合理化，持这种理由的越轨或犯罪者认为，责备他们行为的人本身是越轨者或因私愤而报复者。比如，他们把受害者看作是经常违法犯罪的人，他们扮演了惩罚坏人的好人角色；将警察看作是受贿者、愚蠢或蛮横无理的人；把教师看作是常有偏爱而不公正的人[1]。这样的社区矫正对象对自己的行为和社区矫正都没有正确的认识。

因此，笔者认为，对于那些悔罪意识不强的社区矫正对象，其一，应加强对他们的普法教育。法律知识的普及能让社区矫正对象从根源上知道自己为什么被判处了刑罚。法律知识可以让他们清楚了解刑罚结束之后什么事可

---

〔1〕 参见江山河：《犯罪学理论》，格致出版社、上海人民出版社 2008 年版，第 25 页。

以做，什么事不能做，预防重新犯罪，避免第二次受到刑事处罚。其二，对社区矫正对象进行道德上的教育。法律与道德都是行为规范，个体可能不懂法律，但是应该了解起码的道德规则，应该知道什么是善，什么是恶，牢固树立社区矫正对象的善恶是非观念，也可以让他们避免重蹈覆辙。其三，在心态教育方面，社区矫正工作者应教育社区矫正对象坦然接受自己的罪犯身份，摆正自己的心态，接受刑罚。其四，在思想上社区矫正对象应该充分地认识到自己的犯罪事实，并表达自己诚恳的悔罪态度，经过教育学习和自我反省，认识到自己违法行为的恶劣性，并吸取教训，不仅自己以后要杜绝违法行为，更要把守法的意识传播给更多的人。

二、从中观层面促进社区矫正对象回归社会的对策建议

（1）关注认为自己在 14 周岁前家长教育方式不恰当的社区矫正对象；关注认为自己在 14 周岁之前家长通常不知道自己交友情况的社区矫正对象。统计分析发现符合这两项特征的社区矫正对象回归社会的程度相对于没有这两项特征者显著偏低。本研究结论与孔一对个人早期家长教育方式对儿童和成人的犯罪行为或回归社会的影响的研究结论相似。孔一指出，重新犯罪人与未重新犯罪人在 14 周岁之前，父母教育方式存在显著差异，父母教育方式不当主要出现在重新犯罪人群之中。[1]社区矫正工作者应该开展针对符合这些特征的社区矫正对象的家庭访问，在家庭访问的过程中，厘清社区矫正对象与父母之间的关系，挖掘问题产生的根源，使用专业的家庭治疗方法，培育他们之间良好的亲子关系，促进社区矫正对象回归社会。

（2）关注社区矫正期间与子女关系不融洽的社区矫正对象，统计分析发现符合这项特征的社区矫正对象回归社会的程度相对于不具有这些特征者显著偏低。相关研究者也指出，家庭是以婚姻关系和血缘关系为基础建立的社会细胞，是个体完成社会化的主要场所。[2]人是一切社会关系的总和，社会关系是社会的根本特征，任何人都不能离开社会关系而单独生存。家庭是基于血亲关系而自然形成的一个人际之间联系最为紧密的小组织，是社会最小

---

〔1〕 参见孔一：《犯罪及其治理实证研究》，法律出版社 2012 年版，第 208～209 页。
〔2〕 参见缪伟君：《重新犯罪成因实证调查研究》，载《宁夏大学学报（人文社会科学版）》2012 年第 3 期。

的细胞。既然是联系最为紧密的组织，那么家庭中的人与人之间充分了解，非常熟悉，彼此之间的互相依赖程度与互相支持程度自然最为深刻。著名社会学家费孝通先生曾经对中国人的社会交往与人际关系进行过深入研究，并且提出了著名的"差序格局"理论。他认为，中国人的人际关系的实质可以用这样一幅图景呈现：将一颗石子扔进平静的水面，水面就会泛起一圈一圈的波纹。这些波纹都以这颗石子为圆心，形成数个同心圆。在这样一幅图景中，每个人都是圆心，离圆心最近的那一个圆圈就是家庭，家庭中有祖父祖母、父母和亲兄弟姐妹这些家人，第二圈是亲戚，包括伯伯叔叔舅舅姑妈姨妈以及堂兄弟姐妹与表兄弟姐妹，第三圈可能是朋友，如此类推，构成了中国人人际交往的图景。联结这些同心圆的根本因素就是血缘关系。血缘关系越近，圆圈离圆心越近，圆圈越小。血缘关系越远，圆圈离圆心越远，圆圈越大。即血缘关系决定了人际关系的亲疏远近。很显然，家庭是每个人最亲密的人际圈子，是血缘关系最浓的亲属圈子。从物质资源与精神资源方面来看，在同心圆中，越靠近圆心的圆圈涉及的人群，越会提供给同心圆即自己更多的资源和支持，包括物质资源或支持与精神资源或支持。

因此，笔者认为成年时期的家庭环境对社区矫正对象回归社会而言至关重要，绝大多数社区矫正对象每天都与家人互相交往，互动联系。因此，社区矫正对象对家人的依恋是促使他们顺利实现正常与良好社会生活的前提条件。只有首先拥有了良好的家庭环境，才能够更进一步拥有良好的社会环境。即便社区矫正对象可能在工作上不太顺利，但是只要家庭给予适当物质支持，大量的情感支持，对社区矫正对象而言，都是融入社会的良好促进因素。很显然，对于一些拥有子女的社区矫正对象而言，子女是否接纳他们，与他们的关系如何应该也会直接影响到他们融入社会。社区矫正工作者需要运用专业的家庭治疗理论与方法创建社区矫正对象与其子女之间的良好关系。

（3）关注早年总体上学习成绩不好的社区矫正对象，统计分析发现符合这项特征的社区矫正对象回归社会的程度相对于不具有这些特征者显著偏低。这类社区矫正对象在小学和初中阶段学习成绩不好，很可能文化程度较低，导致缺乏就业市场需要的文凭或技能。社区矫正工作者可依此制定具体的教育与帮扶工作方案，对于愿意继续求学提升学历的社区矫正对象，社区矫正工作者应该主动积极地为他们介绍各种可行的途径，让他们有机会获得更高的学历。对于不愿意继续求学提升学历的社区矫正对象，社区矫正工作者要根据他们的文化程度与就业技能掌握情况帮助他们寻找就业机会。

（4）关注社区矫正期间没有工作的、基本生活需求无法得到满足、因犯罪而被原单位辞退的社区矫正对象。统计分析发现符合这些特征的社区矫正对象回归社会程度相对于不具有这些特征者显著偏低。经济条件对于任何人的生存与生活的重要性不言而喻，就业对大多数人而言，都是获得工资收入，满足自己基本生活需求的唯一途径，对于社区矫正对象也是如此。因此，就业对于社区矫正对象顺利回归社会具有至关重要的意义。国内外关于经济状况中的就业对预防重新犯罪，促进有过犯罪经历者重新融入社会已经做了非常多的研究与验证。

所以，社区矫正工作者需要尽全力帮助没有工作的社区矫正对象实现就业。就业是社区矫正对象社会支持服务的重点，社区矫正对象仅靠最低生活保障金、临时特困救助金与廉租房难以实现其生活的长久稳定。社区矫正工作者可以在帮助失业社区矫正对象推荐工作的同时，也定期或者积极关注已经就业的社区矫正对象的工作环境、心理状态、人际交往，帮助他们适应就业机构中的各种情况，帮助他们解决在工作中遇到的人际关系问题，从而提高他们的就业质量，实现深度就业和深层次回归社会。

社区矫正工作者在给社区矫正对象推荐工作时还应注意：一是社区矫正对象的主观就业愿望，没有强烈的就业愿望的不应过早将他们推向工作岗位，在参与工作前应先对他们进行心理疏导，帮助他们树立正确的就业观、金钱观。二是帮助他们设定自己的就业目标，这个目标应该与他们的学历、技能相匹配，不能设定过高或过低。三是应在他们参加工作的过程中获得家庭、朋友的支持。社区矫正对象在就业过程中可能会遇到较多困难，情绪容易低落消极，这时候家庭、朋友给予安抚和支持很重要。四是如果他们不擅长与工作场合里面的人员打交道，就需要培育他们的社会交往技能。

三、从宏观层面促进社区矫正对象回归社会的对策建议

（1）关注社区矫正期间对法治教育、道德教育、职业技能培训、社会交往技能教育、心理健康教育这五类教育工作不满意的社区矫正对象。统计分析发现符合这些特征的社区矫正对象回归社会程度相对于没有这些特征者显著偏低。社区矫正对象不满意的主要是社区矫正工作方式。根据本研究的统

计分析发现，社区矫正对象对多数社区矫正管理制度、教育矫正方式都不太满意，这固然与他们是罪犯的身份有直接的关系，的确，对于以成年人为主的社区矫正对象开展认罪悔罪教育、文化教育并不容易，因为成年人的世界观、价值观、金钱观等观念可能已经固化，并不容易被矫正。但是他们的不满意也可以作为改进社区矫正监督管理制度与教育矫正方式的一种参考和动力。实际上，从笔者多年来对社区工作的研究发现，社区矫正对象对社区矫正监督管理制度有诸多不满意，社区矫正工作者对某些社区矫正监督管理制度、教育矫正方式也颇有微词，但是，这些社区矫正监督管理制度一直都没有得到改动，可见制度的惰性很强，正因为如此，社区矫正工作者需要开发更加合适的矫正工作方法，寻求制度上的突破。在开发更加合适的矫正工作方法过程中，笔者认为社区矫正工作者需要充分了解他们对于相关教育的需求，将他们的需求与相关教育内容、教育方式充分结合起来，听取他们的建议，超越传统的说教，采取更加多元化的、喜闻乐见的教育方式，不然，耗费了巨大的时间精力，却难以达到期望的效果。

（2）关注对社会帮教志愿者的帮扶工作持负面评价的社区矫正对象。在社区矫正工作中，针对社区矫正对象的适应性帮扶工作是其中的重要板块之一，这是体现社区矫正不仅具有刑罚执行属性，也具有社会福利、救助弱势群体属性的工作。在社区矫正系统中，有一些经济条件差、就业技能欠缺、家庭关系紧张、邻里冲突明显、家中遭遇困难的社区矫正对象，这些人员往往文化程度比较低，就业方面资源不足，难以获得一份让自己和家人生活无忧的收入。对于这类人群，社区矫正工作者会测评他们的各方面能力，对于有劳动能力者，社区矫正工作者会为他们找工作，对于没有劳动能力者，又满足当地相关福利政策的话，社区矫正工作者会为他们申请城镇最低生活保障金以及其他一些临时补助。对于家庭、邻里关系僵化的社区矫正对象，社区矫正工作者会开展家访，协助其解决家庭矛盾与邻里纠纷。虽然社区矫正工作者为社区矫正对象融入社会做了大量的工作，但是，由于社区矫正系统中的资源并不丰富，或者有些不符合条件的社区矫正对象希望获得超出自身条件的帮扶，都可能导致社区矫正对象对社区矫正工作者的工作不满意。社区矫正工作者针对这个问题，一方面是尽最大力量帮助他们满足其合理的需求；另一方面是告诉他们帮扶资源的有限性，让他们对帮扶资源有一个合理的期望，避免产生误会。

（3）关注认为自己犯过罪就是坏人的社区矫正对象。这类社区矫正对象社会交往意愿往往比较弱，而社会交往意愿薄弱不仅影响着社区矫正对象回归社会的积极性，更会造成社区矫正对象因为朋友少，从而当自己遭遇生活困难时，难以获得他人可能愿意提供的物质支持和精神支持。社区矫正工作者应该厘清社区矫正对象之所以有如此想法究竟是因为自己的罪犯身份被别人知晓而导致其遭遇了歧视，还是因为社区矫正对象本身缺乏社会交往技能或者是因为过于强烈的自卑心理导致了这种心态。在厘清这些问题之后，社区矫正工作者就可以根据不同的原因寻找解决问题的方法，鼓励和引导社区矫正对象积极参与良性社会交往。具体而言，可从如下方面着手：其一，对于交往意愿薄弱、消极对待社会交往的社区矫正对象，社区矫正工作者应该结合社区矫正对象的实际情况，采取恰当的措施来帮助社区矫正对象产生积极的交往意愿，增强社区矫正对象的社会交往意愿。根据上文的分析结果来看，交往意愿薄弱的社区矫正对象普遍由于某些原因造成了自身交往能力存在问题，因而不善于主动与他人交往。对此，社区矫正工作者作为社区矫正对象经常接触的对象，应该在对社区矫正对象的社会交往能力与意愿进行充分的评估与分析后，主动与社区矫正对象建立良性的社会交往关系。其二，社区矫正工作者在平时的工作中需要热情接待社区矫正对象，这将会让交往意愿薄弱的社区矫正对象在日常生活中感受到人间温情，社区矫正对象也会因为社区矫正工作者的真诚待人而敞开心扉进而与社区矫正工作者建立良好的社会交往关系。其三，当社区矫正工作者与社区矫正对象建立了良好的社会交往关系后，不仅能够增强社区矫正对象在社会交往上的信心，帮助其顺利与一般群众建立良好的社会交往关系，更能够及时了解到社区矫正对象的生活动态，及时发现并解决社区矫正对象的困难，避免社区矫正对象陷入困境。其四，社区矫正工作者需要努力增强社区对社区矫正对象的接纳程度。社区矫正对象所居住社区的接纳程度对社区矫正对象是否能够顺利回归社会存在影响。社区作为社区矫正对象的居住地，社区居民必然会与社区矫正对象产生交往关系。社区矫正对象因为其特殊的身份，往往会受到社区居民的偏见与歧视。对此，社区矫正工作者应该做到如下几点：

第一，虽然目前社区矫正机构开展了一系列的宣传手段来提高大众对社区矫正的认识，但就目前的宣传效果来看，社区矫正这个概念依旧没有被大众所理解。社区矫正机构需要加大对社区矫正概念的宣传，减少社区居民对社区矫正以及社区矫正对象的误解，进而促进社会大众参与社区矫正，帮助社区矫正对象，与社区矫正对象建构良好的社会交往关系。

第二，长期以来，整个社会舆论对犯罪人的偏见导致了社区居民对社区矫正往往存在误解，这也导致了社区居民对社区矫正对象的漠视，这种情况往往造成社区矫正对象与他人在社会交往上的困难，并且加大了社区矫正对象的精神压力，又给社区矫正对象的家庭成员带来了精神上的痛苦，家庭成员精神上的痛苦会直接转嫁到社区矫正对象身上，造成社区矫正对象精神上的二次伤害。由于客观条件的限制，传统观念以及社区矫正机构的宣传问题所造成的对社区矫正对象的偏见客观上会长期存在。社区矫正工作者在与社区矫正对象建立良好的社会交往关系后，应积极听取其心声，了解其精神压力的来源，与社区街道、当地居（村）委会等联合商讨对策，一起解决问题，在必要的时候可以为社区矫正对象提供心理辅导，排解其心理上的痛苦。

第三，社区矫正工作者应该鼓励社区矫正对象积极参加社区活动，在社区群众中树立社区矫正对象的正面形象，消除社区群众对社区矫正对象的误会，促进社区矫正对象与社区群众建立良性社会交往，这样不仅能帮助社区矫正对象变得积极向上，恢复其信心，更能在一定范围内打破存在于社区矫正对象身上的标签效应，促进社区矫正对象顺利回归社会。

（4）对于那些认为犯过罪的人就是坏人的社区矫正对象，则需要社区矫正工作者对其加以开导，纠正他们的不正确认识，因为这是一种典型的自我贴标签的表现，这种自我贴标签，自我污名化的行为会带来不利的后果。因为标签理论认为，当个人被贴上各种越轨者的标签，如小偷、骗子等污名，时间一长，初级越轨者就会在有意无意之中接受这一标签，形成新的自我概念，甚至对别人的看法予以认同，他们会开始围绕越轨者的角色来认知自己的观念和行为，并做出相应的行为。在这种歧视和排斥的社会环境中，越轨者不得不与其他越轨行为者为伍，形成越轨群体和越轨群体亚文化，越轨者就由初级越轨者演变成习惯性越轨者或累犯。[1]

---

〔1〕 参见徐玲：《标签理论及其对教育"问题青少年"的启示》，载《社会》2000年第10期。

第三节 研究不足与反思

　　本课题面对的群体身份特殊，他们都是罪犯。课题组成员在上海市社区矫正系统开展了问卷调查。社区矫正对象这个群体非常敏感，我们在开展问卷调查的过程中，收集了大量的第一手问卷调查数据资料。问卷调查工作涉及的调查对象非常多，有社区矫正对象、社区矫正警察、社区矫正公务员、社区矫正社会工作者等。涉及的问题也非常多，问卷调查的题目涉及方方面面，达到了事无巨细的程度。虽然课题组成员耗费了大量时间精力开展研究，并且获得了非常宝贵的资料，但是笔者认为研究依然存在如下不足，值得笔者反思：

　　一是课题组在文献回顾过程中，主要参考了犯罪学，特别是重新犯罪方面的研究成果来作为本研究的文献基础，导致回归社会研究色彩比较淡，犯罪学研究色彩比较强。出现这一问题的首要原因是目前学术界研究罪犯群体的研究者主要来自刑法学学界与犯罪学学界。他们在研究罪犯群体的时候，聚焦于重新犯罪的原因、预防措施，并取得了大量的成果。但是，社会学界对罪犯群体的研究非常少见，这与刑法学、犯罪学领域的研究者有更多的机会和渠道接触到罪犯群体有很大关系。在我国，与公检法司系统建立紧密关系的是政法院校及其相关专业，而社会学学者极少能够与公检法司系统建立合作关系。本研究算得上是与他们开展合作的一次尝试，不过，值得欣慰的是，本研究的回归社会视角实际上与重新犯罪视角之间的根本性质是一致的，预防犯罪人重新犯罪实际上就是促进他们回归社会。

　　二是对宏观层面的因素考虑不足。由于笔者过于强调微观与中观因素的分析，导致在研究设计的一开始，就忽略了宏观层面的因素。这与笔者对宏大理论与宏观因素认识不足，相关研究经验欠缺有直接关系。宏观因素中的社会经济发展水平，政治环境等究竟对社区矫正对象回归社会有哪些影响？这是笔者今后需要重点关注与进一步探讨的议题。

　　三是对城乡社区矫正对象回归社会之间的差异考虑不足。笔者仅仅在研究时考虑了户籍因素，而且仅仅在统计分析中比较了本地户籍与非本地户籍这个人口统计学变量与社区矫正对象回归社会程度之间的关联，没有对城市与农村之间社区矫正各项工作的差异及其对社区矫正对象回归社会程度的影响进行分析，导致该角度的研究不深刻。

四是过于追求大而全，导致研究成果不够深刻。笔者在研究工作的初始阶段，目光过于宏大，希望将所有可能与社区矫正对象回归社会的有关因素全都纳入调查问卷，希望做出宏大的研究成果，这导致笔者对社区矫正对象回归社会每一个维度都有考虑到，都有分析到，但是，却没有彻底地挖掘一些深层次的信息。在今后的研究工作中，笔者将在本研究的基础上，注重挖掘与社区矫正对象回归社会程度存在关联的各个维度、变量、指标有关的深度资料与信息。

社区矫正对象回归社会综合测评
体系的构建

在本章中，笔者将使用社会学领域中常用的社会指标体系建构方法建构社区矫正对象回归社会综合测评体系。具体而言，笔者拟依据本书前面所有章节中的统计分析挑选出在统计学意义上与社区矫正对象回归社会程度有显著关联的自变量或因素，进而构建社区矫正对象回归社会综合测评体系。在这个体系中可以清楚地看到哪些自变量与社区矫正对象回归社会程度的关联最为重要。具体而言，笔者构建整个测评体系的步骤是：第一步，以相关分析结果为依据构建指标体系，第二步，按照科学的规则给每一个指标赋值，即给出分数。第三步，编制实务工作者方便使用的测评问卷。

一、社区矫正对象回归社会综合测评指标体系表

如表 9.1 所示，该指标体系表包括维度、一级指标、二级指标、相关系数、数据转化为整数列。在表中，自变量、选项与分数的关系一一对应，举两个例子加以说明，第一个例子，当社区矫正对象的户籍为本地户籍，那么他的此项得分为-1 分，如果为非本地户籍，则得分为 0，这是因为该自变量在问卷中对应的题目的答案是"非本地户籍=0，本地户籍=1"。表 9.1 中所有的自变量均是按照此标准设置的二分变量。第二个例子，如果某社区矫正对象在 14 周岁前父母均不幸去世，那么他在此项目上的得分为 0 分，如果该社区矫正对象的父母并未在他 14 周岁前都去世，那么他在项目上的得分为 1 分，这是因为该自变量在问卷中对应的题目的答案是"是=0，否=1"。

此表是一个综合评价体系，其评分步骤可以分为两个步骤。第一步，测算表格的总分，表格中的总分为 19 分，由于我们在平时工作中最常使用的总

分是 100，所以笔者将其转化为标准分 100 分，那么，假设某社区矫正对象经测评后总分为 12 分，那么其标准分就是 X = 100 * 12/19 = 63 分。

第二步，因为最后得分经过了标准化，因此，不同的社区矫正对象回归社会程度总分可以互相比较。例如，社区矫正对象张三回归社会综合评分为 92 分，社区矫正对象李四回归社会综合评分为 81 分，那么，张三在回归社会程度上比李四高 11 分。

当然，各社区矫正对象回归社会综合得分并不能直观地说明什么问题，但是社区矫正工作者却可以从此社区矫正对象回归社会综合测评体系中，清晰地看出某一被施测的社区矫正对象在各个与回归社会程度显著相关联的各个指标上的表现，从而知道应该从哪些方面有所侧重地开展后续的社区矫正工作。因此，可以说，综合的测评体系的目的并不是要得到社区矫正对象回归社会程度的最终分数。因为得到一个最终的分数，不能反映任何具体的问题，也不能指导社区矫正工作者应该重点关注哪些维度、哪些指标。综合测评指标体系、评分体系最重要的功能是：（1）从整体上了解该社区矫正对象的回归社会程度；（2）社区矫正对象在哪些指标上存在问题，需要引起重视；（3）哪些存在问题的指标对应的分数相对其他分数而言更高，那么，这些分数更高的指标所反映出来的问题就应该得到更多的重视，需要优先加以解决。

表 9.1　社区矫正对象回归社会综合测评指标体系

维度	一级指标	二级指标	选项	回归系数	数值×10四舍五入
微观层面	人口统计学特征	本地户籍	是	−0.141	−1
		涉毒类犯罪	是	−0.284	−3
	早年不幸经历	14 周岁前父母双方去世	否	0.121	1
中观层面	早年家庭环境	家长教育方式是否恰当	是	0.191	2
		家长通常是否知道子女交友情况	是	0.205	2
	社区矫正期间家庭环境	总体上与父母的关系	好	0.158	2
		母亲在自己生命中是否重要	重要	0.149	1
	早年学校环境	总体学习成绩	好	0.101	1

维度	一级指标	二级指标	选项	回归系数	数值×10四舍五入
中观层面	社区矫正期间经济条件	社区矫正期间是否有工作	有	0.336	3
		基本生活需求能否被满足	能	0.159	2
		是否因犯罪被原单位辞退	否	0.140	1
宏观层面	社区矫正教育制度	法治教育	满意	0.132	1
		道德教育	满意	0.165	2
		职业技能培训	满意	0.133	1
		社会交往技能教育	满意	0.137	1
		心理健康教育	满意	0.128	1
	社区矫正帮扶制度	社会帮教志愿者开展帮扶工作	满意	0.102	1
	社会歧视	社会歧视内化为自我歧视		0.102	1

在社区矫正对象回归社会程度与区间的划分方面，一般而言，回归社会程度可以分为三级或五级，本研究采用五级划分，即将回归社会程度分为："非常低""比较低""中等""比较高""非常高"。每一级别对应的分数区间长度根据正态分布理论模型加以确定，即回归社会程度"非常低"和"非常高"的各占16%（两项合计32%），"比较低""比较高"的各占22%，"中等"的占24%（三项合计68%）。据此，每一区间可以确定为：[0，0+16]，(16，16+22]，(38，62]，(62，84]，(84，100]。即回归社会的等级划分表请见下表：

表 9.2　社区矫正对象回归社会的等级划分表

回归社会等级	非常低	比较低	中等	比较高	非常高
占百分比	16	22	24	22	16
分数区间	[0，16]	(16，38]	(38，62]	(62，84]	(84，100]

二、社区矫正对象回归社会综合测评问卷

根据表9.1所涵盖的自变量、问题与分值以及笔者对该社区矫正对象回归社会综合评价体系计分方式的分析，笔者进一步设计了如下社区矫正对象回归社会调查问卷，以利于社区矫正工作者在实际工作中开展问卷调查、评分与开展具体的矫正工作。

上海市社区矫正对象回归社会调查问卷

【测评方法】他评。

具体而言，由社区矫正工作者在平时的工作中，采取适宜的答案获取方法，搜寻答案，并完成测评工具中的所有问题。

【答案来源】答案来源有两种途径：（1）客观来源。如《刑事判决书》，各类《台账》，上海市社区矫正工作管理信息平台；公安机关犯罪信息数据库、治安管理处罚信息数据库；市区移动执法 GPS 定位系统等。（2）主观来源。针对社区矫正对象、社区矫正对象家人、矫正小组（居/村委会、社区民警等）的访谈。

【答案取舍】有以下两个原则：（1）尽量以客观答案为准；（2）如果通过客观途径和主观途径均可获得答案，以客观途径为准，除非经由主观途径获得的答案有强有力的证据推翻经由客观途径获得的答案。

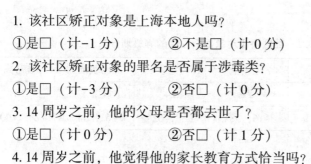

1. 该社区矫正对象是上海本地人吗？
①是□（计-1分）　　②不是□（计0分）
2. 该社区矫正对象的罪名是否属于涉毒类？
①是□（计-3分）　　②否□（计0分）
3.14周岁之前，他的父母是否都去世了？
①是□（计0分）　　②否□（计1分）
4.14周岁之前，他觉得他的家长教育方式恰当吗？
①恰当□（计2分）　　②不恰当（指打骂、冷漠、溺爱）□（计0分）
5.14周岁之前，他觉得他的父母通常知道他的交友情况吗？

①知道□（计 2 分）　　　②不知道（计 0 分）

6. 在社区矫正期间，他总体上与父母的关系好吗？

①好□（计 2 分）　　　②不好□（计 0 分）

7. 在社区矫正期间，他认为母亲在他生命中是否重要？

①重要□（计 1 分）　　　②不重要□（计 0 分）

8. 14 周岁之前，他总体上学习成绩好吗？

①好□（计 1 分）　　　②不好□（计 0 分）

9. 他在社区矫正期间有工作吗？

①有□（计 3 分）　　　②无□（计 0 分）

10. 他在社区矫正期间基本生活需求能够得到满足？

①能□（计 2 分）　　　②不能□（计 0 分）

11. 他在社区矫正期间是否因犯罪被原单位辞退？

①是□（计 0 分）　　　②否□（计 1 分）

10. 他对社区矫正期间开展的法治教育满意吗？

①满意□（计 1 分）　　　②不满意□（计 0 分）

11. 他对社区矫正期间开展的道德教育满意吗？

①满意□（计 2 分）　　　②不满意□（计 0 分）

12. 他对社区矫正期间开展的职业技能培训满意吗？

①满意□（计 1 分）　　　②不满意□（计 0 分）

13. 他对社区矫正期间开展的社会交往技能教育满意吗？

①满意□（计 1 分）　　　②不满意□（计 0 分）

14. 他对社区矫正期间开展的心理健康教育满意吗？

①满意□　　　②不满意□

15. 他对社区矫正期间社会帮教志愿者开展的帮扶工作满意吗？

①满意□（计 1 分）　　　②不满意□（计 0 分）

16. 他是否认为犯过罪的人就是坏人？

①是□（计 0 分）　　　②否□（计 1 分）

社区矫正对象调查问卷

社区矫正对象回归社会程度调查问卷

大家好! 为了帮助政府制定合适的政策促进大家适应社会, 我们开展了此项研究。您的建议非常重要, 我们不需要知道您的姓名, 也无法知道哪一份问卷是您填写的, 并且这些信息绝对会保密的, 答案没有对错之分, 请您放心填写。谢谢您!

社区矫正对象回归社会课题组

填答说明: ①大部分题目只选一个答案, 多选题会注明【可多选】; ②请在选项后的 "□" 中划 "√"。如初中☑; ③请在有横线的地方填写数字。如您现在的年龄是 __32__ 周岁。

第一部分　人口学特征

1. 您的姓名是: 　①女□　　　　　　　　②男□
2. 您是否有配偶: ①没有□　　　　　　　②有□
3. 您初次犯罪年龄是 _____ 周岁。
4. 您的文化程度是: ①小学及以下□　　　②初中□
　　　　　　　　　 ③高中/中专/技校□　④大专/本科/研究生□
5. 您户籍是: ①本地户籍□　　　　　　②外地户籍□

6. 您本次因为什么罪名进入社区服刑?【可多选】

①危险驾驶罪□　　　　　　　　②寻衅滋事罪□

③故意伤害罪□　　　　　　　　④贪污贿赂罪□

⑤诈骗罪□　　　　　　　　　　⑥抢劫罪□

⑦盗窃罪□　　　　　　　　　　⑧非法侵入住宅罪□

⑨交通肇事罪□　　　　　　　　⑩毒品犯罪□

⑪窝藏、包庇罪□　　　　　　　⑫逃税罪□

⑬性犯罪□　　　　　　　　　　⑭非法拘禁罪□

⑮职务侵占罪□　　　　　　　　⑯妨害公务罪□

⑰枪支相关罪行□　　　　　　　⑱其他_____（请填写）

7. 您本次犯罪，被判社区矫正多久_____。

第二部分　个人早期偏差行为及不幸经历

1. 14 岁前，您自己有没有参与过以下行为?【可多选】

①打架斗殴□　　　　　　　　　②强要他人财物□

③骗取他人财物□　　　　　　　④破坏他人财物□

⑤破坏公物□　　　　　　　　　⑥偷盗□

⑦吸毒□　　　　　　　　　　　⑧经常在网吧逗留□

⑨逃学□　　　　　　　　　　　⑩都没有参与过□

2. 14 岁前，下列哪些事情，发生在您的身上?【可多选】

①父母一方长期患病□　　　　　②父母双方长期患病□

③父母一方去世□　　　　　　　④父母双方去世□

⑤父母一方犯罪□　　　　　　　⑥父母双方犯罪□

⑦父母分居□　　　　　　　　　⑧父母离异□

⑨父亲或母亲失业□　　　　　　⑩被父母遗弃□

⑪被拐卖□　　　　　　　　　　⑫休学或辍学□

⑬家里住房条件很差□　　　　　⑭家庭收入很低□

⑮都没有发生过□

第三部分　个人心理态度

1. 社区矫正之前，您有过头部受伤的经历吗？
   ①有□　　　　　　　　　　　②没有□

2. 社区矫正之前，您接受过心理咨询吗？
   ①接受过□　　　　　　　　　②没接受过□

3. 社区矫正期间，您接受过心理咨询吗？
   ①接受过□　　　　　　　　　②没接受过□

4. 您的情绪：
   ①经常是稳定的□　　　　　　②经常是不稳定的□

5. 您感到心理压力大吗？
   ①经常感到□　　　　　　　　②经常不感到□

6. 您有过自己伤害自己的想法吗？
   ①有□　　　　　　　　　　　②没有□

7. 您有攻击他人的行为吗？（口头攻击+行为攻击）
   ①有□　　　　　　　　　　　②没有□

第四部分　对犯罪的看法

1. 以下说法，哪些是您同意的？【可多选】
   ①不懂法律而犯罪，应该被原谅□
   ②只要无人受害，犯罪也没关系□
   ③被害人是坏人，犯罪应被原谅□
   ④在别无选择的情况下可以犯罪□
   ⑤为了帮朋友，可以犯罪□
   ⑥平常守法的人如果犯罪，可以被原谅□
   ⑦经常撒谎的人犯罪，不可被原谅□
   ⑧要想过上好日子，可以犯罪□

第五部分　家庭环境

1. 14 岁前，您的家庭环境：

1.1. 家长的教育方式：

　　　①温和□　　　　　②粗暴□　　　　　③冷漠□

　　　④溺爱□　　　　　⑤没和家长一起住□

1.2. 14 岁前，家长知道您交朋友情况吗？

　　　①通常知道□　　　②通常不知道□

1.3. 14 岁前，家长认为您是好孩子吗？

　　　①通常认为□　　　②通常不认为□

2. 社区矫正期间，您的家庭环境：

2.1. 您有配偶吗？　①有配偶□　　　　　②没有配偶□

2.2. 总体上您与父母的关系：①好□　　　②不好□

2.3. 父亲在您生命中的重要程度是？①重要□　　②不重要□

2.4. 母亲在您生命中的重要程度是？①重要□　　②不重要□

2.5. 您父亲是否认为您是"坏人"？①认为□　　②不认为□

2.6. 您母亲是否认为您是"坏人"？①认为□　　②不认为□

2.7. 总体上，您与孩子的关系：　　①好□　　　②不好□

2.8. 与您同住的家人有_____人（不包括自己）。

2.9. 在以上这些家人中，有_____人有过违法犯罪经历（不包括自己）。

第六部分　十四周岁前学校环境

1. 14 岁前，总体上，您的学习成绩怎样？

　　①好□　　　　　　　　　　　　②不好□

2. 14 岁前，曾经有老师认为您"常惹麻烦"吗？

　　①有□　　　　　　　　　　　　②没有□

第七部分　十四周岁前不良交友

1. 14 岁前，有赞同您违法犯罪的朋友吗？

　　①有□　　　　　　　　　　　　②没有□

2. 14 岁前，您自己有没有参与过以下行为？【可多选】

　　①打架斗殴□　　　　　②强要他人财物□

　　③骗取他人财物□　　　④破坏他人财物□

　　⑤破坏公物□　　　　　⑥偷盗□

　　⑦吸毒□　　　　　　　⑧经常在网吧逗留□

　　⑨逃学□　　　　　　　⑩都没有参与过□

第八部分　社区矫正期间经济状况

一、住宿情况

1. 您的住所属于哪一类？

　　①没有自家的房子□　　②有自家的房子□

2. 您是否经常更换住处？

　　①是□　　　　　　　②不是□

3. 您对住宿条件满意吗？

　　①满意□　　　　　　②不满意□

二、收入与开支

4. 您有收入吗？　　　①有收入□　　　　②无收入□

5. 大部分时候，您的收入能够满足基本生活需求吗？①能□　　②不能□

6. 您是否过度地花钱？　　　　①是□　　　　②否□

三、工作情况

7. 您是否因为犯罪被原单位辞退？　　①是□　　　　②否□

8. 社区矫正期间，您有工作吗？　①有☐　　　②没有☐

9. 您是否愿意就业？　　　　　　①愿意☐　　　②不愿意☐

10. 您有过＿＿＿＿次失业（从未就业的不需要填写）。

11. 您接受过就业技能培训吗？　①接受过☐　②没接受过☐

12. 总体上，您能胜任工作吗？　①能☐　　　　②不能☐

13. 总体上，您对工作认真吗？　①认真☐　　　②不认真☐

14. 总体上，您对工作满意吗？　①满意☐　　　②不满意☐

15. 总体上，工作单位领导信任您吗？①信任☐　　②不信任☐

第九部分　社区矫正工作方式

1. 您觉得以下哪些社区矫正管理制度比较合理？【可多选】

　　①定期思想汇报制度☐　　　②定期走访制度☐

　　③集体学习制度☐　　　　　④请销假制度☐

　　⑤迁居制度☐　　　　　　　⑥会客制度☐

　　⑦奖励制度☐　　　　　　　⑧惩罚制度☐

　　⑨都不合理☐

2. 您对以下哪些社区矫正教育工作感到满意？【可多选】

　　①人生观教育☐　　　　　　②道德教育☐

　　③前途教育☐　　　　　　　④法律常识教育☐

　　⑤权利义务教育☐　　　　　⑥认罪、悔罪教育☐

　　⑦服刑意识教育☐　　　　　⑧文化教育☐

　　⑨职业技术教育☐　　　　　⑩社会交往技能教育☐

　　⑪生活方式教育☐　　　　　⑫心理健康教育☐

　　⑬都不满意☐

3. 您对下列哪些人员的工作感到满意？【可多选】

　　①社区矫正警察☐　　　　　②社会工作者☐

　　③司法所社区矫正干部☐　　④村/居委会工作者☐

　　⑤帮教志愿者☐

第十部分　社会歧视

1. 您感觉其他人愿意和您生活在同一个小区吗？
　①愿意☐　　　　　　②不愿意☐

2. 您感觉其他人愿意和您做同事吗？
　①愿意☐　　　　　　②不愿意☐

3. 您感觉其他人愿意和您做邻居吗？
　①愿意☐　　　　　　②不愿意☐

4. 您感觉其他人愿意和您做朋友吗？
　①愿意☐　　　　　　②不愿意☐

5. 您感觉其他人愿意和您成为一家人吗？
　①愿意☐　　　　　　②不愿意☐

6. 您是否认为"犯过罪的人就是坏人"？
　①认为☐　　　　　　②不认为☐

7. 总体上您感觉家人因为您社区矫正而看不起您吗？
　①有感觉☐　　　　　②没感觉☐

8. 总体上您感觉亲戚因为您社区矫正而看不起您吗？
　①有感觉☐　　　　　②没感觉☐

9. 总体上您感觉朋友因为您社区矫正而看不起您吗？
　①有感觉☐　　　　　②没感觉☐

第十一部分　自我感觉的社会融合

1. 您目前回归社会的程度：
　①非常高☐　　②比较高☐　　③一般☐
　④比较低☐　　⑤非常低☐

2. 您未来回归社会的信心：
　①非常弱☐　　②比较弱☐　　③一般☐
　④比较强☐　　⑤非常强☐

问卷填答结束了，谢谢您的填答，祝您生活幸福！

社区矫正对象访谈提纲

社区矫正对象访谈提纲

您好，我是来自上海政法学院的学生/老师，我们主要调查社区矫正对象在社区矫正期间的生活状况，同时我们想了解您的工作状况，这次访谈不记名，我们收集的资料仅用于上海市整体研究，不分析某一个人、某一个街道、某一个区县的具体情况。同时为了更好地收集资料，我们需要进行录音，谢谢您的支持！

一、社区矫正期间的生活环境

A1. 经济状况

1. 住房情况

（1）您目前的住房情况是怎样的？

如果对方回答是自己的或者与父母同住，则直接跳到"2. 就业情况"继续询问；

如果对方所住的地方不是自己或父母的房子，则继续追问：

①您是怎样获得住处的？

②在此过程中，您得到过哪些机构或个人的帮助？请您谈谈您当时的情形（凡是帮助过他的人以及帮助的具体方式都要问到）。

2. 就业情况

（1）您现在的工作是？

●如果回答有工作，则追问：①您这份工作是社区矫正期间找的吗？

◆如果回答是社区矫正之前就有的工作，直接问第③题；

◆如果回答是社区矫正期间找到的工作，则继续追问：②在找工作的过程中您遇到过哪些困难？请您谈谈您印象最深刻的一次经历。在此过程中您又获得过哪些帮助？请您谈谈您印象最深刻的一次经历。

③对于您目前的工作，您遇到过哪些困难？（如果回答没有困难则结束此题）您又是如何克服的？④有哪些机构和个人曾经帮助过您？请您谈谈您印象最深刻的一次经历。⑤您的社区矫正人员身份是否对您现在的工作造成影响？造成了哪些影响？您是怎样面对这些影响的？

●如果回答没有工作，则追问：①您觉得现在您没有工作的原因有哪些？②您为找工作做出过哪些努力？请您谈谈您印象最深刻的一次经历。③虽然没有工作，但是在找工作过程中您获得过哪些帮助？请您谈谈您印象最深刻的一次经历。

3. 收入情况

（1）目前您主要的收入来源是？（2）目前的收入水平是否能满足您的基本生活需求？

◆回答是，则此题结束；

◆回答否，则继续追问：①那您现在是如何维持您的基本生活需求的？②在此方面，您得到过哪些机构或个人的帮助？

A2. 心理感受。

1. 情绪状况

①您感觉心理压力大吗？哪些事情让你觉得心理压力大呢？如果您心理压力大，您一般采取什么办法减压？请您谈谈您印象最深刻的一次经历。②您接受过心理咨询吗？如果回答是：您因为什么原因接受心理咨询？请您谈谈您印象最深刻的一次经历。

2. 社会歧视

①您是否感觉到其他人歧视您？如果回答是，请您详细谈谈您有这样感觉的原因是？请您谈谈您印象最深刻的一次经历。②社区矫正工作者为消除

社会歧视做了哪些工作？

A3. 家庭关系

①目前和您同住的家人有哪些？②您家人是怎样看待您违法犯罪的？③您和家人平常的关系怎么样？

◆若回答很好，则问体现在哪些方面？

◆若回答不好，则追问：④您和家人一般在哪些事情上会产生矛盾？请您谈谈您印象最深刻的一次经历。⑤在您无法解决与家人矛盾时，您会向哪些人或机构求助？您得到了哪些帮助？请您谈谈您印象最深刻的一次经历。

A4. 社会交往

1. 与小区互动情况。①您觉得小区里知道您是社区矫正人员的人数多吗？您感觉社区里的人会因为您是社区矫正人员而排斥您吗？

如果回答有，②请您谈谈您印象中最深的一件事。

2. 与朋友交往情况。如果您有困难，有朋友帮助您吗？他们会在哪些方面给您帮助？请您谈谈您印象最深刻的一次经历。

B. 14 周岁前的生活环境

（1）您 14 岁之前，家长对您管教严格吗？不管其回答是否严格，都追问主要体现在哪些方面？（2）您 14 岁之前，有老师认为您是"爱惹麻烦的学生"吗？如果其回答有，则问"因为哪些事情呢？"（3）您 14 岁之前，有违法犯罪经历的朋友吗？回答有，则问请介绍一位你印象最深刻的朋友所做过的错误行为。（4）您觉得您小时候的成长经历与您本次进入社区矫正之间有关系吗？若有，则您觉得主要是哪些事情与之有关？

C. 社区矫正期间的矫正经历

1. 公益劳动情况。（1）您参加公劳动一般都做些什么？（2）您觉得参加公益劳动有哪些收获？

2. 获得社区矫正工作者的帮助。（1）您得到过社区矫正工作者们（分别问：◆矫正警察◆上海市和宜昌市叫作矫正社工/贵阳叫作辅警◆司法所矫正干部）的哪些帮助？请分别谈谈您印象最深刻的一件事情。

3. 在社区矫正教育中的收获。您在接受以下教育的过程中学到什么？

①人生观教育；接着分别询问②道德教育③法律常识教育④权利义务教育⑤认罪、悔罪教育⑥服刑意识教育⑦文化教育⑧职业技术教育⑨社会交往技能教育⑩心理健康教育。

4. 得到的社区矫正帮扶救助。①对于社区矫正帮困救助工作您满意的有哪些？②您觉得哪些帮困救助工作是最重要的？您这样认为的原因有哪些？

D. 对重新犯罪的看法。

①少数社区矫正人员重新犯罪了，您认为造成他们重新犯罪的原因有哪些？②您觉得可以采取哪些措施预防他们重新犯罪？

社区矫正社会工作者访谈提纲

社区矫正社工访谈提纲

　　您好，我是来自上海政法学院的＊＊＊，这次访谈是社区矫正管理局组织的。主要调查社区矫正对象在社区矫正期间的生活状况，比如经济状况、人际关系、工作状况等，最终向社区矫正管理局汇报，希望社区矫正管理局在了解社区矫正对象生活状况之后能够作出一些政策上的调整，改善社区矫正对象的生活。这次访谈不记名，而且资料是绝对保密的，我们收集的资料也仅用于整个上海市研究，不分析某一个人、某一个区县、某一个街道的具体情况。同时为了更好地收集资料，我们需要进行录音，谢谢您的支持！

　　（一）社区矫正社工的基本资料

　　1. 工作经历

　　在成为社区矫正社工之前您的工作是什么？

　　您是什么时候开始在社区矫正社工这个岗位工作的？

　　是您自己选择的吗？

　　您在从事这份工作之前接受过专业的教育吗？

　　2. 目前的工作内容

　　您平时的主要工作内容是什么？

　　社会工作有三大工作方法，在平时的工作中您最常使用的是哪一种？原因是？

　　社区矫正办有没有要求您必须开展某些和社区矫正对象有关的活动？这

些活动对帮助社区矫正对象回归社会有什么影响？

您在工作中遇到的最大困难是？（是个人专业方面？机构配合方面？案主配合方面？资金方面等）您在帮助社区矫正对象的过程中有没有印象最深的事？

（二）对社区矫正对象的认识

1. 基本情况

您管理的社区矫正对象的住宿情况怎么样？（住宿条件、满意度等）您是怎样帮助他们解决住宿方面的相关问题的？

您管理的社区矫正对象的就业状况如何？常见的困境是什么？关于他们的就业问题您有采取一些相关的措施吗？什么措施？

您管理的社区矫正对象的文化程度如何，社区有针对文化教育这一块开展的服务吗？具体内容是什么？

您管理的社区矫正对象的心理状况如何，社区有开展相关的心理服务吗？具体内容是什么？

您管理的社区矫正对象的家庭关系怎么样？常见的问题有什么？您是怎么介入并帮助解决他们的家庭问题的？

您管理的社区矫正对象的社会交往情况如何？他们能正常地融入社会生活、社区生活吗？您是怎样帮助他们融入社会的呢？

您管理的社区矫正对象的各项基本权利有没有得到保障（如平等就业权、低保权、平等享受医疗救助等）？您一般是怎么帮助他们保障个人权利的？

2. 重新犯罪

在您工作的社区中，社区矫正对象重新犯罪这种现象出现的比例怎么样？

出现重新犯罪行为的社区矫正对象在社区服刑期间与其他社区矫正对象相比在心理状况上有什么不同？

出现重新犯罪行为的社区矫正对象在社区服刑期间与其他社区矫正对象相比在生理状况上有什么不同？

您觉得社区矫正对象家庭发生重大变故或者家庭关系紧张和他们重新犯罪之间有什么关联？

您觉得社区矫正对象的朋友出现不适当行为比如打架斗殴、吸毒、赌博等和他们重新犯罪之间有什么关联？

您觉得社区矫正对象在社区服刑期间对自身要求不严格，出现不适当行为和他们重新犯罪之间有什么关联？

您觉得社区其他人员对于社区矫正对象的接纳程度和社区矫正对象重新犯罪之间有什么关联？

您觉得社区工作者对于社区矫正对象的帮扶程度和社区矫正对象重新犯罪之间有什么关联？

除了上述五种因素外，您觉得导致社区矫正对象重新犯罪的因素有哪些？

社区矫正社工预防社区矫正对象重新犯罪的措施有哪些？

您对预防社区矫正对象重新犯罪有什么建议？

（三）对社区矫正的认识

您觉得您所在的社区矫正机构的行政色彩浓吗？这对您平时开展工作有什么影响？

您觉得现在的社区矫正工作开展得怎么样？可以基本上满足管理社区矫正对象并使他们重新融入社会的要求吗？

您觉得社区矫正机构关于管理服刑人员的制度中比较合理有效的是？社区矫正机构对社区矫正社工平时的工作能够提供哪些方面的支持呢？哪些方面做得不够？

您对社区矫正的进一步发展有什么建议及意见呢？

《中华人民共和国社区矫正法》

中华人民共和国社区矫正法

（2019 年 12 月 28 日第十三届全国人民代表
大会常务委员会第十五次会议通过）

目录

第一章　总　则

第一条　为了推进和规范社区矫正工作，保障刑事判决、刑事裁定和暂予监外执行决定的正确执行，提高教育矫正质量，促进社区矫正对象顺利融入社会，预防和减少犯罪，根据宪法，制定本法。

第二条　对被判处管制、宣告缓刑、假释和暂予监外执行的罪犯，依法实行社区矫正。

对社区矫正对象的监督管理、教育帮扶等活动，适用本法。

第三条　社区矫正工作坚持监督管理与教育帮扶相结合，专门机关与社会力量相结合，采取分类管理、个别化矫正，有针对性地消除社区矫正对象可能重新犯罪的因素，帮助其成为守法公民。

第四条　社区矫正对象应当依法接受社区矫正，服从监督管理。

社区矫正工作应当依法进行，尊重和保障人权。社区矫正对象依法享有的人身权利、财产权利和其他权利不受侵犯，在就业、就学和享受社会保障等方面不受歧视。

第五条　国家支持社区矫正机构提高信息化水平，运用现代信息技术开展监督管理和教育帮扶。社区矫正工作相关部门之间依法进行信息共享。

第六条　各级人民政府应当将社区矫正经费列入本级政府预算。

居民委员会、村民委员会和其他社会组织依法协助社区矫正机构开展工作所需的经费应当按照规定列入社区矫正机构本级政府预算。

第七条　对在社区矫正工作中做出突出贡献的组织、个人，按照国家有关规定给予表彰、奖励。

第二章　机构、人员和职责

第八条　国务院司法行政部门主管全国的社区矫正工作。县级以上地方人民政府司法行政部门主管本行政区域内的社区矫正工作。

人民法院、人民检察院、公安机关和其他有关部门依照各自职责，依法做好社区矫正工作。人民检察院依法对社区矫正工作实行法律监督。

地方人民政府根据需要设立社区矫正委员会，负责统筹协调和指导本行政区域内的社区矫正工作。

第九条　县级以上地方人民政府根据需要设置社区矫正机构，负责社区矫正工作的具体实施。社区矫正机构的设置和撤销，由县级以上地方人民政府司法行政部门提出意见，按照规定的权限和程序审批。

司法所根据社区矫正机构的委托，承担社区矫正相关工作。

第十条　社区矫正机构应当配备具有法律等专业知识的专门国家工作人

员（以下称社区矫正机构工作人员），履行监督管理、教育帮扶等执法职责。

第十一条 社区矫正机构根据需要，组织具有法律、教育、心理、社会工作等专业知识或者实践经验的社会工作者开展社区矫正相关工作。

第十二条 居民委员会、村民委员会依法协助社区矫正机构做好社区矫正工作。

社区矫正对象的监护人、家庭成员，所在单位或者就读学校应当协助社区矫正机构做好社区矫正工作。

第十三条 国家鼓励、支持企业事业单位、社会组织、志愿者等社会力量依法参与社区矫正工作。

第十四条 社区矫正机构工作人员应当严格遵守宪法和法律，忠于职守，严守纪律，清正廉洁。

第十五条 社区矫正机构工作人员和其他参与社区矫正工作的人员依法开展社区矫正工作，受法律保护。

第十六条 国家推进高素质的社区矫正工作队伍建设。社区矫正机构应当加强对社区矫正工作人员的管理、监督、培训和职业保障，不断提高社区矫正工作的规范化、专业化水平。

第三章 决定和接收

第十七条 社区矫正决定机关判处管制、宣告缓刑、裁定假释、决定或者批准暂予监外执行时应当确定社区矫正执行地。

社区矫正执行地为社区矫正对象的居住地。社区矫正对象在多个地方居住的，可以确定经常居住地为执行地。

社区矫正对象的居住地、经常居住地无法确定或者不适宜执行社区矫正的，社区矫正决定机关应当根据有利于社区矫正对象接受矫正、更好地融入社会的原则，确定执行地。

本法所称社区矫正决定机关，是指依法判处管制、宣告缓刑、裁定假释、决定暂予监外执行的人民法院和依法批准暂予监外执行的监狱管理机关、公安机关。

第十八条 社区矫正决定机关根据需要，可以委托社区矫正机构或者有关社会组织对被告人或者罪犯的社会危险性和对所居住社区的影响，进行调查评估，提出意见，供决定社区矫正时参考。居民委员会、村民委员会等组织应当提供必要的协助。

第十九条　社区矫正决定机关判处管制、宣告缓刑、裁定假释、决定或者批准暂予监外执行，应当按照刑法、刑事诉讼法等法律规定的条件和程序进行。

社区矫正决定机关应当对社区矫正对象进行教育，告知其在社区矫正期间应当遵守的规定以及违反规定的法律后果，责令其按时报到。

第二十条　社区矫正决定机关应当自判决、裁定或者决定生效之日起五日内通知执行地社区矫正机构，并在十日内送达有关法律文书，同时抄送人民检察院和执行地公安机关。社区矫正决定地与执行地不在同一地方的，由执行地社区矫正机构将法律文书转送所在地的人民检察院、公安机关。

第二十一条　人民法院判处管制、宣告缓刑、裁定假释的社区矫正对象，应当自判决、裁定生效之日起十日内到执行地社区矫正机构报到。

人民法院决定暂予监外执行的社区矫正对象，由看守所或者执行取保候审、监视居住的公安机关自收到决定之日起十日内将社区矫正对象移送社区矫正机构。

监狱管理机关、公安机关批准暂予监外执行的社区矫正对象，由监狱或者看守所自收到批准决定之日起十日内将社区矫正对象移送社区矫正机构。

第二十二条　社区矫正机构应当依法接收社区矫正对象，核对法律文书、核实身份、办理接收登记、建立档案，并宣告社区矫正对象的犯罪事实、执行社区矫正的期限以及应当遵守的规定。

第四章　监督管理

第二十三条　社区矫正对象在社区矫正期间应当遵守法律、行政法规，履行判决、裁定、暂予监外执行决定等法律文书确定的义务，遵守国务院司法行政部门关于报告、会客、外出、迁居、保外就医等监督管理规定，服从社区矫正机构的管理。

第二十四条　社区矫正机构应当根据裁判内容和社区矫正对象的性别、年龄、心理特点、健康状况、犯罪原因、犯罪类型、犯罪情节、悔罪表现等情况，制定有针对性的矫正方案，实现分类管理、个别化矫正。矫正方案应当根据社区矫正对象的表现等情况相应调整。

第二十五条　社区矫正机构应当根据社区矫正对象的情况，为其确定矫正小组，负责落实相应的矫正方案。

根据需要，矫正小组可以由司法所、居民委员会、村民委员会的人员，社区矫正对象的监护人、家庭成员，所在单位或者就读学校的人员以及社会工作者、志愿者等组成。社区矫正对象为女性的，矫正小组中应有女性成员。

第二十六条　社区矫正机构应当了解掌握社区矫正对象的活动情况和行为表现。社区矫正机构可以通过通信联络、信息化核查、实地查访等方式核实有关情况，有关单位和个人应当予以配合。

社区矫正机构开展实地查访等工作时，应当保护社区矫正对象的身份信息和个人隐私。

第二十七条　社区矫正对象离开所居住的市、县或者迁居，应当报经社区矫正机构批准。社区矫正机构对于有正当理由的，应当批准；对于因正常工作和生活需要经常性跨市、县活动的，可以根据情况，简化批准程序和方式。

因社区矫正对象迁居等原因需要变更执行地的，社区矫正机构应当按照有关规定作出变更决定。社区矫正机构作出变更决定后，应当通知社区矫正决定机关和变更后的社区矫正机构，并将有关法律文书抄送变更后的社区矫正机构。变更后的社区矫正机构应当将法律文书转送所在地的人民检察院、公安机关。

第二十八条　社区矫正机构根据社区矫正对象的表现，依照有关规定对其实施考核奖惩。社区矫正对象认罪悔罪、遵守法律法规、服从监督管理、接受教育表现突出的，应当给予表扬。社区矫正对象违反法律法规或者监督管理规定的，应当视情节依法给予训诫、警告、提请公安机关予以治安管理处罚，或者依法提请撤销缓刑、撤销假释、对暂予监外执行的收监执行。

对社区矫正对象的考核结果，可以作为认定其是否确有悔改表现或者是否严重违反监督管理规定的依据。

第二十九条　社区矫正对象有下列情形之一的，经县级司法行政部门负责人批准，可以使用电子定位装置，加强监督管理：

（一）违反人民法院禁止令的；

（二）无正当理由，未经批准离开所居住的市、县的；

（三）拒不按照规定报告自己的活动情况，被给予警告的；

（四）违反监督管理规定，被给予治安管理处罚的；

（五）拟提请撤销缓刑、假释或者暂予监外执行收监执行的。

前款规定的使用电子定位装置的期限不得超过三个月。对于不需要继续使用的，应当及时解除；对于期限届满后，经评估仍有必要继续使用的，经过批准，期限可以延长，每次不得超过三个月。

社区矫正机构对通过电子定位装置获得的信息应当严格保密，有关信息只能用于社区矫正工作，不得用于其他用途。

第三十条 社区矫正对象失去联系的，社区矫正机构应当立即组织查找，公安机关等有关单位和人员应当予以配合协助。查找到社区矫正对象后，应当区别情形依法作出处理。

第三十一条 社区矫正机构发现社区矫正对象正在实施违反监督管理规定的行为或者违反人民法院禁止令等违法行为的，应当立即制止；制止无效的，应当立即通知公安机关到场处置。

第三十二条 社区矫正对象有被依法决定拘留、强制隔离戒毒、采取刑事强制措施等限制人身自由情形的，有关机关应当及时通知社区矫正机构。

第三十三条 社区矫正对象符合刑法规定的减刑条件的，社区矫正机构应当向社区矫正执行地的中级以上人民法院提出减刑建议，并将减刑建议书抄送同级人民检察院。

人民法院应当在收到社区矫正机构的减刑建议书后三十日内作出裁定，并将裁定书送达社区矫正机构，同时抄送人民检察院、公安机关。

第三十四条 开展社区矫正工作，应当保障社区矫正对象的合法权益。社区矫正的措施和方法应当避免对社区矫正对象的正常工作和生活造成不必要的影响；非依法律规定，不得限制或者变相限制社区矫正对象的人身自由。

社区矫正对象认为其合法权益受到侵害的，有权向人民检察院或者有关机关申诉、控告和检举。受理机关应当及时办理，并将办理结果告知申诉人、控告人和检举人。

第五章 教育帮扶

第三十五条 县级以上地方人民政府及其有关部门应当通过多种形式为

教育帮扶社区矫正对象提供必要的场所和条件，组织动员社会力量参与教育帮扶工作。

有关人民团体应当依法协助社区矫正机构做好教育帮扶工作。

第三十六条 社区矫正机构根据需要，对社区矫正对象进行法治、道德等教育，增强其法治观念，提高其道德素质和悔罪意识。

对社区矫正对象的教育应当根据其个体特征、日常表现等实际情况，充分考虑其工作和生活情况，因人施教。

第三十七条 社区矫正机构可以协调有关部门和单位，依法对就业困难的社区矫正对象开展职业技能培训、就业指导，帮助社区矫正对象中的在校学生完成学业。

第三十八条 居民委员会、村民委员会可以引导志愿者和社区群众，利用社区资源，采取多种形式，对有特殊困难的社区矫正对象进行必要的教育帮扶。

第三十九条 社区矫正对象的监护人、家庭成员，所在单位或者就读学校应当协助社区矫正机构做好对社区矫正对象的教育。

第四十条 社区矫正机构可以通过公开择优购买社区矫正社会工作服务或者其他社会，为社区矫正对象在教育、心理辅导、职业技能培训、社会关系改善等方面提供必要的帮扶。

社区矫正机构也可以通过项目委托社会组织等方式开展上述帮扶活动。国家鼓励有经验和资源的社会组织跨地区开展帮扶交流和示范活动。

第四十一条 国家鼓励企业事业单位、社会组织为社区矫正对象提供就业岗位和职业技能培训。招用符合条件的社区矫正对象的企业，按照规定享受国家优惠政策。

第四十二条 社区矫正机构可以根据社区矫正对象的个人特长，组织其参加公益活动，修复社会关系，培养社会责任感。

第四十三条 社区矫正对象可以按照国家有关规定申请社会救助、参加社会保险、获得法律援助，社区矫正机构应当给予必要的协助。

第六章 解除和终止

第四十四条 社区矫正对象矫正期满或者被赦免的，社区矫正机构应当向社区矫正对象发放解除社区矫正证明书，并通知社区矫正决定机关、所在地的人民检察院、公安机关。

第四十五条 社区矫正对象被裁定撤销缓刑、假释，被决定收监执行，或者社区矫正对象死亡的，社区矫正终止。

第四十六条 社区矫正对象具有刑法规定的撤销缓刑、假释情形的，应当由人民法院撤销缓刑、假释。

对于在考验期限内犯新罪或者发现判决宣告以前还有其他罪没有判决的，应当由审理该案件的人民法院撤销缓刑、假释，并书面通知原审人民法院和执行地社区矫正机构。

对于有第二款规定以外的其他需要撤销缓刑、假释情形的，社区矫正机构应当向原审人民法院或者执行地人民法院提出撤销缓刑、假释建议，并将建议书抄送人民检察院。社区矫正机构提出撤销缓刑、假释建议时，应当说明理由，并提供有关证据材料。

第四十七条 被提请撤销缓刑、假释的社区矫正对象可能逃跑或者可能发生社会危险的，社区矫正机构可以在提出撤销缓刑、假释建议的同时，提请人民法院决定对其予以逮捕。

人民法院应当在四十八小时内作出是否逮捕的决定。决定逮捕的，由公安机关执行。逮捕后的羁押期限不得超过三十日。

第四十八条 人民法院应当在收到社区矫正机构撤销缓刑、假释建议书后三十日内作出裁定，将裁定书送达社区矫正机构和公安机关，并抄送人民检察院。

人民法院拟撤销缓刑、假释的，应当听取社区矫正对象的申辩及其委托的律师的意见。

人民法院裁定撤销缓刑、假释的，公安机关应当及时将社区矫正对象送交监狱或者看守所执行。执行以前被逮捕的，羁押一日折抵刑期一日。

人民法院裁定不予撤销缓刑、假释的，对被逮捕的社区矫正对象，公安机关应当立即予以释放。

第四十九条 暂予监外执行的社区矫正对象具有刑事诉讼法规定的应当予以收监情形的，社区矫正机构应当向执行地或者原社区矫正决定机关提出收监执行建议，并将建议书抄送人民检察院。

社区矫正决定机关应当在收到建议书后三十日内作出决定，将决定书送达社区矫正机构和公安机关，并抄送人民检察院。

人民法院、公安机关对暂予监外执行的社区矫正对象决定收监执行的，由公安机关立即将社区矫正对象送交监狱或者看守所收监执行。

监狱管理机关对暂予监外执行的社区矫正对象决定收监执行的，监狱应当立即将社区矫正对象收监执行。

第五十条 被裁定撤销缓刑、假释和被决定收监执行的社区矫正对象逃跑的，由公安机关追捕，社区矫正机构、有关单位和个人予以协助。

第五十一条 社区矫正对象在社区矫正期间死亡的，其监护人、家庭成员应当及时向社区矫正机构报告。社区矫正机构应当及时通知社区矫正决定机关、所在地的人民检察院、公安机关。

第七章　未成年人社区矫正特别规定

第五十二条 社区矫正机构应当根据未成年社区矫正对象的年龄、心理特点、发育需要、成长经历、犯罪原因、家庭监护教育条件等情况，采取针对性的矫正措施。

社区矫正机构为未成年社区矫正对象确定矫正小组，应当吸收熟悉未成年人身心特点的人员参加。

对未成年人的社区矫正，应当与成年人分别进行。

第五十三条 未成年社区矫正对象的监护人应当履行监护责任，承担抚养、管教等义务。

监护人怠于履行监护职责的，社区矫正机构应当督促、教育其履行监护责任。监护人拒不履行监护职责的，通知有关部门依法作出处理。

第五十四条 社区矫正机构工作人员和其他依法参与社区矫正工作的人员对履行职责过程中获得的未成年人身份信息应当予以保密。

除司法机关办案需要或者有关单位根据国家规定查询外，未成年社区矫正对象的档案信息不得提供给任何单位或者个人。依法进行查询的单位，应当对获得的信息予以保密。

第五十五条 对未完成义务教育的未成年社区矫正对象，社区矫正机构应当通知并配合教育部门为其完成义务教育提供条件。未成年社区矫正对象的监护人应当依法保证其按时入学接受并完成义务教育。

年满十六周岁的社区矫正对象有就业意愿的，社区矫正机构可以协调有关部门和单位为其提供职业技能培训，给予就业指导和帮助。

第五十六条　共产主义青年团、妇女联合会、未成年人保护组织应当依法协助社区矫正机构做好未成年人社区矫正工作。

国家鼓励其他未成年人相关社会组织参与未成年人社区矫正工作，依法给予政策支持。

第五十七条　未成年社区矫正对象在复学、升学、就业等方面依法享有与其他未成年人同等的权利，任何单位和个人不得歧视。有歧视行为的，应当由教育、人力资源和社会保障等部门依法作出处理。

第五十八条　未成年社区矫正对象在社区矫正期间年满十八周岁的，继续按照未成年人社区矫正有关规定执行。

第八章　法律责任

第五十九条　社区矫正对象在社区矫正期间有违反监督管理规定行为的，由公安机关依照《中华人民共和国治安管理处罚法》的规定给予处罚；具有撤销缓刑、假释或者暂予监外执行收监情形的，应当依法作出处理。

第六十条　社区矫正对象殴打、威胁、侮辱、骚扰、报复社区矫正机构工作人员和其他依法参与社区矫正工作的人员及其近亲属，构成犯罪的，依法追究刑事责任；尚不构成犯罪的，由公安机关依法给予治安管理处罚。

第六十一条　社区矫正机构工作人员和其他国家工作人员有下列行为之一的，应当给予处分；构成犯罪的，依法追究刑事责任：

（一）利用职务或者工作便利索取、收受贿赂的；

（二）不履行法定职责的；

（三）体罚、虐待社区矫正对象，或者违反法律规定限制或者变相限制社区矫正对象的人身自由的；

（四）泄露社区矫正工作秘密或者其他依法应当保密的信息的；

（五）对依法申诉、控告或者检举的社区矫正对象进行打击报复的；

（六）有其他违纪违法行为的。

第六十二条　人民检察院发现社区矫正工作违反法律规定的，应当依法提出纠正意见、检察建议。有关单位应当将采纳纠正意见、检察建议的情况书面回复人民检察院，没有采纳的应当说明理由。

第九章　附则

第六十三条　本法自 2020 年 7 月 1 日起施行。

《中华人民共和国社区矫正法实施办法》

中华人民共和国社区矫正法实施办法

第一条　为了推进和规范社区矫正工作，根据《中华人民共和国刑法》、《中华人民共和国刑事诉讼法》、《中华人民共和国社区矫正法》等有关法律规定，制定本办法。

第二条　社区矫正工作坚持党的绝对领导，实行党委政府统一领导、司法行政机关组织实施、相关部门密切配合、社会力量广泛参与、检察机关法律监督的领导体制和工作机制。

第三条　地方人民政府根据需要设立社区矫正委员会，负责统筹协调和指导本行政区域内的社区矫正工作。

司法行政机关向社区矫正委员会报告社区矫正工作开展情况，提请社区矫正委员会协调解决社区矫正工作中的问题。

第四条　司法行政机关依法履行以下职责：

（一）主管本行政区域内社区矫正工作；

（二）对本行政区域内设置和撤销社区矫正机构提出意见；

（三）拟定社区矫正工作发展规划和管理制度，监督检查社区矫正法律法规和政策的执行情况；

（四）推动社会力量参与社区矫正工作；

（五）指导支持社区矫正机构提高信息化水平；

（六）对在社区矫正工作中作出突出贡献的组织、个人，按照国家有关规定给予表彰、奖励；

（七）协调推进高素质社区矫正工作队伍建设；

（八）其他依法应当履行的职责。

第五条 人民法院依法履行以下职责：

（一）拟判处管制、宣告缓刑、决定暂予监外执行的，可以委托社区矫正机构或者有关社会组织对被告人或者罪犯的社会危险性和对所居住社区的影响，进行调查评估，提出意见，供决定社区矫正时参考；

（二）对执行机关报请假释的，审查执行机关移送的罪犯假释后对所居住社区影响的调查评估意见；

（三）核实并确定社区矫正执行地；

（四）对被告人或者罪犯依法判处管制、宣告缓刑、裁定假释、决定暂予监外执行；

（五）对社区矫正对象进行教育，及时通知并送达法律文书；

（六）对符合撤销缓刑、撤销假释或者暂予监外执行收监执行条件的社区矫正对象，作出判决、裁定和决定；

（七）对社区矫正机构提请逮捕的，及时作出是否逮捕的决定；

（八）根据社区矫正机构提出的减刑建议作出裁定；

（九）其他依法应当履行的职责。

第六条 人民检察院依法履行以下职责：

（一）对社区矫正决定机关、社区矫正机构或者有关社会组织的调查评估活动实行法律监督；

（二）对社区矫正决定机关判处管制、宣告缓刑、裁定假释、决定或者批准暂予监外执行活动实行法律监督；

（三）对社区矫正法律文书及社区矫正对象交付执行活动实行法律监督；

（四）对监督管理、教育帮扶社区矫正对象的活动实行法律监督；

（五）对变更刑事执行、解除矫正和终止矫正的活动实行法律监督；

（六）受理申诉、控告和举报，维护社区矫正对象的合法权益；

（七）按照刑事诉讼法的规定，在对社区矫正实行法律监督中发现司法工作人员相关职务犯罪，可以立案侦查直接受理的案件；

（八）其他依法应当履行的职责。

第七条 公安机关依法履行以下职责：

（一）对看守所留所服刑罪犯拟暂予监外执行的，可以委托开展调查评估；

（二）对看守所留所服刑罪犯拟暂予监外执行的，核实并确定社区矫正执行地；对符合暂予监外执行条件的，批准暂予监外执行；对符合收监执行条件的，作出收监执行的决定；

（三）对看守所留所服刑罪犯批准暂予监外执行的，进行教育，及时通知并送达法律文书；依法将社区矫正对象交付执行；

（四）对社区矫正对象予以治安管理处罚；到场处置经社区矫正机构制止无效，正在实施违反监督管理规定或者违反人民法院禁止令等违法行为的社区矫正对象；协助社区矫正机构处置突发事件；

（五）协助社区矫正机构查找失去联系的社区矫正对象；执行人民法院作出的逮捕决定；被裁定撤销缓刑、撤销假释和被决定收监执行的社区矫正对象逃跑的，予以追捕；

（六）对裁定撤销缓刑、撤销假释，或者对人民法院、公安机关决定暂予监外执行收监的社区矫正对象，送交看守所或者监狱执行；

（七）执行限制社区矫正对象出境的措施；

（八）其他依法应当履行的职责。

第八条 监狱管理机关以及监狱依法履行以下职责：

（一）对监狱关押罪犯拟提请假释的，应当委托进行调查评估；对监狱关押罪犯拟暂予监外执行的，可以委托进行调查评估；

（二）对监狱关押罪犯拟暂予监外执行的，依法核实并确定社区矫正执行地；对符合暂予监外执行条件的，监狱管理机关作出暂予监外执行决定；

（三）对监狱关押罪犯批准暂予监外执行的，进行教育，及时通知并送达法律文书；依法将社区矫正对象交付执行；

（四）监狱管理机关对暂予监外执行罪犯决定收监执行的，原服刑或者接收其档案的监狱应当立即将罪犯收监执行；

（五）其他依法应当履行的职责。

第九条 社区矫正机构是县级以上地方人民政府根据需要设置的，负责社区矫正工作具体实施的执行机关。社区矫正机构依法履行以下职责：

（一）接受委托进行调查评估，提出评估意见；

（二）接收社区矫正对象，核对法律文书、核实身份、办理接收登记，建立档案；

（三）组织入矫和解矫宣告，办理入矫和解矫手续；

（四）建立矫正小组、组织矫正小组开展工作，制定和落实矫正方案；

（五）对社区矫正对象进行监督管理，实施考核奖惩；审批会客、外出、变更执行地等事项；了解掌握社区矫正对象的活动情况和行为表现；组织查找失去联系的社区矫正对象，查找后依情形作出处理；

（六）提出治安管理处罚建议，提出减刑、撤销缓刑、撤销假释、收监执行等变更刑事执行建议，依法提请逮捕；

（七）对社区矫正对象进行教育帮扶，开展法治道德等教育，协调有关方面开展职业技能培训、就业指导，组织公益活动等事项；

（八）向有关机关通报社区矫正对象情况，送达法律文书；

（九）对社区矫正工作人员开展管理、监督、培训，落实职业保障；

（十）其他依法应当履行的职责。

设置和撤销社区矫正机构，由县级以上地方人民政府司法行政部门提出意见，按照规定的权限和程序审批。社区矫正日常工作由县级社区矫正机构具体承担；未设置县级社区矫正机构的，由上一级社区矫正机构具体承担。省、市两级社区矫正机构主要负责监督指导、跨区域执法的组织协调以及与同级社区矫正决定机关对接的案件办理工作。

第十条 司法所根据社区矫正机构的委托，承担社区矫正相关工作。

第十一条 社区矫正机构依法加强信息化建设，运用现代信息技术开展监督管理和教育帮扶。

社区矫正工作相关部门之间依法进行信息共享，人民法院、人民检察院、公安机关、司法行政机关依法建立完善社区矫正信息交换平台，实现业务协同、互联互通，运用现代信息技术及时准确传输交换有关法律文书，根据需要实时查询社区矫正对象交付接收、监督管理、教育帮扶、脱离监管、被治安管理处罚、被采取强制措施、变更刑事执行、办理再犯罪案件等情况，共享社区矫正工作动态信息，提高社区矫正信息化水平。

第十二条 对拟适用社区矫正的，社区矫正决定机关应当核实社区矫正对象的居住地。社区矫正对象在多个地方居住的，可以确定经常居住地为执行地。没有居住地，居住地、经常居住地无法确定或者不适宜执行社区矫正的，应当根据有利于社区矫正对象接受矫正、更好地融入社会的原则，确定社区矫正执行地。被确定为执行地的社区矫正机构应当及时接收。

社区矫正对象的居住地是指其实际居住的县（市、区）。社区矫正对象的经常居住地是指其经常居住的，有固定住所、固定生活来源的县（市、区）。

社区矫正对象应如实提供其居住、户籍等情况，并提供必要的证明材料。

第十三条 社区矫正决定机关对拟适用社区矫正的被告人、罪犯，需要调查其社会危险性和对所居住社区影响的，可以委托拟确定为执行地的社区矫正机构或者有关社会组织进行调查评估。社区矫正机构或者有关社会组织收到委托文书后应当及时通知执行地县级人民检察院。

第十四条 社区矫正机构、有关社会组织接受委托后，应当对被告人或者罪犯的居所情况、家庭和社会关系、犯罪行为的后果和影响、居住地村（居）民委员会和被害人意见、拟禁止的事项、社会危险性、对所居住社区的影响等情况进行调查了解，形成调查评估意见，与相关材料一起提交委托机关。调查评估时，相关单位、部门、村（居）民委员会等组织、个人应当依法为调查评估提供必要的协助。

社区矫正机构、有关社会组织应当自收到调查评估委托函及所附材料之日起十个工作日内完成调查评估，提交评估意见。对于适用刑事案件速裁程序的，应当在五个工作日内完成调查评估，提交评估意见。评估意见同时抄送执行地县级人民检察院。需要延长调查评估时限的，社区矫正机构、有关社会组织应当与委托机关协商，并在协商确定的期限内完成调查评估。因被告人或者罪犯的姓名、居住地不真实、身份不明等原因，社区矫正机构、有关社会组织无法进行调查评估的，应当及时向委托机关说明情况。社区矫正决定机关对调查评估意见的采信情况，应当在相关法律文书中说明。

对调查评估意见以及调查中涉及的国家秘密、商业秘密、个人隐私等信息，应当保密，不得泄露。

第十五条 社区矫正决定机关应当对社区矫正对象进行教育，书面告知其到执行地县级社区矫正机构报到的时间期限以及逾期报到或者未报到的后果，责令其按时报到。

第十六条 社区矫正决定机关应当自判决、裁定或者决定生效之日起五日内通知执行地县级社区矫正机构，并在十日内将判决书、裁定书、决定书、执行通知书等法律文书送达执行地县级社区矫正机构，同时抄送人民检察院。收到法律文书后，社区矫正机构应当在五日内送达回执。

社区矫正对象前来报到时，执行地县级社区矫正机构未收到法律文书或者法律文书不齐全，应当先记录在案，为其办理登记接收手续，并通知社区矫正决定机关在五日内送达或者补齐法律文书。

第十七条　被判处管制、宣告缓刑、裁定假释的社区矫正对象到执行地县级社区矫正机构报到时，社区矫正机构应当核对法律文书、核实身份，办理登记接收手续。对社区矫正对象存在因行动不便、自行报到确有困难等特殊情况的，社区矫正机构可以派员到其居住地等场所办理登记接收手续。

暂予监外执行的社区矫正对象，由公安机关、监狱或者看守所依法移送至执行地县级社区矫正机构，办理交付接收手续。罪犯原服刑地与居住地不在同一省、自治区、直辖市，需要回居住地暂予监外执行的，原服刑地的省级以上监狱管理机关或者设区的市一级以上公安机关应当书面通知罪犯居住地的监狱管理机关、公安机关，由其指定一所监狱、看守所接收社区矫正对象档案，负责办理其收监、刑满释放等手续。对看守所留所服刑罪犯暂予监外执行，原服刑地与居住地在同一省、自治区、直辖市的，可以不移交档案。

第十八条　执行地县级社区矫正机构接收社区矫正对象后，应当建立社区矫正档案，包括以下内容：

（一）适用社区矫正的法律文书；

（二）接收、监管审批、奖惩、收监执行、解除矫正、终止矫正等有关社区矫正执行活动的法律文书；

（三）进行社区矫正的工作记录；

（四）社区矫正对象接受社区矫正的其他相关材料。

接受委托对社区矫正对象进行日常管理的司法所应当建立工作档案。

第十九条　执行地县级社区矫正机构、受委托的司法所应当为社区矫正对象确定矫正小组，与矫正小组签订矫正责任书，明确矫正小组成员的责任和义务，负责落实矫正方案。

矫正小组主要开展下列工作：

（一）按照矫正方案，开展个案矫正工作；

（二）督促社区矫正对象遵纪守法，遵守社区矫正规定；

（三）参与对社区矫正对象的考核评议和教育活动；

（四）对社区矫正对象走访谈话，了解其思想、工作和生活情况，及时向社区矫正机构或者司法所报告；

（五）协助对社区矫正对象进行监督管理和教育帮扶；

（六）协助社区矫正机构或者司法所开展其他工作。

第二十条 执行地县级社区矫正机构接收社区矫正对象后，应当组织或者委托司法所组织入矫宣告。

入矫宣告包括以下内容：

（一）判决书、裁定书、决定书、执行通知书等有关法律文书的主要内容；

（二）社区矫正期限；

（三）社区矫正对象应当遵守的规定、被剥夺或者限制行使的权利、被禁止的事项以及违反规定的法律后果；

（四）社区矫正对象依法享有的权利；

（五）矫正小组人员组成及职责；

（六）其他有关事项。

宣告由社区矫正机构或者司法所的工作人员主持，矫正小组成员及其他相关人员到场，按照规定程序进行。宣告后，社区矫正对象应当在书面材料上签字，确认已经了解所宣告的内容。

第二十一条 社区矫正机构应当根据社区矫正对象被判处管制、宣告缓刑、假释和暂予监外执行的不同裁判内容和犯罪类型、矫正阶段、再犯罪风险等情况，进行综合评估，划分不同类别，实施分类管理。

社区矫正机构应当把社区矫正对象的考核结果和奖惩情况作为分类管理的依据。

社区矫正机构对不同类别的社区矫正对象，在矫正措施和方法上应当有所区别，有针对性地开展监督管理和教育帮扶工作。

第二十二条 执行地县级社区矫正机构、受委托的司法所要根据社区矫正对象的性别、年龄、心理特点、健康状况、犯罪原因、悔罪表现等具体情况，制定矫正方案，有针对性地消除社区矫正对象可能重新犯罪的因素，帮助其成为守法公民。

矫正方案应当包括社区矫正对象基本情况、对社区矫正对象的综合评估结果、对社区矫正对象的心理状态和其他特殊情况的分析、拟采取的监督管理、教育帮扶措施等内容。

矫正方案应当根据分类管理的要求、实施效果以及社区矫正对象的表现等情况，相应调整。

第二十三条　执行地县级社区矫正机构、受委托的司法所应当根据社区矫正对象的个人生活、工作及所处社区的实际情况，有针对性地采取通信联络、信息化核查、实地查访等措施，了解掌握社区矫正对象的活动情况和行为表现。

第二十四条　社区矫正对象应当按照有关规定和社区矫正机构的要求，定期报告遵纪守法、接受监督管理、参加教育学习、公益活动和社会活动等情况。发生居所变化、工作变动、家庭重大变故以及接触对其矫正可能产生不利影响人员等情况时，应当及时报告。被宣告禁止令的社区矫正对象应当定期报告遵守禁止令的情况。

暂予监外执行的社区矫正对象应当每个月报告本人身体情况。保外就医的，应当到省级人民政府指定的医院检查，每三个月向执行地县级社区矫正机构、受委托的司法所提交病情复查情况。执行地县级社区矫正机构根据社区矫正对象的病情及保证人等情况，可以调整报告身体情况和提交复查情况的期限。延长一个月至三个月以下的，报上一级社区矫正机构批准；延长三个月以上的，逐级上报省级社区矫正机构批准。批准延长的，执行地县级社区矫正机构应当及时通报同级人民检察院。

社区矫正机构根据工作需要，可以协调对暂予监外执行的社区矫正对象进行病情诊断、妊娠检查或者生活不能自理的鉴别。

第二十五条　未经执行地县级社区矫正机构批准，社区矫正对象不得接触其犯罪案件中的被害人、控告人、举报人，不得接触同案犯等可能诱发其再犯罪的人。

第二十六条　社区矫正对象未经批准不得离开所居住市、县。确有正当理由需要离开的，应当经执行地县级社区矫正机构或者受委托的司法所批准。

社区矫正对象外出的正当理由是指就医、就学、参与诉讼、处理家庭或者工作重要事务等。

前款规定的市是指直辖市的城市市区、设区的市的城市市区和县级市的辖区。在设区的同一市内跨区活动的，不属于离开所居住的市、县。

第二十七条　社区矫正对象确需离开所居住的市、县的，一般应当提前三日提交书面申请，并如实提供诊断证明、单位证明、入学证明、法律文书等材料。

申请外出时间在七日内的，经执行地县级社区矫正机构委托，可以由司法所批准，并报执行地县级社区矫正机构备案；超过七日的，由执行地县级社区矫正机构批准。执行地县级社区矫正机构每次批准外出的时间不超过三十日。

因特殊情况确需外出超过三十日的，或者两个月内外出时间累计超过三十日的，应报上一级社区矫正机构审批。上一级社区矫正机构批准社区矫正对象外出的，执行地县级社区矫正机构应当及时通报同级人民检察院。

第二十八条 在社区矫正对象外出期间，执行地县级社区矫正机构、受委托的司法所应当通过电话通讯、实时视频等方式实施监督管理。

执行地县级社区矫正机构根据需要，可以协商外出目的地社区矫正机构协助监督管理，并要求社区矫正对象在到达和离开时向当地社区矫正机构报告，接受监督管理。外出目的地社区矫正机构在社区矫正对象报告后，可以通过电话通讯、实地查访等方式协助监督管理。

社区矫正对象应在外出期限届满前返回居住地，并向执行地县级社区矫正机构或者司法所报告，办理手续。因特殊原因无法按期返回的，应及时向社区矫正机构或者司法所报告情况。发现社区矫正对象违反外出管理规定的，社区矫正机构应当责令其立即返回，并视情节依法予以处理。

第二十九条 社区矫正对象确因正常工作和生活需要经常性跨市、县活动的，应当由本人提出书面申请，写明理由、经常性去往市县名称、时间、频次等，同时提供相应证明，由执行地县级社区矫正机构批准，批准一次的有效期为六个月。在批准的期限内，社区矫正对象到批准市、县活动的，可以通过电话、微信等方式报告活动情况。到期后，社区矫正对象仍需要经常性跨市、县活动的，应当重新提出申请。

第三十条 社区矫正对象因工作、居所变化等原因需要变更执行地的，一般应当提前一个月提出书面申请，并提供相应证明材料，由受委托的司法所签署意见后报执行地县级社区矫正机构审批。

执行地县级社区矫正机构收到申请后，应当在五日内书面征求新执行地县级社区矫正机构的意见。新执行地县级社区矫正机构接到征求意见函后，应当在五日内核实有关情况，作出是否同意接收的意见并书面回复。执行地县级社区矫正机构根据回复意见，作出决定。执行地县级社区矫正机构对新执行地县级社区矫正机构的回复意见有异议的，可以报上一级社区矫正机构协调解决。

经审核，执行地县级社区矫正机构不同意变更执行地的，应在决定作出之日起五日内告知社区矫正对象。同意变更执行地的，应对社区矫正对象进行教育，书面告知其到新执行地县级社区矫正机构报到的时间期限以及逾期报到或者未报到的后果，责令其按时报到。

第三十一条 同意变更执行地的，原执行地县级社区矫正机构应当在作出决定之日起五日内，将有关法律文书和档案材料移交新执行地县级社区矫正机构，并将有关法律文书抄送社区矫正决定机关和原执行地县级人民检察院、公安机关。新执行地县级社区矫正机构收到法律文书和档案材料后，在五日内送达回执，并将有关法律文书抄送所在地县级人民检察院、公安机关。

同意变更执行地的，社区矫正对象应当自收到变更执行地决定之日起七日内，到新执行地县级社区矫正机构报到。新执行地县级社区矫正机构应当核实身份、办理登记接收手续。发现社区矫正对象未按规定时间报到的，新执行地县级社区矫正机构应当立即通知原执行地县级社区矫正机构，由原执行地县级社区矫正机构组织查找。未及时办理交付接收，造成社区矫正对象脱管漏管的，原执行地社区矫正机构会同新执行地社区矫正机构妥善处置。

对公安机关、监狱管理机关批准暂予监外执行的社区矫正对象变更执行地的，公安机关、监狱管理机关在收到社区矫正机构送达的法律文书后，应与新执行地同级公安机关、监狱管理机关办理交接。新执行地的公安机关、监狱管理机关应指定一所看守所、监狱接收社区矫正对象档案，负责办理其收监、刑满释放等手续。看守所、监狱在接收档案之日起五日内，应当将有关情况通报新执行地县级社区矫正机构。对公安机关批准暂予监外执行的社区矫正对象在同一省、自治区、直辖市变更执行地的，可以不移交档案。

第三十二条 社区矫正机构应当根据有关法律法规、部门规章和其他规范性文件，建立内容全面、程序合理、易于操作的社区矫正对象考核奖惩制度。

社区矫正机构、受委托的司法所应当根据社区矫正对象认罪悔罪、遵守有关规定、服从监督管理、接受教育等情况，定期对其考核。对于符合表扬条件、具备训诫、警告情形的社区矫正对象，经执行地县级社区矫正机构决定，可以给予其相应奖励或者处罚，作出书面决定。对于涉嫌违反治安管理行为的社区矫正对象，执行地县级社区矫正机构可以向同级公安机关提出建议。社区矫正机构奖励或者处罚的书面决定应当抄送人民检察院。

社区矫正对象的考核结果与奖惩应当书面通知其本人，定期公示，记入档案，做到准确及时、公开公平。社区矫正对象对考核奖惩提出异议的，执行地县级社区矫正机构应当及时处理，并将处理结果告知社区矫正对象。社区矫正对象对处理结果仍有异议的，可以向人民检察院提出。

第三十三条 社区矫正对象认罪悔罪、遵守法律法规、服从监督管理、接受教育表现突出的，应当给予表扬。

社区矫正对象接受社区矫正六个月以上并且同时符合下列条件的，执行地县级社区矫正机构可以给予表扬：

（一）服从人民法院判决，认罪悔罪；

（二）遵守法律法规；

（三）遵守关于报告、会客、外出、迁居等规定，服从社区矫正机构的管理；

（四）积极参加教育学习等活动，接受教育矫正的。

社区矫正对象接受社区矫正期间，有见义勇为、抢险救灾等突出表现，或者帮助他人、服务社会等突出事迹的，执行地县级社区矫正机构可以给予表扬。对于符合法定减刑条件的，由执行地县级社区矫正机构依照本办法第四十二条的规定，提出减刑建议。

第三十四条 社区矫正对象具有下列情形之一的，执行地县级社区矫正机构应当给予训诫：

（一）不按规定时间报到或者接受社区矫正期间脱离监管，未超过十日的；

（二）违反关于报告、会客、外出、迁居等规定，情节轻微的；

（三）不按规定参加教育学习等活动，经教育仍不改正的；

（四）其他违反监督管理规定，情节轻微的。

第三十五条 社区矫正对象具有下列情形之一的，执行地县级社区矫正机构应当给予警告：

（一）违反人民法院禁止令，情节轻微的；

（二）不按规定时间报到或者接受社区矫正期间脱离监管，超过十日的；

（三）违反关于报告、会客、外出、迁居等规定，情节较重的；

（四）保外就医的社区矫正对象无正当理由不按时提交病情复查情况，经教育仍不改正的；

（五）受到社区矫正机构两次训诫，仍不改正的；

（六）其他违反监督管理规定，情节较重的。

第三十六条 社区矫正对象违反监督管理规定或者人民法院禁止令，依法应予治安管理处罚的，执行地县级社区矫正机构应当及时提请同级公安机关依法给予处罚，并向执行地同级人民检察院抄送治安管理处罚建议书副本，及时通知处理结果。

第三十七条 电子定位装置是指运用卫星等定位技术，能对社区矫正对象进行定位等监管，并具有防拆、防爆、防水等性能的专门的电子设备，如电子定位腕带等，但不包括手机等设备。

对社区矫正对象采取电子定位装置进行监督管理的，应当告知社区矫正对象监管的期限、要求以及违反监管规定的后果。

第三十八条 发现社区矫正对象失去联系的，社区矫正机构应当立即组织查找，可以采取通信联络、信息化核查、实地查访等方式查找，查找时要做好记录，固定证据。查找不到的，社区矫正机构应当及时通知公安机关，公安机关应当协助查找。社区矫正机构应当及时将组织查找的情况通报人民检察院。

查找到社区矫正对象后，社区矫正机构应当根据其脱离监管的情形，给予相应处置。虽能查找到社区矫正对象下落但其拒绝接受监督管理的，社区矫正机构应当视情节依法提请公安机关予以治安管理处罚，或者依法提请撤销缓刑、撤销假释、对暂予监外执行的收监执行。

第三十九条 社区矫正机构根据执行禁止令的需要，可以协调有关的部门、单位、场所、个人协助配合执行禁止令。

对禁止令确定需经批准才能进入的特定区域或者场所，社区矫正对象确需进入的，应当经执行地县级社区矫正机构批准，并通知原审人民法院和执行地县级人民检察院。

第四十条 发现社区矫正对象有违反监督管理规定或者人民法院禁止令等违法情形的，执行地县级社区矫正机构应当调查核实情况，收集有关证据材料，提出处理意见。

社区矫正机构发现社区矫正对象有撤销缓刑、撤销假释或者暂予监外执行收监执行的法定情形的，应当组织开展调查取证工作，依法向社区矫正决定机关提出撤销缓刑、撤销假释或者暂予监外执行收监执行建议，并将建议书抄送同级人民检察院。

第四十一条　社区矫正对象被依法决定行政拘留、司法拘留、强制隔离戒毒等或者因涉嫌犯新罪、发现判决宣告前还有其他罪没有判决被采取强制措施的，决定机关应当自作出决定之日起三日内将有关情况通知执行地县级社区矫正机构和执行地县级人民检察院。

第四十二条　社区矫正对象符合法定减刑条件的，由执行地县级社区矫正机构提出减刑建议书并附相关证据材料，报经地（市）社区矫正机构审核同意后，由地（市）社区矫正机构提请执行地的中级人民法院裁定。

依法应由高级人民法院裁定的减刑案件，由执行地县级社区矫正机构提出减刑建议书并附相关证据材料，逐级上报省级社区矫正机构审核同意后，由省级社区矫正机构提请执行地的高级人民法院裁定。

人民法院应当自收到减刑建议书和相关证据材料之日起三十日内依法裁定。

社区矫正机构减刑建议书和人民法院减刑裁定书副本，应当同时抄送社区矫正执行地同级人民检察院、公安机关及罪犯原服刑或者接收其档案的监狱。

第四十三条　社区矫正机构、受委托的司法所应当充分利用地方人民政府及其有关部门提供的教育帮扶场所和有关条件，按照因人施教的原则，有针对性地对社区矫正对象开展教育矫正活动。

社区矫正机构、司法所应当根据社区矫正对象的矫正阶段、犯罪类型、现实表现等实际情况，对其实施分类教育；应当结合社区矫正对象的个体特征、日常表现等具体情况，进行个别教育。

社区矫正机构、司法所根据需要可以采用集中教育、网上培训、实地参观等多种形式开展集体教育；组织社区矫正对象参加法治、道德等方面的教育活动；根据社区矫正对象的心理健康状况，对其开展心理健康教育、实施心理辅导。

社区矫正机构、司法所可以通过公开择优购买服务或者委托社会组织执行项目等方式，对社区矫正对象开展教育活动。

第四十四条　执行地县级社区矫正机构、受委托的司法所按照符合社会公共利益的原则，可以根据社区矫正对象的劳动能力、健康状况等情况，组织社区矫正对象参加公益活动。

第四十五条 执行地县级社区矫正机构、受委托的司法所依法协调有关部门和单位，根据职责分工，对遇到暂时生活困难的社区矫正对象提供临时救助；对就业困难的社区矫正对象提供职业技能培训和就业指导；帮助符合条件的社区矫正对象落实社会保障措施；协助在就学、法律援助等方面遇到困难的社区矫正对象解决问题。

第四十六条 社区矫正对象在缓刑考验期内，有下列情形之一的，由执行地同级社区矫正机构提出撤销缓刑建议：

（一）违反禁止令，情节严重的；

（二）无正当理由不按规定时间报到或者接受社区矫正期间脱离监管，超过一个月的；

（三）因违反监督管理规定受到治安管理处罚，仍不改正的；

（四）受到社区矫正机构两次警告，仍不改正的；

（五）其他违反有关法律、行政法规和监督管理规定，情节严重的情形。

社区矫正机构一般向原审人民法院提出撤销缓刑建议。如果原审人民法院与执行地同级社区矫正机构不在同一省、自治区、直辖市的，可以向执行地人民法院提出建议，执行地人民法院作出裁定的，裁定书同时抄送原审人民法院。

社区矫正机构撤销缓刑建议书和人民法院的裁定书副本同时抄送社区矫正执行地同级人民检察院。

第四十七条 社区矫正对象在假释考验期内，有下列情形之一的，由执行地同级社区矫正机构提出撤销假释建议：

（一）无正当理由不按规定时间报到或者接受社区矫正期间脱离监管，超过一个月的；

（二）受到社区矫正机构两次警告，仍不改正的；

（三）其他违反有关法律、行政法规和监督管理规定，尚未构成新的犯罪的。

社区矫正机构一般向原审人民法院提出撤销假释建议。如果原审人民法院与执行地同级社区矫正机构不在同一省、自治区、直辖市的，可以向执行地人民法院提出建议，执行地人民法院作出裁定的，裁定书同时抄送原审人民法院。

社区矫正机构撤销假释的建议书和人民法院的裁定书副本同时抄送社区矫正执行地同级人民检察院、公安机关、罪犯原服刑或者接收其档案的监狱。

第四十八条 被提请撤销缓刑、撤销假释的社区矫正对象具备下列情形之一的，社区矫正机构在提出撤销缓刑、撤销假释建议书的同时，提请人民法院决定对其予以逮捕：

（一）可能逃跑的；

（二）具有危害国家安全、公共安全、社会秩序或者他人人身安全现实危险的；

（三）可能对被害人、举报人、控告人或者社区矫正机构工作人员等实施报复行为的；

（四）可能实施新的犯罪的。

社区矫正机构提请人民法院决定逮捕社区矫正对象时，应当提供相应证据，移送人民法院审查决定。

社区矫正机构提请逮捕、人民法院作出是否逮捕决定的法律文书，应当同时抄送执行地县级人民检察院。

第四十九条 暂予监外执行的社区矫正对象有下列情形之一的，由执行地县级社区矫正机构提出收监执行建议：

（一）不符合暂予监外执行条件的；

（二）未经社区矫正机构批准擅自离开居住的市、县，经警告拒不改正，或者拒不报告行踪，脱离监管的；

（三）因违反监督管理规定受到治安管理处罚，仍不改正的；

（四）受到社区矫正机构两次警告的；

（五）保外就医期间不按规定提交病情复查情况，经警告拒不改正的；

（六）暂予监外执行的情形消失后，刑期未满的；

（七）保证人丧失保证条件或者因不履行义务被取消保证人资格，不能在规定期限内提出新的保证人的；

（八）其他违反有关法律、行政法规和监督管理规定，情节严重的情形。

社区矫正机构一般向执行地社区矫正决定机关提出收监执行建议。如果原社区矫正决定机关与执行地县级社区矫正机构在同一省、自治区、直辖市的，可以向原社区矫正决定机关提出建议。

社区矫正机构的收监执行建议书和决定机关的决定书，应当同时抄送执行地县级人民检察院。

第五十条 人民法院裁定撤销缓刑、撤销假释或者决定暂予监外执行收监执行的，由执行地县级公安机关本着就近、便利、安全的原则，送交社区矫正对象执行地所属的省、自治区、直辖市管辖范围内的看守所或者监狱执行刑罚。

公安机关决定暂予监外执行收监执行的，由执行地县级公安机关送交存放或者接收罪犯档案的看守所收监执行。

监狱管理机关决定暂予监外执行收监执行的，由存放或者接收罪犯档案的监狱收监执行。

第五十一条 撤销缓刑、撤销假释的裁定和收监执行的决定生效后，社区矫正对象下落不明的，应当认定为在逃。

被裁定撤销缓刑、撤销假释和被决定收监执行的社区矫正对象在逃的，由执行地县级公安机关负责追捕。撤销缓刑、撤销假释裁定书和对暂予监外执行罪犯收监执行决定书，可以作为公安机关追逃依据。

第五十二条 社区矫正机构应当建立突发事件处置机制，发现社区矫正对象非正常死亡、涉嫌实施犯罪、参与群体性事件的，应当立即与公安机关等有关部门协调联动、妥善处置，并将有关情况及时报告上一级社区矫正机构，同时通报执行地人民检察院。

第五十三条 社区矫正对象矫正期限届满，且在社区矫正期间没有应当撤销缓刑、撤销假释或者暂予监外执行收监执行情形的，社区矫正机构依法办理解除矫正手续。

社区矫正对象一般应当在社区矫正期满三十日前，作出个人总结，执行地县级社区矫正机构应当根据其在接受社区矫正期间的表现等情况作出书面鉴定，与安置帮教工作部门做好衔接工作。

执行地县级社区矫正机构应当向社区矫正对象发放解除社区矫正证明书，并书面通知社区矫正决定机关，同时抄送执行地县级人民检察院和公安机关。

公安机关、监狱管理机关决定暂予监外执行的社区矫正对象刑期届满的，由看守所、监狱依法为其办理刑满释放手续。

社区矫正对象被赦免的，社区矫正机构应当向社区矫正对象发放解除社区矫正证明书，依法办理解除矫正手续。

第五十四条 社区矫正对象矫正期满，执行地县级社区矫正机构或者受委托的司法所可以组织解除矫正宣告。

解矫宣告包括以下内容：

（一）宣读对社区矫正对象的鉴定意见；

（二）宣布社区矫正期限届满，依法解除社区矫正；

（三）对判处管制的，宣布执行期满，解除管制；对宣告缓刑的，宣布缓刑考验期满，原判刑罚不再执行；对裁定假释的，宣布考验期满，原判刑罚执行完毕。

宣告由社区矫正机构或者司法所工作人员主持，矫正小组成员及其他相关人员到场，按照规定程序进行。

第五十五条　社区矫正机构、受委托的司法所应当根据未成年社区矫正对象的年龄、心理特点、发育需要、成长经历、犯罪原因、家庭监护教育条件等情况，制定适应未成年人特点的矫正方案，采取有益于其身心健康发展、融入正常社会生活的矫正措施。

社区矫正机构、司法所对未成年社区矫正对象的相关信息应当保密。对未成年社区矫正对象的考核奖惩和宣告不公开进行。对未成年社区矫正对象进行宣告或者处罚时，应通知其监护人到场。

社区矫正机构、司法所应当选任熟悉未成年人身心特点，具有法律、教育、心理等专业知识的人员负责未成年人社区矫正工作，并通过加强培训、管理，提高专业化水平。

第五十六条　社区矫正工作人员的人身安全和职业尊严受法律保护。

对任何干涉社区矫正工作人员执法的行为，社区矫正工作人员有权拒绝，并按照规定如实记录和报告。对于侵犯社区矫正工作人员权利的行为，社区矫正工作人员有权提出控告。

社区矫正工作人员因依法履行职责遭受不实举报、诬告陷害、侮辱诽谤，致使名誉受到损害的，有关部门或者个人应当及时澄清事实，消除不良影响，并依法追究相关单位或者个人的责任。

对社区矫正工作人员追究法律责任，应当根据其行为的危害程度、造成的后果、以及责任大小予以确定，实事求是，过罚相当。社区矫正工作人员依法履职的，不能仅因社区矫正对象再犯罪而追究其法律责任。

第五十七条　有关单位对人民检察院的书面纠正意见在规定的期限内没有回复纠正情况的，人民检察院应当督促回复。经督促被监督单位仍不回复或者没有正当理由不纠正的，人民检察院应当向上一级人民检察院报告。

有关单位对人民检察院的检察建议在规定的期限内经督促无正当理由不予整改或者整改不到位的，检察机关可以将相关情况报告上级人民检察院，通报被建议单位的上级机关、行政主管部门或者行业自律组织等，必要时可以报告同级党委、人大，通报同级政府、纪检监察机关。

第五十八条 本办法所称"以上"、"内"，包括本数；"以下"、"超过"不包括本数。

第五十九条 本办法自 2020 年 7 月 1 日起施行。最高人民法院、最高人民检察院、公安部、司法部 2012 年 1 月 10 日印发的《社区矫正实施办法》（司发通〔2012〕12 号）同时废止。

后　记

　　社区矫正对象回归社会议题是社会学、社会工作与刑事法学共同关注的研究议题。开展社区矫正工作，预防和减少社区矫正对象重新犯罪，促进他们顺利回归社会是维护社会安全、社会稳定的重要途径。《中华人民共和国社区矫正法》第一条规定，"为了推进和规范社区矫正工作，保障刑事判决、刑事裁定和暂予监外执行决定的正确执行，提高教育矫正质量，促进社区矫正对象顺利融入社会，预防和减少犯罪，根据宪法，制定本法。"可见，开展社区矫正工作的重要目标之一是促进社区矫正对象顺利回归社会。

　　那么，社区矫正对象回归社会的现状如何？是否有可以参照的评价标准？是否有明确的评价指标？目前法律尚未对此作出详细规定，研究成果也比较少。鉴于此，笔者开展了这项研究，并在大量调查与深入思考的基础上完成了书稿。从学术创新的角度来说，目前学术界与实务界尚未有其他研究者开展社区矫正对象回归社会整体状况与回归社会程度评价体系的研究工作。

　　感谢上海市社区矫正管理局以及上海市相关各区的社区矫正管理局领导对我们调查研究工作的支持。感谢接受我们调查的社区矫正对象，他们对问卷的填答结果构成了本书的基本内容；感谢接受我们调查的社区矫正社会工作者，他们对社区矫正对象回归社会工作的畅所欲言给了我们极大的启发。

　　笔者要特别感谢中国政法大学出版社的魏星老师。魏老师对本书稿给予了精益求精的指导，花费了巨大的时间和精力。魏老师对工作追求完美的精神令我深感钦佩，没有他的辛勤付出和倾力帮助，本书不可能顺利出版。笔者也要感谢中国政法大学出版社其他给予了本书稿修改建议的老师们。本书还参考了许多专家的研究成果，他们的研究成果对本书具有非常宝贵的借鉴价值，衷心感谢他们！

　　由于作者本人水平有限，因此，本书的写作肯定还有许多不成熟的地方，敬请读者批评指正。同时，期待整个社会一起努力，让社区矫正对象回归社会的路更加温暖和顺畅！

李光勇

2024 年 6 月 20 日　于上海佘山